国際法実践論集

国際法実践論集

小松一郎 著／御巫智洋 編

信山社

序にかえて〔解題〕

御《みか》巫《なぎ》智《とも》洋《ひろ》

今般小松一郎大使の論文集を編纂するにあたり、小松まり夫人から小松大使が遺されたファイルを二冊お借りした。このファイルは小松大使ご自身がまとめられたもので、ご自分の論文や講演原稿等のコピー、さらに他の方が書かれた論文でおそらく大使が面白いと思われたものが几帳面に綴じられていた。これまで何度か小松大使の下で働かせていただいたことがあり、このファイルに綴じられていた文書も大体過去に目にしたことのあるものであったが、今回信山社の稲葉氏から論文集のお話を伺って改めて読み返してみると、そこからあたかも大使の声が聞こえてくるような不思議な感慨を覚えた。

本書のタイトルを『国際法実践論集』としたのは、小松大使の代表作である『実践国際法』とこの論文集の内容は基本的に共通の問題意識に貫かれており、「実践」がその問題意識を表すキーワードではないかと考えたからである。章立ても、第一部が小松大使の基本的な問題意識に関わる総論的な部分、第二部がそのような問題意識に裏打ちされた個別の問題に関する各論的な部分、第三部は直接国際法の実践に関して書かれたものではないが、我が国における国際法実務家のあり方を理解する上で有益なその他の文章を集めたものとなっている。

第一部　外交実務と国際法

1　日本外交と法の支配　　外交フォーラム二四〇号、二〇〇八年

2　外交実務で「国際法を使う」ということ　　『法学新報』（中央大学）一一六巻三・四号、二〇〇九年

この章では「日本外交と法の支配」と「外交実務で『国際法を使う』ということ」という二つの文書が掲載されている。『実践国際法』の第一章のタイトルがやはり「外交実務で「国際法を使う」ということ」となっており、これら二つの論文で示された基本的な発想が更に発展して『実践国際法』につながっているともとらえられ、国際法実務家としての小松大使の基本的な考え方がコンパクトにまとまった文書として興味深い。

「日本外交と法の支配」は、一般の読者向けの平易な言葉遣いで、明治期以来の日本の歴史において国際法が特別な意味を持ってきたことを踏まえつつ、小松大使自身が関わったいくつかの国際裁判の経験にも言及し、「法の支配」の理想と現実のギャップを認めつつ理想を追求することの重要性を強調する言葉で結ばれている。この文書が書かれたのは、韓国との間で生じていた海洋の科学的調査

の問題やロシアとの間で生じていた漁船の拿捕の問題などを通じて、小松国際法局長（当時）が外交における国際法の役割について考え方を改めて整理しつつあった時期であり、この文章は、小松大使の国際法に対する考え方を理解するための糸口として、本書全体のいわば「まえがき」としてお読みいただければ幸いである。

「外交実務で『国際法を使う』ということ」は、冒頭部分でヒギンズをかなり長く引用した上で、国際法は「認められた意思決定権者による意思決定の継続的なプロセス」であるというヒギンズの所論に基づき、我が国の国際法実務における外務省国際法局の役割につき中国民航機ハイジャック事件、国際約束締結事務、ガット加入等の具体的な例を挙げつつ論じている。これらの例を通じて国際法局の実務者が国際法と国内法の狭間で日々どのような悩みを抱えながら仕事をしているのかについてできるだけわかりやすく解説しようとされている。

第二部　国際法の実践

Ⅰ　海洋と管轄権

3　公海漁業の規制と国家管轄権

村瀬信也・奥脇直也編『国家管轄権——国際法と国内法』（山本草二先生古稀記念）勁草書房、一九九八年

『実践国際法〔第二版〕』において小松大使は、国家に一定の行為を義務づける国際法上の規範（行為規範）が充実しつつあることを指摘しつつも「国際法の最重要の役割は国家管轄権の配分・調整である」と述べており（一七頁）、実質的な最初の章である第二章で国家管轄権を取り上げている。また、ヒギンズの「Problems and Process：International Law and How We Use It」は管轄権に関する第四章において「There is no more important way to avoid conflict than by providing clear norms as to which state can exercise authority over whom, and in what circumstances」と述べている。このような見方については一部には異論があるかもしれないが、実務における国際法の役割という観点から国際法を見た場合には非常に理解しやすい感覚である。特に、小松大使がその生涯において取り扱われた様々な事案を踏まえてこのような「結論」を導かれていることは非常に重要な意味があると思われる。

こうした国家管轄権の配分・調整は、第一部2の「外交実務で『国際法を使う』ということ」で言及されている「大政策」と「小政策」の分類でいえば、後者の「小政策」に当たることが多く、独立した論文のテーマになじまない問題が多いように思われる。そうした中、「公海漁業の規制と国家管轄権」は、国家管轄権の配分・調整の中でも最も困難な課題の一つである公海における漁業規制について、一九九五年に採択された「公海漁業協定」や同年に我が国が締結した「ベーリング海すけとうだら保存条約」等に言及しつつ論じている。近々国連において「国家管轄圏外の海洋生物多様性（B

ＢＮＪ）」に関する交渉が始まるが、この論文は、公海における漁業規制に関する沿岸国と海洋漁業国の利害対立を踏まえ、旗国主義の限界を指摘しつつ国際協力の枠組みの重要性を指摘しており、この分野で我が国がどのような取り組みを行ってきたかについて振り返る上でも有用な論考と思われる。

Ⅱ　戦後処理

4　国際法の履行確保と国内裁判所による国際法の適用 ――いわゆる「米国のＰＯＷ訴訟」をめぐって――

島田征夫・杉山晋輔・林司宣編『国際紛争の多様化と法的処理』（栗山尚一先生・山田中正先生古稀記念論集）信山社、二〇〇六年

小松大使は二〇〇〇年末から二〇〇三年初めにかけて在米国日本大使館公使としていわゆる「米国ＰＯＷ」訴訟に関する訴訟対策、対米国議会対策、米国政府との協議等を担当した。この論文は、そのような米国での経験も踏まえて、平和条約の請求権関連条項の規範的意義について詳細に論じている。この問題は戦後の日本外交の根幹に関わる問題であり、学界における研究の重要なテーマでもあるが、実務を深く理解した上で学術的な関心にも答えるような解説を行うのは非常に困難な問題でも

ある。小松大使は、外務省におけるキャリアを通じてこの問題に最も深く関わってきた実務家の一人であり、この論文は複雑な論点について一個人の立場からできるだけ考え方を整理して提示しようと試みており、戦後処理の法的側面について理解する上で重要な参考文献の一つであると思われる。

Ⅲ 国際刑事裁判所

5 国際刑事裁判所ローマ規程検討会議と侵略犯罪

江藤淳一編『国際法学の諸相――到達点と展望』（村瀬信也先生古稀記念）信山社、二〇一五年

二〇一〇年にウガンダの首都カンパラで行われたローマ規程検討会議は、一九九八年のローマ会議で持ち越しになった「侵略犯罪」に関するローマ規程の改正につき議論し、最終的には一定の結論に至ったが、よく知られているとおり、その過程では激しい議論が繰り広げられた。小松大使は当時駐スイス連邦大使であったが、閣議決定により政府代表の発令を受けて日本代表団長を務めた。この論文はその時の経験を踏まえて個人の立場から書かれたものであるが、激しい交渉の結果採択された曖昧で複雑な成果文書について理解する上で有益な参考資料となっている。小松大使は、国際刑事法の発展におけるカンパラ会議の歴史的意義を評価しつつ、国際刑事分野における条約解釈のあるべき姿

からすればこの会議が様々な課題を残したことを率直に指摘している。これらの課題の多くは現在も解決されておらず、引き続き小松大使の指摘は傾聴に値するものと思われる。

Ⅳ　紛争の平和的解決

6　紛争処理と外交実務　　ジュリスト一三八七号、二〇〇九年

7　ＧＡＴＴの紛争処理手続と「一方的措置」　　国際法外交雑誌八九巻三・四号、一九九〇年

「紛争処理と外交実務」は第一部1の「日本外交と法の支配」の紛争処理に関する部分を更に発展させたような内容になっている。ここでは、小松大使自身の様々な経験を踏まえて、外交のツールとしての国際裁判についてどう考えるべきかという基本的な問題意識に立って紛争処理制度に焦点を当てて議論を展開している。これらの論文の中で、交渉と第三者機関を介した紛争処理制度の関係について「押したり引いたりする」とか後者の生み出す圧力を交渉促進の「梃子」とするといった表現が用いられている。小松大使は、時折外交交渉を「ポーカー」に喩えたり、国際裁判を「ペーパー・ウォー」と呼んだりしながら、国際裁判に関する経験を一過性のものとするのではなく、institutional memory として蓄積することが重要であるとかねがね言っていたが、この論文も同様の問題意

識に裏打ちされているように思われる。なお、この論文の中で言及されている国際海洋法裁判所における「豊進丸事件」「富丸事件」において小松国際法局長（当時）が代理人として行った口頭弁論の内容を参考資料として巻末に掲載した。

小松大使の国際裁判に関する見識はGATTの下での紛争処理メカニズムに関する豊富な経験に裏付けられており、「GATTの紛争処理手続と『一方的措置』」はそうした小松大使の一つの「原体験」を知る上で有益である。小松大使は一九八六年から八九年までジュネーブの日本政府代表部に勤務し、実際にGATTに関わる業務を担当していたが、この論文はその際の経験を踏まえて書かれている。この論文が書かれた時期はウルグアイ・ラウンドの真最中であり、WTOの下での強化された紛争処理メカニズムが生まれる前夜であったが、そもそもWTOの下での制度がどのような問題意識に基づいて生み出されたのかを理解する上で非常に有益な論考と思われる。この論考の特徴の一つは、後半部分において一般国際法上の対抗措置や復仇に関するILCや国際裁判等における議論を詳細に分析している点である。小松大使は国際経済分野の特殊性を認識しつつ、一般国際法の原則との整合性についても十分意識しながら制度を構築・運用していく必要性を十分に意識していたことが伺われる（日本とGATTの紛争処理手続の関係について英文国際法年報に書かれた論文を参考資料として巻末に掲載した）。

日本の外務省における国際法専門家は、英米等のカウンターパートと異なり、そのキャリアの中で国際法以外の業務も担当する。ここに掲載されている二つの文章は小松大使が欧州局長時代に行った講演等に基づくものであり、国際法について扱ったものではない。一方で、小松大使がよく引用するロバート・ケーガンが当時の欧州の状況を「パラダイス」と呼んだことにも見られるように、この時期の欧州の統合と拡大の進展は国際情勢における大きな注目点であり、国際法の発展について考える上でも無視し得ない背景事情となっていた。政府における国際法専門家のキャリア・システムのあり方については様々な議論があるが、国際法以外の外交実務を経験しながら国際法についての専門性も養っていくという外務省における伝統的なキャリア・システムのあり方を理解する上でも、これらの文章に目を通していただき、小松大使の「守備範囲」の広さを知っていただくことには意味があるのではないかと思われる。

Ⅱ　人材育成

10　日本のリーダーが語る世界競争力のある人材とは
　　――豊かな教養とパブリックの精神を身につけた先駆的なリーダーを目指してほしい――〔対談〕
　　『ＨＱ』一橋大学広報誌二〇〇七年春号 Vol.15

11　外務省での仕事を振り返って
　　攻玉社学園キャリアガイダンスⅡ（二〇〇八年）

「日本のリーダーが語る世界競争力のある人材とは――豊かな教養とパブリックの精神を身につけた先駆的なリーダーを目指してほしい――」は、小松大使の母校である一橋大学の山内副学長（当時）との対談であり、「外務省での仕事を振り返って」はご長男の母校のために書かれたものである。前者においては、母校の学生達へのメッセージとして、日本という国に自信を持ってパブリックの精神を身につけてほしいと語っており、後者においては自らの人生を振り返って外務省に入ったいきさつや、その後の外務省における仕事の全般的な感想を述べている。

「外務省での仕事を振り返って」では、「良かったこと、悪かったことを総合すれば、全体はまあプラスだったかな。この職業を選択してまあ良かったな。」と書きつつ、「あと数年は遺されている最後の段階の仕事をやり終えた時点で、改めて胸に手を当ててみて、自分自身の心の中のバランス・シートが赤（マイナス）に落ち込むことなく黒（プラス）のままになっていることを望んでいます。」と書いている。実際、この文章を書かれてから六年後にご逝去されたが、その時、「心の中のバランス・シート」がはっきりとプラスであったことを願ってやまない。この最後の文章はいわば本書の「あとがき」的なものとして読んでいただければ幸いである。

目次

第一部　外交実務と国際法

第三部 その他

Ⅰ 地域情勢

国際法実践論集

第一部　外交実務と国際法

1　日本外交と法の支配

（二〇〇八年）

日本は、「開国」と「戦後処理」という困難を経て「法の支配」の重要性を身をもって学んだ。それは依然として「ホッブス的」な現代国際社会でも重要な意義をもつ。国際法を遵守する国である日本の外交にとって「法の支配」重視の今日的意義とは。

一　「開国」による国際法との出会い

日本の近代史において、国際法が特別に重要な意味をもった時期が二度ある。日本と近代国際法との最初の出会いは、「開国」のときであった。二五〇年余の長きにわたる鎖国政策により、欧州におけるウェストファリア体制の成立で本格化する近代国際法の発展から完全に取り残されてしまっていた日本は、前近代的な法社会制度のまま、一八五四年の日米和親条約を皮切りに一気に開国を迎えた。その結果、欧米列強との間で、関税自主権を制限され治外法権まで認めさせられた不平等条約の締結を強いられた。明治新政府の下、不平等条約の改正は、国民を挙げての悲願となった。このように、日本の近代外交の黎明期に、「条約改正」という国際法と直結したテーマが最大の外交目標となった。国内の法社会制度の近代化を急ぎつつ推進した困難な交渉を経て、九四年には治外法権の撤廃、一九一一年には関税自主権の回復を実現し、日本は、近代国家への仲間入りを果たした。

二　戦後処理をめぐって

近代国際社会へのデビュー後ほどなく列強の一角を占めるまでになった日本は、その後第二次世界大戦での敗戦という破滅的なつまずきを経て、一連の戦後処理という大きな試練に直面する。日本の外交にとって再び国際法が特別に重要な意味をもつことになったのである。

一九四五年八月一四日のポツダム宣言の受諾、九月二日の戦艦ミズーリ上での降伏文書への署名後、先人たちは、連合国の占領からの独立を回復するために長い困難な交渉に死力を尽した。五二年に発効した日本と連合国四五カ国との間のサンフランシスコ平和条約（以下「平和条約」）は、戦争状態の終結、日本の主権の確認から始まって、戦後の日本の領土の画定、極東国際軍事裁判所を含む裁判（Judgments）の受諾、賠償および財産・請求権の処理、通商関係の促進等、戦後の平和の礎を築くにふさわしい包括的な法的枠組みを定めている。

第一次世界大戦後のヴェルサイユ条約の戦敗国に対する過酷な内容がドイツを結果的に第二次世界大戦に駆り立てる遠因になったという反省もあって、平和条約の内容は、全体として見れば世界史上かつてないほど戦敗国日本に寛容なものとなった。日本国内には、ソ連等一部の交戦国が当事国となっていないことを理由に、「全面講和」を求めて平和条約の締結に反対する主張も根強かったが、戦後の日本が極めて短期間に、政治的にも経済的にも世界の主要国に成長した事実そのものが平和条約の早期締結に身命を賭した吉田総理の信念の正しさを証明したといってよい。

しかし、平和条約で、すべてが解決したわけではなかった。

第一には、この条約に署名しなかったソ連や中国といった国々との関係の処理が必要であった。また、日本と交戦関係にはなく、平和条約により法的に日本からの分離独立が決まった朝鮮半島については、植民統治に起因する財産・請求権等の問題について別途の法的処理が必要となった。

日本国政府がこれらの国々と個別に戦後処理を行うに当たっては大きな課題があった。平和条約には、日本が同条約で連合国に与えた利益よりも大きな利益を与える戦後処理を他国との間で行った場合、同条約の当事国にも同一の利益を与えることを約束するいわゆる「均霑《きんてん》条項」が含まれた。非連合国との戦後処理の内容いかんによっては、せっかく日本が平和条約で獲得した戦後処理の枠組みが浸蝕されるおそれもあった。日本国政府は、彼我の立場を尊重しながら、文字どおり一言一句にまで細心の注意を払いつつ非連合国との交渉に臨み、非連合国とも基本的に平和条約と同等の内容の戦後処理を実現し、日本の戦後の復興の法的基盤を守り抜いた。

第二に、国家と国家の間において国際法に基づいて戦後処理が実現した後も、各国の私人が戦争に起因する被害の補償等を要求して、日本や日本以外の国の国内裁判所に日本国政府や日本関連企業を訴える等の事態が頻発した。前述のとおり、平和条約は、非常に複雑な利害調整の産物であり、一つの原則に対する背馳は、途端に枠組み全体を崩しかねない。日本国政府は、政治的または道義的責任に立脚したさまざまな措置を自主的にとりつつも、賠償および財産・請求権の問題は平和条約等で「法的には完全に解決済み」であるとの一貫した立場を堅持する必要があった。そのために、それぞれの時代の担当者が苦労しながら知恵を絞り、さまざまな工夫を行ってきた。

戦後六〇年を過ぎ、ともすれば忘れられがちだが、以上のとおり極めて困難な交渉を経て日本が手にし、今日に至るまで守り抜いてきている戦後処理についての「法的一貫性」こそが、今日の平和と繁栄の基盤となっているのである。

日本は、近代史における二度の大きな試練を通じて、国際社会における「法の支配」の重要性を身をもって学んだ。これはすでに過去の課題なのであろうか。過去の課題どころか、「法の支配」の推進は、日本外交にとって極めて今日的な意義を有している。

主権国家が並立する国際社会においては、国家間の紛争を平和的に解決するための第一義的な手段は外交交渉である。他方、グローバル化の進展等もあって、国家間関係はますます複雑化・多様化し、外交交渉による紛争の解決は困難さを増した面がある。貿易紛争のようなものを例にとれば、当事国の国内における特定業界の個別的利益の方が消費者全体の一般的利益よりも構造的に政府に影響力を及ぼしやすいというような内政の実態が、交渉による解決を困難にすることも少なくない。このような観点から、外交交渉を補完するものとして、定められたルールに従い、中立・公平な第三者機関の関与を得て紛争を解決する国際裁判を含む紛争の平和的解決制度の重要性が増している。

三　日本と国際裁判

国際裁判には、国連の主要な司法機関である国際司法裁判所（ＩＣＪ）によるものをはじめとしてさまざまなものがある。日本と国際裁判との関わりを歴史的に概観すると、まず明治維新直後の「マリア・ルース号事件」がある。一八七二年に横浜に入港中のペルー船籍の同船から虐待を逃れて脱走した中国人クーリーを日本の官憲が保護し、奴隷契約は公序良俗に反するとして日本の裁判所が契約を無効と宣告した事件である。ペルーが、このような措置は国際法に違反すると反発し紛争になった。日本とペルーは、この紛争をロシア皇帝アレクサンドル二世を仲裁人とする仲裁裁判に付託し、七五年に日本が勝訴した。このように、日本と国際裁判は最初にいい出会いをした。

しかし、その次の「家屋税事件」でつまずく。開国の際に日本は列強に対して外国人居留地における永代借地権を認めた。不平等条約の改正に伴い外国人居留地の制度は廃止されたが、この借地権は存続した。そこで、日本国政府が土地ではなく、借地上の家屋に課税をしたところ、これを条約違反とした英、仏、独との間で紛争になった。本件は、一九〇二年に日本の提案で常設仲裁裁判所（ＰＣ

Ａ）に付託したが、日本が敗訴した。

第一次世界大戦で戦勝国の一員となった日本は、戦間期の国際社会の主要国として、国際連盟の下に成立した常設国際司法裁判所（ＰＣＩＪ：現在の国際司法裁判所の前身）を通じた国際裁判制度の発展に関与していった。日本は、裁判所長（安達峰一郎）を含む三名の裁判官を輩出し、一部の裁判にも当事国として参加した。

第二次世界大戦後、国際司法裁判所（ＩＣＪ）が生まれる。日本は、これまでＩＣＪにおいて訴訟の当事国となったことはないが、何度かＩＣＪに司法解決を求めようとしたことがある。戦後間もない時期に豪州との間でアラフラ海の真珠貝の採捕をめぐる紛争が発生したが、ＩＣＪに紛争を付託する合意文書の案文交渉を行っている間に問題が事実上解決し、裁判には至らなかった。また、日本国政府は、竹島、北方領土の問題について、それぞれ韓国、ソ連に対してＩＣＪへの付託を提案したことがある。しかし、国際裁判においては、国内裁判とは異なり、基本的に紛争当事国間の合意がないと裁判所の管轄権が生じない。これらの問題については、韓国もソ連もＩＣＪへの合意付託に応じず、結局、裁判は実現しなかった。

ＩＣＪは、紛争の当事国が付託する事件について裁判するだけでなく、国連総会や安保理などの要請に基づき、いかなる法律問題についても勧告的意見を出すことができる。例えば、一九九五年に国連総会等が核兵器の使用の国際法上の合法性についてＩＣＪに勧告的意見を求めた。日本国政府は、唯一の被爆国の立場から、法廷において意見陳述を行った。ＩＣＪは、核兵器の使用は一般的に国際人道法の原則には合致しないが、国家の存亡がかかっている際の自衛のための場合など究極的な状況における核兵器の使用までを違法とはいえないとの判断を下した。極めて政治的な案件である本件について判断を回避するのではないかとの一部の観測に反して、ＩＣＪが、一定の留保は付しつつも、核兵器の使用は一般的に国際法、特に人道法の原則に合致しないとの判断を下したことの意義は大きい。これは、ＩＣＪが過去に行った決定の中でも、もっとも困難なものの一つであったであろう。

ＩＣＪ以外の国際裁判所において日本が当事国となった例はある。豪州・ニュージーランドは、一九九九年に日本のミナミマグロの漁獲が資源状況を危胎に曝しているとして国連海洋法条約に基づき仲裁裁判に提訴するとともに、漁獲仮差止めの暫定措置を国際海洋法裁判所（ＩＴＬＯＳ）に求めた。二〇〇七年七月には、日本国政府がロシアの排他的経済水域（ＥＥＺ）において拿捕された日本漁船の早期釈放（二件）を求めてＩＴＬＯＳに提訴した（筆者が日本国政府代理人として弁論）。これは、日本が国際裁判所に紛争の相手国を提訴した戦後初めての例であるが、結果は日本の実質勝訴であった。

四　国際裁判所の管轄権

日本が国際裁判を活用した例はこれまで必ずしも多いとはいえない。ただそれが、日本が国際裁判所の管轄権を受け入れることに消極的であったためかといえば、そうではない。例えばＩＣＪには、他国が自国を相手として一定の紛争のＩＣＪへの付託を求めた場合に、特別な合意なくして管轄権が生じることを受け入れる意思をあらかじめ宣言しておく、「強制管轄受諾宣言」という制度がある。日本国政府は、この宣言を国連加盟後間もない一九五八年に行っている。ＩＣＪの加盟国一九二カ国中、このような宣言を行っている国は現在六七カ国にすぎず、Ｇ８や安保理常任理事国といった主要国でこの宣言を行っている国は、日本のほか、英国、カナダ、ドイツ（二〇〇八年に宣言）しかない。日本がつとにこの宣言を行っているということは、国際社会における「法の支配」を重視する日本の明確な意思表示であるとともに、自国が国際法を遵守する国であるという、自信の表明でもある。

五　国際裁判の「積極的」な活用

あらゆる国際紛争を国際裁判で解決すべきかといえば、そうではあるまい。しかし、欧米諸国にとって、さまざまな国際紛争につき、一方で交渉による解決を目指しつつ並行して国際裁判を含む第三者機関による紛争解決手続も積極的に活用し、いわば「押したり引いたり」することは、外交の日常茶飯事である。紛争解決手続の無言の圧力に、交渉による解決を促進したり紛争を未然に抑止したりする機能が期待できるからである。グローバル・パワーとして国際社会のさまざまな事態にいっそう積極的に関与することになる日本にとって、外交ツールに国際裁判の活用も加え、自らの外交の幅と奥行きを拡げることは今後ますます重要になる。これに関連して、興味深い数字を紹介したい。世界貿易機関（ＷＴＯ）においては、貿易問題に特化した紛争解決手続が制度化されており、日本も数多くの事案で当事国となっている。いわゆる準司法手続であり、必ずしも常に勝敗がはっきりつくわけではないが、これまでの計二七件の例（ＧＡＴＴ時代を含む）を見ると、訴えられた場合は全体の一割強程度でしか日本の主張が認められていないのに対して、日本から訴えた場合には八割以上、九割近い率で日本の主張が認められている。紛争の平和的解決においては、一般に、専守防衛は損だということである。

六　国際刑事裁判所（ＩＣＣ）への加盟

国際裁判制度の発展への日本の貢献についてもう一つ述べたい。日本は、二〇〇七年一〇月一日から国際刑事裁判所（ＩＣＣ）の加盟国となった。ＩＣＣは、「国際社会全体の関心事であるもっとも重大な犯罪」を犯した個人を国際法に基づき訴追・処罰するため〇二年に発足した史上初の常設国際裁判所である。ＩＣＣへの加盟により、日本も対象犯罪の「不処罰」は許さないという国際的包囲網に参加することとなり、ＩＣＣの実効性の向上に寄与することが期待される。また、今後、日本もＩＣＣ加盟国の一員として主体的に関与し、アフリカにおける大量虐殺等との関連で、国際刑事法・人道法の発展を促進していくことになる。〇七年一一月のＩＣＣ裁判官補欠選挙では、齋賀富美子人権担当大使（当時）がトップ当選を果たした。同裁判官の活躍にも期待したい。

七　日本の開発途上国に対する法制度整備支援

最後に、日本の開発途上国に対する法制度整備支援に簡単に触れたい。

日本が開国後急速に法制度整備を進めたことは、不平等条約の改正だけでなく、近代国家としての経済発展のためにも非常に重要であった。

このような自らの経験をふまえ、日本国政府は、開発途上国とりわけアジアの国々に対する法制度整備支援を重視している。法制度整備支援には、一歩間違えると内政への介入と受け止められかねない微妙な側面もある。そのため、法制度整備の果実を相手国にしっかりと納得してもらうことがとくに重要である。日本の独特の歴史的経験は、このような意味での説得力の源泉となっている。

具体的には、ベトナムやカンボジアでは、民法の起草支援を行った。インドネシアやラオスなどでは裁判所をはじめとする司法機関に対する技術協力も行っている。東ティモールで行った選挙監視などの支援も「法の支配」の推進への寄与を念頭に置いたものである。クメール・ルージュによる大量虐殺により引き裂かれたカンボジアの復興と真の民族和解のために、国連の協力により成立した特別法廷に対し、日本は多額の財政支援を行うとともに、検事の野口元郎氏を裁判官として派遣して人的にも貢献している。

外務省としては、今後ともこのような支援を強化していきたいと考えている。そして、基本的に技術協力が中心となる「法の支配」の推進のためには、日本の法曹界の協力がますます重要になることを付言したい。

八　「法の支配」は単なる理念を超えられるか

欧州は、人権だとかマルチラテラリズムだとか「法の支配」だとかいって、美しい「カント的」な世界に生きている。これが可能なのは、米国が欧州という塀の外の「ホッブス的」な世界で、血と汗と涙を流して体を張っているからにほかならない。

最近では米国でも一時の勢いを失った「ネオコン」の一人と称されるロバート・ケーガンの手による *Of Paradise and Power*（邦題：『ネオコンの論理』）という日本でも話題になった本は、このような趣旨の一節からはじまる。

日本をめぐる国際環境は、近隣に冷戦構造の残滓が牢固として存在する等、依然極めて「ホッブス的」な世界である。その意味で、米国との関係、とくに日米同盟関係は、今後も日本外交の機軸であり続けるであろう。安全保障面を中心としたこのような基本認識に立ちつつ、他方で、日本外交において「カント的」な世界も追求していくことは重要と考える。国際社会における「法の支配」というと、前述のケーガンの著書が「カント的」と揶揄した理想論のように聞こえるかもしれない。国際社会における「法の支配」の推進という日本の政策が、欧州との関係においてのみではなく、米国との関係でも共鳴するよう、換言すれば、単なる理念を超えて現実の世界で成果を挙げるように着実な努力を重ねることが極めて重要である。

2　外交実務で「国際法を使う」ということ

（二〇〇九年）

一　はじめに

行政官庁である外務省にとって、国際法とは、純粋な学問的研究の対象ではなく、日々の外交案件を処理していくに当たって準拠すべき実行上の規範であるとともに、国際約束(1)の締結事務を通じて自らがその定立作用に関わる対象そのものでもある。外務省は、先例を含めた国際社会の関連する動向や日本国政府の政策的基本方針全体を踏まえて、その所掌事務として国際法を解釈・実施したり、国際約束を締結することを通じて国際法の定立作用を実践したりしている。厳密な学問的観点から研究に従事される学界の研究者の方々の国際法に関する学問的関心事と、実務者の国際法に関する実務的関心事とが必ずしも一致しないことが少なくないのはある意味で当然であろう。実務者が個別の案件処理に当たって思い悩む特定の側面が、研究者の立場からすると、何故そんな瑣末なことにこだわるのか理解できないと思えたり、その逆であったりすることはよくあることである。また、実務としての国際法の解釈・実施が、研究者の方々の目には、方法論の上で学問的な厳密性を欠いているとか、政策的なバイアスがかかり過ぎていると映ることも少なくないであろう。

それにも拘わらず、本稿のような論述を試みることにいかなる意味があるのであろうか。もとより、一介の実務者である筆者は、「法の本質とは何か」とか「法律学の使命とは何か」というような法哲学上の深淵な主題について論ずる資格も能力も基本的に欠いている。以上を十分に認識した上で、筆者は、三十余年にわたり行政官として法律に依拠するさまざまな実務に携わってきたささやかな経験を通じて、国際法学もその一分野である法律学とは、「不完全な存在である人間の社会を、理想と現実のバランスをほどよく保ちつつ規律することを通じて、よりよい人間社会の実現を目指すための技術を研究する実践的な学問」なのではないかと考えるに至っている。筆者としては、この中で、「理想と現実のほどよいバランス」というところがキー・ワードであると考えている。すなわち、法律学という実践的な学問は、それが故に、他の学問領域と比較しても、実務者と研究者とが「ほどよい緊張関係」を保ちつつ交流し、切磋琢磨していくことが特に重要であり、かつ、建設的な意味をもち得る学問領域ではないかということである。更に、法律学という学問領域の中で比較しても、国際法には、行政実務及び学問研究の双方の側面から、実務者と研究者との間の建設的相互作用を特別に実り多いものとするもう一段の特殊性が認められる。まず、行政実務の側面についていえば、二2でみるとおり、日本国憲法体系の下で、国際約束の締結及び国際法の解釈・実施は、法律により、外務省という特定の官庁の所掌事務として一元化されているが、このことは、国内法については法律により個別の官庁に解釈権が与えられている例はないこととの対比において、際だっている。翻って、学問研究の側面についていえば、国際司法裁判所規程第三八条一は、「裁判所は、付託される紛争を国際法に従って裁判することを任務とし、次のものを適用する。」とした上で、「a　一般又は特別の国際条約で係争国が明らかに認めた規則を確立しているもの」、「b　法として認められた一般慣行の証拠としての国際慣習」、「c　文明国が認めた法の一般原則」に加えて「d　法則決定の補助手段としての裁判上の判決及び諸国の最も優秀な国際法学者の学説」（傍点筆者）を明示して挙げている。国際法学において、「国際法の法源論」の名の下に、幅広く深い議論が行われている分野であり、これ以上深入りする余裕はないが、「法則決定の補助手段」としての位置づけであれ、「国際法学者の学説」に法源としての独自の価値が与えられていることは、国内法に比し慣習法の比重が依然際だって高い等の国際法の特質を反映したものといってよかろう。

二　国際法に係る意思決定と外交実務

1　「認められた意思決定権者による意思決定のプロセス」としての国際法

ロザリン・ヒギンズは、国際司法裁判所裁判官（後に所長）に就任するに先立つロンドン経済学・政治学大学法学部の教授時代にヘーグ・アカデミーで行った由緒ある一五回連続の国際法の特別講義

（General Course in International Law）の講義録を基に『問題とプロセス――国際法そしてそれをいかに使うか』（原文英語・邦語訳筆者）という表題の書物を著した。[2] 二五〇頁余の簡潔な書物で、大著ではないが、同書は、その表題に「国際法をいかに使うか」という明確な問題意識が示されているとおり、特に国際法担当実務者にとって示唆に富む多くの内容を含んでいる。

「国際法の本質と機能」（The Nature and Function of International Law）と題する同書の冒頭の一章において、ヒギンズは、国際法を客観的に定まったルールの総体（body of rules）であると捉える考え方を批判し、「法においてルールは一定の役割を果たすことは事実だが法のすべてではない……（自分は）国際法は、ルールであるというよりはむしろプロセスであるという分析を信奉している」（原文英語・邦語訳筆者）[3] と述べるとともに、その関連で自らが六〇年代に執筆した論文を次のとおり引用している。

「認められた者又は機関（authorized persons or organs）により、適切な場（forum）において、一定の確立した実行及び規範（established practices and norms）の枠内で決定が行われたとすると、そこで生起するのは法的な意思決定である。換言すれば、国際法とは、有権的な意思決定の継続的なプロセスなのである。この見解は、法を単にルールの公平な適用と捉える考え方を否定するものである。国際法は、このような意思決定のプロセス全体なのであって、『ルール』という名で呼ばれる過去の意思決定の傾向を参照することに留まるものではない。このような定義の仕方を行うことから不可避的に派生するのは、将来に向けた政策的選択に関する関心である。このような関心は、過去における意思決定の傾向が圧倒的な明確さを欠いているような場合には特に強くなる。」（原文英語・邦語訳筆者。傍点部分は原文ではイタリックで強調された部分）(4)

ヒギンズは、また、国際法が単なるルールであるとする見方を否定することの必然的な帰結について、「国際法を基に意思決定を行う立場にある者（裁判官、法律顧問その他）は、単に『ルールを見つけて』それを適用すればよいというものではない。何が関連するルールなのかを決定すること自体が意思決定者の役割であり、過去の決定の蓄積された傾向（the accumulated trend of past decisions）は決して文脈を無視して（oblivious of context）適用されてはならない。」（原文英語・邦語訳筆者）(5)と述べる。更に、「国際法を中立的なルール以外のものと捉える考え方は、すべからく必然的にバイアスと不公平につながる」とする立場がヒギンズ自身の立場の対極にあるとしつつ、このような立場は、例えば、一九六二年の「南西アフリカ事件」に関する国際司法裁判所判決におけるフィッツモーリス及びスペンダー両裁判官の共同反対意見の次の部分に典型的に要約されているとする。

「我々は、もちろん社会的、人道的その他の非司法的な性格を有するさまざまな考慮に無関心でも鈍感でもない……しかし、これらは、法の領域ではなく政治の領域に属する。我々が正しい法的見解であると信ずるものに厳密に基づいて結論に達するという我々の職業的使命（duty）を我々が遂行するのをこれらのことが妨げる（deflect）ことを許してはならない。」（原文英語・邦語訳筆者）(6)

ヒギンズは、国際法はあらかじめ定まったルールであるとする捉え方は、理論的には、オースチンに代表される「法実証主義」[7]、すなわち法を主権者（sovereign）から発出される命令（command）であると考える立場の帰結に限られるわけではないものの、この立場と密接な関係があるとする。そして、例えばケルゼンは、主権国家の並立という水平的な構造を有するが故にこのような「命令」の概念とは相性の悪い国際法秩序に無理に「法実証主義」のテーゼを意味あるものとして当てはめようとして、あらゆる法規範の拘束力の淵源である「根本規範（grundnorm）」というような恣意的な概念を持ち込まざるを得なかったと批判する。[8]このように、国際法を「ルール」と捉えるのか「意思決定のプロセス」と捉えるのかという問題提起は、「国際法は法か」、「国際法の拘束力の根拠は何か」等の古典的な問いと密接に結びついている。ヒギンズ自身は、法とは制裁によって裏打ちされた主権者の命令である（したがって実効的な制裁のない規範は法とはいえない）とするオースチン的「法実証主義」の立場にも、その対極にある、法とは矛盾であり、本質において客観的に確定し得ないものであるとするコスケニエミ的「懐疑主義」の立場にもくみしない。[9]そして、国際法の拘束力の根拠については、主権国家の「同意」にこれを求める必要はなく、「相互主義」がその根幹にある要素であるとして、次のように論ずる。

「諸国家は、疑いなく、自らが明示的に同意を与えたわけではない規範に拘束されていると考えるに至っている……しばしば暗黙のうちに、そして時には不承不承（often tacit and sometimes unenthusiastic）表明される諸国家のコンセンサスが国際法の基盤であるが、このようなコンセンサスが何故生じるかといえば、それは、諸国家のおのおのが自制することを担保しあうことに互恵的な利益を見いだす（states perceive a reciprocal advantage in cautioning self-restraint）からである。国際法に違反することに短期的には利益がある場合もあるかもしれないとしても、そうすることが国益に資することは稀である。国際法をプロセスと捉える立場からは、これで十分であり、これ以外に拘束力の根拠を求めようとすることは不必要である。」（原文英語・邦語訳筆者）[10]

また、ヒギンズは、国際法を意思決定のプロセスと捉える考え方は、法に対する違反が常態化すると新たな法が生まれるという国際法の実態に合致しているとも論ずる。もっとも、ヒギンズとしても「意思決定の傾向」[11]換言すれば「ルール」が時間の経過とともにどのように変わっていくかは不断の検証を要する問題であるということは認める。このこととの関連で、ヒギンズは、現代国際法において極めて重視されている武力行使の禁止という要請が現実には頻繁におろそかにされていると指摘されることが多いことにつき、一九八六年の国際司法裁判所の「ニカラグア判決」から次の部分を引用しつつ、そのことが武力行使の禁止の法規範性を否定することにはならないと論じている。

「ある国家が認められたルールに一見明らかに反すると見える（prima facie incompatible）行動をとりながら、例外や当該ルール自体に内在する正当化事由を援用して自らの正当性を主張する場合には、当該国家の行動がそのような根拠で実際に正当化されるか否かは別として、そのような主張が行われるということ自体が、当該ルールを弱めるというよりは固める（confirm）意味をもつ。」（原文英語・邦語訳筆者）[12]

2　日本国憲法体系と国際法——国際法関連実務における外務省の役割

(1)　外交権限の内閣への帰属と「分担管理の原則」

本稿は、1でみたヒギンズの所論に従い、国際法は「定まったルールの総体」として静態的に捉えるべきものではなく、「認められた意思決定権者による意思決定の継続的なプロセス」として動態的に捉えるべきものであるという基本的立場に立脚している。ここでいう「認められた意思決定権者」は、例えば国際裁判所等も当然に含むが、国際社会の現状においては、国家の然るべき機関が依然として他とは比べようがないほど圧倒的な比重と重要性を有している。ところで、法治国家である日本が行う国際法に係る「意思決定」は、日本の憲法体系の下で、法（国内法）に基づいて行われなければならないことは当然である。外交実務において「国際法を使う」ということはどういうことかを考えるに当たっては、したがって、憲法を頂点とする日本の国内法体系において国際法との関わりがどのように定められているのかをまず整理してみる必要がある。

日本国憲法第七三条は、「内閣は、他の一般行政事務の外、左の事務を行ふ」と定め、「左の事務」の二番目として「外交関係を処理すること」を挙げている。このように、外交関係の処理は、憲法上、内閣の重要な事務のひとつとして位置づけられている。内閣の事務は、国家行政組織法のいわゆる「分担管理の原則」に従って個別の行政官庁に分掌される。特定の行政事務がいずれの官庁の所掌になるのかは、行政官庁の設置法によって決められる。外務省設置法第四条一号は、「外交政策に関すること」が外務省の所掌事務であることを明記している。
次に、憲法第九八条二項は、「日本国が締結した条約及び確立した国際法規は、これを誠実に遵守することを必要とする」と定めている。このことは、日本の外交政策の実施（外交関係の処理）が日本の締結した国際約束及び慣習国際法に合致したものとなることを確保すべきことを意味する。この点について、外務省設置法第四条五号は、「条約その他の国際約束及び確立された国際法規の解釈及び実施に関すること」が外務省の所掌事務であることを定め、外務省がこの点についての全面的な責任を有する官庁であることを明記している。[13]
また、憲法第七三条三号は、「条約を締結すること」は内閣すなわち行政府の権限であることを定めた上で、「但し、事前に、時宜によつては事後に、国会の承認を経ることを必要とする」と定める。四1で若干敷衍するが、ここにいう「条約」は、いわゆる「国会承認事項」を含む国際約束を指し、行政府に既に与えられた権限の範囲内で締結するいわゆる「行政取極」の締結は、憲法第七三条二号の「外交関係を処理すること」を根拠に行われている。[14]主権国家の並立を基本構造とし、依然として組織化の遅れている国際社会において、国際約束の締結は、交渉の結果として主権国家間の合意により行われるものであることから、基本的に国家の対外行政としての外交機能に包摂して捉えられ、大部分の国の憲法において国際約束締結権限は行政府に付与されている。日本国憲法のこの規定は、このような国際社会の趨勢に合致したものである。[15]外務省設置法第四条四号は、「条約その他の国際約束の締結に関すること」が外務省の所掌事務であることを明記している。

国際約束及び確立された国際法規（慣習国際法）について外務省が有権的な解釈権[16]を有することが法律に明文で定められていることは、国内法については法律によって個別の官庁に解釈権が与えられている例はないことと好対照を成している。このように国際法の解釈権が行政府において外務省に意識的に一元化されていることには合理的な理由がある。例えば、日本が締結する国際約束が扱う事項は極めて多岐にわたっているが、そのような国際約束の解釈権が各官庁に分散されていたとしたらどういうことになるかを想像すれば分かりやすい。外務省以外の官庁は、一般に特定の業界を所掌する立場にあるが、このような官庁が自らの所管する業界に関する側面についてそれぞれ国際約束の解釈を行うことができるとしたらどうなるであろうか。例えば、ＷＴＯ協定のある同一の規定について、農林水産業との関係ではＡと解釈され、銀行業との関係ではＢと解釈され、鉱工業との関係ではＣと解釈されるということになれば、国内的にも対外的にも到底収拾がつかないことになるのは自明である。外務省は、第一義的に対外関係を担当する官庁であることに加えて、所掌上特定の業界を所管しない官庁である。このことに照らしても、外務省が行政府において国際法の解釈について責任をもつという現在の日本の国内法の体系には合理性があるといえる。

(2) 司法府の権限との関係

行政府において外務省が専権的に国際法の解釈権を有していることと司法府（裁判所）の権限との関係をどのように理解すべきであろうか。結論から述べると、憲法上、裁判所も一定の条件の下で日本が締結した国際約束を含む国際法を解釈することができるが、以下述べるように、そのことと、外務省が国際法の専権的な解釈権を有することとは矛盾しない。

国際約束について述べれば、国際約束は、締結により日本の国内法としての効力を有することとなり[17]、日本の法令の一部となる。憲法は、裁判官は、「憲法及び法律にのみ拘束される」（第七六条三項）と規定しているが、ここにいう「法律」は、形式的意味の法律のみならず法規範一般を指しており[18]、国内法としての効力を有する国際約束もこれに含まれる[19]。したがって、裁判所がこのような国際約束の国内法としての側面について、憲法によって与えられた権限に基づき、司法判断を示すことは当然あり得ることである。実際に、裁判所が個別の争いを解決するために国際約束を含む国際法の解釈について司法判断を行った事例は枚挙に暇がない[20]。裁判所がこのような司法判断を行った場合、これが、当該「個別の争い」の解決に関する限りにおいて、外務省を含め行政府を拘束することは当然である。

ただ、裁判所が行う司法判断には自ずと限界もある。裁判を行う対象は無制限ではなく、「法律上の争訟」（裁判所法第三条）すなわち「法令を適用することによって解決し得べき権利義務に関する当事者間の紛争」[21]に限られる。したがって、裁判所による司法判断は、あくまで個別の争いを解決するために必要な限度に限られる。特定の国際約束について一般的、抽象的なかたちで解釈を行うことは外務省にはできるが、裁判所にはできない[22]。

ところで、以上述べたことは、さまざまな法律（国内法）を所管する行政官庁の行う法律の解釈と司法府の権限についても基本的に同様に当てはまることである。裁判所は、個別の争いを解決するために必要な限度で特定の国内法の解釈につき司法判断を行うことができ、その判断は、当該個別の争いに関する限り最終的な効力を有する。それでは、裁判所が国際約束を含む国際法の解釈について司法判断を行ったら、その判断も最終的な結論となるのであろうか。ここに、国際法と国内法の根本的な差異があらわれる。国際法の解釈は、国内法とは異なり、一国が独自に完結して行い得るものではない。ただ、主権国家が並立する国際社会には国内社会と異なり中央権力が存在しないため、国際法の解釈や実施は、結局のところ、第一義的には、それぞれの国家が自らの責任において行うことが通常であるということが実態論としてはいえる。しかし、国際法の解釈に係る国内裁判所の司法判断は、その国の中では最終的かもしれないが、国際社会というより広い土俵の中では最終的とは限らない。例えば、このような司法判断が外国人を当事者とする裁判で行われた場合に、当該外国人の国籍国が当該国内裁判所の司法判断が著しく不当で裁判の拒絶（denial of justice）という国際違法行為を構成する等と主張して当該国内裁判所の属する国に対して外交保護権を行使して善処を求めてくる可能性は排除されない。更には、他国がこのような国内裁判所の司法判断の妥当性等を国際裁判で争う余地もある。国際法を意思決定の継続的プロセスと捉える観点からみれば、一国の国内裁判所という「認められた意思決定権者」によりプロセスのある段階での意思決定が行われた後に、国際裁判所という別の「認められた意思決定権者」によって、プロセスの中でより先に進んだ段階に位置づけられる意思決定が行われることもある（ただし、常に行われるとは限らない）ということである。一国の国内裁判所が確定判決において行った国際法の解釈の妥当性が国際裁判で争われた例として、最近特に興味深いと思われるのは、いわゆる「アヴェナ事件」である。二〇〇三年にメキシコが米国のテキサス州の裁判所の終局的司法判断をめぐって国際司法裁判所に提訴し、米国が敗訴した。メキシコの主張は、米国官憲が米国内で逮捕・拘禁したアヴェナという名の人物を始めとする約五〇名のメキシコ国民について米国が領事関係ウィーン条約上の義務の履行を怠ったというものであった。すなわち、米国に駐在するメキシコの領事に対して逮捕・拘禁を十分速やかに通報せず、また、メキシコ国民たる被疑者に対して領事と面接する権利を告知することもしなかったことが同条約の義務違反を構成するという主張である（これらのメキシコ国民については、米国の州裁判所で同条約違反を主張する被告人の抗弁が認められず、既に死刑が確定していた）国際司法裁判所は、二〇〇四年三月に本件につき米国敗訴の判決を下し、メキシコ人死刑囚に対する判決と刑の執行を再審査及び再検討するよう命じた[23]。

三　国際法に従った外交政策の実施

1　外交関係処理の「大政策」と「小政策」

二2(1)でみたとおり、日本国政府による外交政策の実施に当たっては、外交関係の処理について日本国憲法体系の下で第一義的な責任を有する外務省が、事柄の重要性に応じて内閣（総理大臣官邸）

と密接に調整しながら、実務を行う。このような外交政策の実施に対しては、憲法第九八条二項の定める国際法の遵守という重要な要請があるが、この観点からのチェックは、外務省の国際法担当部局である国際法局（旧条約局）により恒常的に行われている。日本の対外行政機能にビルト・インされたこのチェック機能は、戦後の日本外交を振り返ってみた場合、連合国との平和条約の締結を中心とする戦後処理、日米安保体制の構築、日ソ国交回復、日韓国交正常化、沖縄返還、日中国交正常化等のいわば「大政策」との関連ではもちろんのこと、日々の対外関係上の個別の案件処理、すなわちいわば「小政策」における意思決定過程においても働いている(24)。

2　ケース・スタディー——中国民航機ハイジャック事件

このような外交関係処理の「小政策」における国際法に係る「意思決定」は、日常的に行われており、数え上げればきりがない。ここでは、外交実務において「国際法を使う」とはどのようなことかという本稿のテーマに照らした具体的なイメージを共有するために、筆者が条約局法規課長（当時）時代に現実に遭遇しその処理に関与した中国民航機ハイジャック事件をひとつのケース・スタディーとして取り上げたい。個別の案件の処理に当たって、ヒギンズのいう「プロセスとしての国際法」の文脈の中で、日本国政府による「意思決定」が、関連する国内法をも勘案して、どのように行われたのか、担当実務者がどのような思考経過を経て、また、どのような考慮を踏まえて、そのような日本国政府による「意思決定」の実務的なお膳立てをしたのかという視点から振り返ってみる。

この事件は、一九八九年一一月一六日に、中国人張振海が北京発上海経由米国行きの中国民航機をハイジャックして韓国行きを企てたが、韓国に着陸を拒否され、燃料切れのため福岡空港に着陸したことにより始まった。当日は、土曜日であったが、事件発生後ただちに総理官邸で関係省庁を集めた対策会議が開催され、初動としての日本国政府の対応の方針について協議が行われた。筆者もこの会議に出席したが、その時点でハイジャック被疑者は福岡の病院に入院していた。福岡空港着陸後、飛行機のドアを開けて外を覗いた隙に勇敢なスチュワーデスに後ろから押されてタラップから地面に転落し、腰の骨を折って取り押さえられたのである。中国政府は、当初より被疑者を中国で裁判することを強く希望する旨表明していた。周知のように、本件のようなハイジャックの被疑者の取り扱いに適用される条約は、「航空機の不法な奪取の防止に関する条約」（以下「ヘーグ条約」という）である。日本は、一九七一年に国会の承認を得て同条約を締結していた。ヘーグ条約は、締約国に対し、（イ）他国の航空機が当該他国の領域外で行われた航空機を不法に奪取する行為の対象となった場合、そのような行為も自国の刑事法上の犯罪として裁判権を設定すること（第四条）[25]、及び、（ロ）被疑者が自国領域内に所在する場合は、裁判権のある他国に犯罪人として引き渡すか、引き渡さない場合には訴追のため自国の権限のある当局に事件を付託すること（第七条）[26]等を主たる義務として定めている。総理官邸における対策会議では、筆者の報告に基づき、まず、これらヘーグ条約上の義務が確認された。次いで、この条約上の義務と中国政府が当初より被疑者を中国で裁判することを強く希望表明していたことをあわせ勘案して、日本国政府として取るべき対応は何かが検討された。筆者としては、ハイジャックされた航空機の国籍も被疑者、乗員及び乗客の多くの国籍も中国であることからくる「管轄権の絆」（jurisdictional link）の相対的関係からも、証拠の収集の便宜を含むいわゆる「訴訟経済」の観点からも、被疑者を中国で裁判すること自体は首肯されるのではないかと考えた。中国政府が被疑者の身柄の確保を急いでいたこととの関係で、被疑者は入管法上まだ日本に「上陸」していないのであるから、入管法に基づき、送還先を中国として、同人を早急に退去強制する理論的選択肢もあるのではないかと指摘する官庁もあった。確かに、ヘーグ条約は被疑者を引き渡す手続についてまでは定めていない。したがって、仮に日本の国内法上の手続として入管法に基づく退去強制によったとしても、身柄の引渡という結果は充たされるのであるから、それによりヘーグ条約第七条に基づく義務が果たされたことにはなる。しかし、外務省は、犯罪被疑者の外国への引渡については、司法府の判断をも介在させた慎重な手続を定めた逃亡犯罪人引渡法があるにも拘わらず、行政府の判断だけによる入管法の退去強制の手続により処置することは、人権保護に係る適正手続の観点からの内外の批判に耐えられないということを強く主張した[27]。事件発生の半年ほど前の一九八九年六月にいわゆる「天安門事件」が起こり、中国国内の人権保護の状況について国際的に厳しい批判が沸き起こっていた時期であった（対策会議の時点では明らかではなかったが、被疑者は、その後、自らのハイジャック行為は、天安門広場での民主化デモに参加したことで公安当局に逮捕され取り調べを受けたため迫害を逃れるために政治亡命しようとしたことによる政治犯罪であると主張するようになる）。結果的には、以上のような思考経路を経た外務省の意見が通り、その日の対策会議で、日本国政府としては、中国政府からの正式の引渡請求を受けて、逃亡犯罪人引渡法に基づく手続を開始することが決定され、同日夕刻に石原内閣官房副長官（当時）がその旨の発表を行った。

この逃亡犯罪人引渡審査についての東京高裁の決定は、翌九〇年四月に言い渡された。決定において東京高裁は、「政治犯不引渡の原則」（逃亡犯罪人引渡法第二条一号）、「特定性の原則」（同法第二条二号）、「双方可罰性」（同法第二条三号）、難民条約第三三条に定めるいわゆる「ノン・ルフルマンの原則」、国際人権B規約第七条との関係等の幅広い論点につき詳細な検討を行った上で、請求国への引渡が「相当か否か」の判断は法務大臣に属するとしつつ、本件引渡請求については条約及び法に規定する「引渡を制限する事由に該当するものはない」との結論を下した。

ところで、本件をめぐる処理については、日本の高名な国際法学者から論文で厳しい批判を受けた。同論文の批判のポイントは、「張ハイジャック容疑者が日本に到着したその当日に日本政府が張本人を中国に引き渡す方針を公にしている」ことは、「事件が政治犯の引渡・不引渡をめぐって裁判に付せられるべきものである以上……重大な司法の独立の侵犯」であり、「悪質ともいうべく、すくなくとも常軌を逸した外交政策の偏重[28]」であるというものである。しかし、前述の経過から明らかなとおり、石原官房副長官が政府としては「逃亡犯罪人引渡法に基づく手続を開始することを決定した」と発表した時点で日本国政府は張被疑者を中国に引き渡すという「意思決定」を行ったわけではない。逃亡犯罪人引渡法には、種々の引渡制限事由が法定されており、そのような事由に当たるか否かを東京高裁が適正手続に従って厳密に司法判断する仕組みとなっているからである。日本国政府が張被疑者を中国に現実に引き渡すという「意思決定」を行ったのは、東京高裁が本件については引渡制限事由が認められないという決定を行った後なのである。全く仮定の問題として、仮に東京高裁が引渡を認めないという決定を行ったとしたら、ヘーグ条約第七条の義務を果たすためには訴追のために日本の権限のある当局に事件を付託する必要が生じたであろうが、逃亡犯罪人引渡法に基づく手続を開始することがそのような可能性を封ずるわけでもない(29)。

四　国際法における「ルール造り」と国際約束締結事務

1　国際約束締結事務――国会承認条約と行政取極

国際法を「あらかじめ定まったルールの総体」というよりは「認められた意思決定権者による意思決定のプロセス」と捉えるべきであるとするヒギンズの所論も国際法における「ルール」の重要性を等閑視するものでは全くない。二の1で述べたとおり、ヒギンズが強調するのは、現実の事案への対処に当たって「何が適用されるべきルールであるか」は往々にして自明とはいえず、「何が関連するルールなのかを決定すること自体が意思決定者の役割」であるということである。このことは、成文化されていない慣習国際法の領域に特によく当てはまるといえよう。成文化された「ルール造り」を促進することによって、「何が関連するルールなのか」についての予測可能性を高める努力を行うことは、国際法における法的安定性の向上に資するものである。

このような観点から、外務省の行う国際法関連実務の中でも重要な位置を占めている。国際約束締結事務は、慣習国際法とともに国際法の形式的法源を構成しており、それが二国間のものであるのか、多数国間のものであるのか、多数国間のものだとして締約国数はどのくらいか等により、国際法の規範としての普遍性に自ずから差異はあるものの、国際約束を締結するということは、それにより日本国政府が国際法の定立作用を行うことに他ならない。

どのような国際約束が日本国憲法上その締結について国会の承認を要する条約（国会承認条約）であるのかにつき憲法に明文の規定はない。日本国政府（外務省）は、野党の質問に応えて、一九七四年に衆議院外務委員会における大平外務大臣（当時）の答弁のかたちで、国会承認条約には、（イ）いわゆる「法律事項」を含む国際約束、（ロ）いわゆる「財政事項」を含む国際約束、及び、（ハ）「法律事項」も「財政事項」も含んではいないが、国家間の基本的な関係を法的に規律するという意味において政治的に重要な国際約束であって、それ故にその発効のために最も重い形式である批准が要件とされているものの三つのカテゴリーがあるとの考え方を明らかにした(30)。これ以外のものは、いわゆる「行政取極」として行政府限りで締結するという実務上の処理を行っている。この大平答弁によって示された基準は、戦後の国際約束締結に関する国内手続についての実務上の処理の永年にわたる蓄積がいわば憲法運用の慣行として結晶化したものといえる。

実務の観点からは、自らが担当する国際約束が「国会承認条約」になるのか、それとも「行政取極」になるのかということは、担当者が締結事務の当初から常に念頭に置くべき最重要の問題である。ある国際約束が国会承認事項を含んでいるかどうかは憲法上の判断の問題であるから、最終的には内閣法制局の審査を受けて日本国政府としての意思決定を行うが、実務処理の実態としては、外務省の政策的な考慮がこれに大きく影響する。誤解のないようにあらかじめ強調しておく必要があるが、ある国際約束が国会承認事項を含むかどうかは法的な判断の問題であるから、この判断自体に政策的な考慮が影響を与えることはあり得ない。そういうことではなく、例えば、交渉中の国際約束の内容が比較的に技術的であり、かつ、迅速に締結することに特に重要性があると判断されるような場合に、既存の法律や予算の範囲内で締結できる範囲に内容を絞るよう案文交渉の過程で工夫することは可能であるし、そのようなことが締結担当者の「腕の見せどころ」になるという面もあるということを述べているのである。もちろん、全く逆に、これとは別の国際約束について、理論的には行政取極として処理することも不可能ではないかもしれないが、その本質的内容に照らせば、民主的統制という観点から、時間がかかっても国会承認条約として処理することが筋であると政策的に判断することもある。

同じ国際約束締結事務といっても、実務的には、二国間（乃至少数国間）の国際約束と多数国間の国際約束では様子が異なるところもある。二国間（乃至少数国間）の国際約束の場合には、案文交渉の過程で、日本の既存の国内法との関係を十分に考慮しつつ、前述のような観点から行政取極として処理し得るような規定ぶりを工夫したり、国会承認条約として処理するとしても既存の法律を維持する義務（法令維持義務）だけを負い、新規立法や法律の改正を要しないように規定ぶりを工夫したりする余地は相当程度ある。このようなことから、交渉の結果、相手国においては議会の承認を要する国際約束が日本においては行政取極になるということもある。これに対して、多数国間の国際約束の場合には、既に発効している国際約束を日本が加入等の態様によりそのままのかたちで締結するという場合がそもそも少なくない。また、国際約束の作成過程に日本が参加する場合でも、日本はあくまでも多数の交渉参加国のひとつに過ぎないので、専ら自国の国内法との関係に係る都合を理由に規定ぶりを変えて欲しいという主張を行っても、二国間交渉の場合に比べて通りにくいという現実もある。このような事情から、多数国間の国際約束の締結事務においては、当該国際約束を締結した場合に日本が負うことになる義務の履行を担保する既存の国内法の規定をまず検討し、担保法が十分でなければ、新規の立法や既存の法律の改正を手配する、更には、立法手当をしないとすればどのような留保・解釈宣言が必要となるかにつき検討するという方向に実務的作業のベクトルが向く傾向がある。

2　「国際的なルール造り」への参加と貢献

国際約束は、自然発生的な規範である慣習国際法に対して、国家間の「合意の自由」に基づいて当事国間の権利義務関係を設定する成文規範である。慣習国際法と国際約束は、双方で国際法の形式的法源を構成しているが、一九世紀以来の国際関係の緊密化の進行とともに、成文法規範のもつ明確性、精密性に加えて、国際社会の実態の変化に迅速に対応しやすい柔軟性等の利点から、広範な分野で国際的なルールの形成手段として国際約束が活用されるようになった。このように、国際約束の国際法の法源としての重要性は、増大する傾向にある。

戦後の日本外交を振り返ると、一九五二年発効のサンフランシスコ平和条約によって漸く国際社会に復帰した日本にとって、差し当たっての外交上の主要課題は、第一に戦後処理、第二に国連やガットに代表される普遍的な国際システムへの仲間入りであった。これを国際約束の締結という観点からみると、第一の戦後処理については、サンフランシスコ平和条約により連合国四五カ国との間で戦後処理を済ませた上で、残った交戦国との二国間平和条約や賠償協定の締結を図るというのが大きな流れであった。これに対して、第二の課題については、国連憲章（五六年締結）、ガット（五五年に日本国加入議定書締結）等に代表されるように、既存の多数国間条約をそのままのかたちで受け入れるというのが大きな流れであった。戦後処理が一段落する六〇年代半ば頃から幅広い分野での実務的な二国間の国際約束の締結が増えてくるが、二国間の国際約束には、基本的な性格として、二国間に固有の問題を解決するための外交交渉の産物としての合意を法的な文書のかたちで確定するという色彩が濃く、国際社会全体を規律するルールという意味での普遍性は、相対的に稀薄なところがある。戦後、国際社会への復帰を最優先した日本は、普遍性のある多数国間のルールについては、できたルールをそのまま受容しつつ、他方において、個別問題は個別交渉で解決するという基本的行動パターンで進んできた面がある。分かりやすい具体例として、戦後の日本の経済的繁栄を支える国際法上の基盤である多角的自由貿易体制と日本との関係がある。前述のとおり、日本は、五五年にガットに加入を認められるが、加入当初は、多くのガット締約国が日本に対してガット第三五条（不適用条項）を援用し、折角加入を果たした日本との間で「ガット関係に入ること」自体を拒否した。今や忘れられがちだが、戦後の日本の経済外交の最大の目標は、長らく「対日三五条援用撤廃」であった。長い交渉の結果、三五条の対日援用が完全になくなったのは、九五年のＷＴＯ発足時である。[31] その一方で、日本の経済力の急速な伸張に伴って日本の貿易黒字の問題が米国等との二国間関係において大きな問題となった。このような現実の問題を解決するために締結されたのが、七〇年代を中心に数多い対米輸出自主規制取極や八〇年代の日米半導体協定に代表されるような二国間取極であった。これらの取極は、普遍性のあるガットのルールに対する「灰色措置」と俗称された。これは、普遍性のある多数国間のルールをそのままのかたちで受容しつつ、要すれば、このようなルールをいわば迂回（circum-vent）する特約を二国間で行うことによって現実的な利益を追求するという、戦後一時期の日本外交をある意味で象徴する姿であった。多数国間のルールは重要だが、現実の諸問題を直接的に解決するために死活的に重要なのは二国間の特約であるという認識から、率直のところ、外務省の内部でも多数国間の国際約束より二国間の国際約束を重視するような心理的風土が存在する時期があったことも否めない。

日本の国力の充実に伴って、このような考え方を根本的に改める必要があることが認識されるようになった。今や、日本自身が普遍性のある国際的なルールの形成過程に主体的に参加し、望ましいかたちでルールが造られることを確保することの重要性について幅広い認識の一致がある。これを国際約束締結事務という実務に当てはめると、従来の二国間国際約束を過度に重視する傾向を改めること、更には、多数国間国際約束について、出来上がったものをそのまま受容するのではなく、案文交渉段階から積極的に参加し、日本自身の「ルール造り」への主体的な参画を経て作成された国際約束を締結する方向にシフトすることが重要だということである。

紙幅の制約から部分的な例示に留まらざるを得ないが、一連の「ラウンド」を通ずるガット・WTO体制の下でのルール造り、国連海洋法条約に代表される海洋法（深海底開発レジームを含む）、地球温暖化防止を始めとする環境分野の諸条約、国際刑事裁判所（ICC）規程等の人道法分野の諸条約、クラスター爆弾の規制等の軍縮・軍備管理分野における諸条約等、日本がその形成過程で積極的な役割を果たしている普遍性のある国際ルールは、急速に増大しつつある。

3　条約の締結による国内法の補完――自動執行力のある条約

2で国際約束の締結を通ずる「国際的なルール造り」への参加・貢献の重要性について述べたが、翻って国内法の世界に目を転ずると、国会承認条約の締結が国内法のルールを補充する機能を果たす場合がある。日本国憲法上、条約は公布により国内法としての効力を有するに至ると解されている(32)が、このことは、当該条約の国内実施が条約のみに基づいて行われることを意味するものではない。条約の国内的効果をいかに確保するかは、各国の裁量にゆだねられており、いわば各国の立法政策の問題である。この点について、日本国政府は、条約の国内的実施には、通常は立法上の手当（新規立法、既存の法律の改正等）を必要とするが[33]、条約の規定がそのままのかたちで国内的に実施し得る性質のものである例外的な場合、換言すれば、いわゆる「自動執行力のある（self-executing）」条約については、当該条約の規定を直接国内的に実施できるという方針をとっている。何をもって自動執行力のある条約というのかについては、学問的には種々議論のあるところであるが[34]、実務の立場からせんじつめれば、「国内の裁判所が権利義務関係についての争いの裁定に当たって、裁判の準則として国内法を媒介することなく条約の規定に直接依拠することができるもの」を自動執行力のある条約として取り扱っている。どのような規定ぶりの条約であればこのような自動執行力のある条約に当たるのかにつきあらかじめ一般的・抽象的に判定する一律の基準を示すことは困難であるが、以上述べたようなことから、基本的な考え方としては、条約の規定ぶりにつき、例えば私人間の権利義務関係につき裁判準則とするに足るほど十分に具体的かつ明確に規定しているものをいうと考えられている。

例えば、日本が二〇〇〇年に締結した「国際航空運送規則の統一に関するモントリオール条約（略称）」は、国際航空運送における旅客の死亡・障害並びに手荷物及び貨物の損害に関する責任原則及び責任限度額、運送契約当事者間の契約関係等について規定しており、それまで航空私法分野を国際的に規律してきた一九二九年のワルソー条約を始めとする関連条約の内容を集大成し、国際的に統一することを目的として作成された条約である。この条約の中核を成す運送人（航空会社）の責任原則及び責任制限に関する規定の中には、日本の民商法体系における原則（損害賠償に関する過失責任主義）の特例を成す内容が含まれている。日本には英、仏、独等主要先進国と異なり航空私法に関する国内法が存在しない[35]ので、この条約の締結により、この条約の規定自体が日本の国内法ルール（裁判準則）となるという実務上の整理が行われている。

自動執行力のある条約の一番最近の例は、二〇〇八年の通常国会（第一六九回国会）で締結につき国会の承認が得られた「国際物品売買契約に関する国際連合条約」（略称・ウィーン売買条約）である。この条約は、国連国際商取引法委員会（ＵＮＣＩＴＲＡＬ）が国際商取引分野において重要な比重を占める物品売買契約についての統一的ルールを定めることにより国際取引の発展を促進することを目的として作成した。この条約の定めるルールの中には、我が国の民商法体系における原則（売買契約の成立時期は承諾の発信時とすること、申込みと承諾の完全一致主義、申込みは原則として撤回できないこと等）と異なるものが含まれている。この条約の締結により、国際物品売買については、当事者間で別途の合意がない限り、この条約の規定自体が日本の国内法のルール（裁判準則）となることとされている。

このように、国際法関連実務の一環としてある種の条約（自動執行力のある条約）を締結することは、それ自体が「国際的なルール造り」への貢献となると同時に、日本の国内法のルールを補完する機能も果たす。

五　むすびに代えて

本稿では、国際法を「認められた意思決定権者」による「意思決定」の継続的なプロセスとして捉える立場から、日本の憲法体系の下で、このような「意思決定」はどのように行われるのか、また、このような「意思決定」のお膳立てを行う立場にある国際法担当の実務者の役割はどのようなものなのかを概観した。筆者は、今後ますます重要性を増す国際法関連実務の分野は、国際法上の義務の履行の確保のための現実的な方法としての中立・公平な第三者機関を介した紛争の平和的解決制度の活用に係る事務であると考えている[36]が、紙幅の制約により、残念ながら本稿ではこの分野には触れることができなかった。このような不備にも拘わらず、仮に本稿が、実務者が国際法と国内法のはざまで日々何に悩み何を達成しようと努めているかについて、いささかなりとも一般の理解を助長することにつながるとすれば、望外の幸いである。

国際法と国内法との関係というと、一般には、伝統的なアカデミズムの世界での一元論と二元論の対立がただちに想起される。この関連では、このような対立を止揚し、専ら機能主義的な観点に立って、国際法と国内法の「規律事項の交錯」や相互の間に生ずる「義務の抵触」の問題の重要性を強調する山本草二東北大学名誉教授に代表される立場[37]が、筆者を含む実務者にとり特に示唆に富んでいる。畢竟、行政としての国際法関連実務とは、山本教授の用語法によれば「規律事項の交錯」と表現される国際法と国内法の接点において、両者の間の「義務の抵触」についての実際的な調整を図る事務的な作業に他ならないからである。

（1）いわゆる「国会承認条約」と「行政取極」の双方を包摂する「国際約束」という語は、講学上の概念ではなく、日本の実定法上の用語である。詳しくは、丹波実「国際約束」（国際法学会編『国際関係法辞典』（三省堂、一九九五年）二九六頁）参照。なお、「国会承認条約」及び「行政取極」については、拙稿（国際法学会編・同上辞典三三九－三四〇頁及び一七六－一七七頁）〔本書四九－五〇頁〕参照。

（2）Rosalyn Higgins, *Problems & Process : International Law and How We Use It*（Oxford : Clarendon Press, 1994）

（3）Higgins, *ibid.*, p. 2

（4）Higgins, "Policy Considerations and the International Judicial Process"（1968）17 *ICLQ* 58 at 58–59

（5）Higgins, *supra* n. 2, p. 3

（6）South West Africa Cases, Judgment（Preliminary Objection）, 21 December 1962, *ICJ Reports 1962* 466（joint diss. op）

（7）See John Austin, *Lectures on Jurisprudence or the Philosophy of Positive Law*（5th ed.）（1954）

（8）See Hans Kelsen, *General Theory of Law and State*, translated by A. Wedberg（1949）

（9）See Martti Koskenniemi, *The Politics of International Law*（1990）/ *EJIL* 4.

（10）Higgins, *supra* n. 2, p. 16

（11）山本草二『国際法（新版）』（有斐閣、一九九四年）六〇－六五頁は、このことを「一方的行為の法源性」という観点から論じている。

(12) Military and Paramilitary Activities in and against Nicaragua, Judgment (Merits) *ICJ Report 1986* 98 (para. 186)

(13) 憲法第九八条二項にいう「条約」が憲法第七三条三項にいう「条約」（すなわち、いわゆる国会承認条約）に限られず、いわゆる「行政取極」を含む日本国が締結した国際約束全体を意味することについては、憲法学者の間でも基本的に異論はない。例えば、芦部信喜『憲法（新版・補訂版）』（岩波書店、一九九九年）二七九頁。

(14) 条約の締結に関する権限と手続の問題は、国際法と憲法が交錯する極めて複雑な問題であり、日本の代表的な憲法学者の手になる定評のある憲法の体系書や教科書においてすら、その記述は、国際法担当の実務者の目からみて極めて不十分なものと率直にいわざるを得ない。柳井俊二「条約締結の実際的要請と民主的統制」（『国際法外交雑誌』七八巻四号、一九七九年）は、この問題について、日本国憲法の公布以降の現実の憲法運用の積み重ねを踏まえ、かつ、理論的に深く掘り下げた画期的論文である。

(15) 例えば、芦部・前掲書二七八頁は、「この国会の承認は、国内法的かつ国際法的に条約が有効に成立するための要件であると解される。その意味では、条約締結は内閣と国会の協同行為だと言うことができる。（傍点芦部教授）」とするが、仮に内閣が「事後承認」という憲法上認められた方法を選択して、国会の承認が得られる前にある条約の締結行為を済ませた場合、その時点で同条約は国際法的にはもちろん国内法的にも有効に成立するのであり、「協同行為」という語の意味も明らかではない。柳井・前掲注(14)が強調するとおり、条約の締結は、あくまでも行政府たる内閣の行為であり、国会の承認は、民主的統制という観点からこれに付加された憲法上の要件であると解すべきである。すなわち、仮にある条約の締結後、「事後承認」が国会から得られなかった場合、内閣がこのような民主的統制のための要件を充たせなかったことについて国会に対して政治的責任（憲法第六六条三項）を負うことはあっても、既に締結された条約がただちにその効力を失うことにはならない。なお、日本国憲法制定以来、内閣が条約の締結後国会に「事後承認」を求めた例は、サンフランシスコ平和条約署名の時に日本国政府が行った宣言において平和条約効力発生の後一年以内に締結することを約束した「一九四九年八月一二日の戦争犠牲者の保護に関するジュネーブ諸条約」他数件の多数国間条約（事前承認を求めたが、国会が解散されたためやむを得ず昭和二八年に締結の上、事後承認）を含め合計一一件あるが、大多数は、依然戦後の政治的混乱が続いていた昭和二十年代の事例である。ガット加入議定書（昭和三〇年）等ガット関係の条約につき昭和三〇年代に入ってから国会に事後承認を求めた例が計四件あるが、その際の国会審議で政府側は、国会の閉会等やむを得ない事情のため事後承認を求めたが、本来は事前承認が原則であり、できる限り原則を崩さぬつもりであることを強調している。このように、戦後の混乱期を過ぎて国内政治情勢が落ち着いてからは、事後承認に対する政治的ハードルは高くなっており、昭和四十年代以降は例がない。

(16) 内閣法制局が実質的に編纂に関与している『法律用語辞典〔第2版〕』（有斐閣、二〇〇〇年）は、「有権解釈」という語を「権限のある機関による法の解釈。公権的解釈ということもある。学理的解釈と異なり、拘束力を有する。解釈を行う機関によって、立法解釈、行政解釈、司法解釈に分かれる。」と定義している。

(17) 林修三内閣法制局長官答弁（第三四回国会衆議院日米安全保障等特別委員会議事録一六号（一九六〇年四月一一日）一二頁）。なお、いわゆる「行政取極」については、公布は行っていない（官報告示で対処）が、国会の承認を経ない行政取極は国内法上の効力を有さないと解すべき理由はなく、行政取極も締結により国内法上の効力を有すると考えるべきであろう（谷内正太郎「国際法規の国内的実施」（広部和也・田中忠編『国際法と国内法』勁草書房、一九九一年所収）一一三頁参照）。

(18) 宮沢俊義『コンメンタール日本国憲法』（日本評論社、一九五五年）六〇五頁、伊藤正己『憲法』（弘文堂、一九八二年）五五四頁。
(19) 岩沢雄司『条約の国内適用可能性』（有斐閣、一九八五年）三〇頁。
(20) 国際約束を含む国際法の解釈を争点とする刑事訴訟や国を被告とする民事・行政訴訟が行われる場合、外務省国際法局は、訴訟対策を担当する法務省と緊密に連携しつつ、準備書面の作成等を通じて国の主張を支える実務作業を行う。また、国の主張を補強するために必要と判断される場合には、国際法の解釈について高名な国際法学者に鑑定書の作成等を依頼することもある。
(21) 昭和二九年二月一一日最高裁判決（民集八―二―四一九）。
(22) 最高裁判所は、いわゆる「警察予備隊違憲訴訟」において、「裁判所は具体的な争訟が提起されていないのに将来を予想して憲法及びその他の法律命令等の解釈に対し存在する疑義論争に関し抽象的な判断を下すごとき権限を行い得るものではない」（昭和二七年一〇月八日最高裁大法廷判決（民集六―九―七八三））と判示した。
(23) ブッシュ米大統領は、国際司法裁判所の判決を受け、州裁判所に同判決を履行させることにより米国の国際的な義務を果たすことを指示する文書を連邦司法長官に宛てて発出した。その後、紆余曲折（テキサス州最高裁がアヴェナ等に対する判決の見直しの申立てを退けた後、連邦最高裁に係属）を経て、二〇〇八年三月、連邦最高裁は、本件国際司法裁判所判決は米国に義務を負わせたものではあるが、紛争の義務的解決に関する選択議定書、国連憲章、国際司法裁判所規程等の関連条約は、いずれも国内担保法なしに米国内で自動執行力のある条約とは解されず、国内担保法が制定されていない以上、本件判決は米国内で直接執行可能な効力を有しないと判示した。
(24) 谷内正太郎「実務の立場から見た国際法」（『立教法学』二九号、一九八七年）一六五頁。
(25) 「よど号」事件を契機に制定された「航空機の強取等の処罰に関する法律」（昭和四五年法律第六

八号）において、ハイジャック行為は犯行の場所のいかんに拘わらず日本法上の犯罪とされた。なお、その後、同種のテロ行為防止のための条約が多数作成され、日本もこれらの多くを締結することになったことから、一九八七年に刑法総則に第四条の二（条約による国外犯の規定）が付け加えられ、刑法の規定を「日本国外において、第二編の罪であって条約により日本国外において犯したときであっても罰すべきものとされているものを犯したすべての者に適用する」こととされた（谷内「国際法規の国内的実施」前掲注(17)一二一－一二二頁）。

(26) 条約の対象犯罪の被疑者が自国の領域内に所在する場合に被疑者を「引き渡すか又は訴追のため自国の権限のある当局に事件を付託する」義務を課すことは、不処罰（impunity）を許さない国際的ネットワークを条約により構築することを目的とした仕組みである。この仕組みは、ヘーグ条約に続く一連のテロ防止条約にもいわば定番の規定として盛り込まれることになったことなどもあり、"*aut dedere aut Punire* Principle"と通称されるようになっている。

(27) 一九五一年に来日し六二年に密入国の容疑で逮捕され、送還先を韓国とする退去強制処分を受けた韓国人が韓国で迫害を受けるおそれがあるとして自らが政治犯罪人であると主張して退去強制処分の取消しを求めて行政訴訟を起こしたいわゆる「尹秀吉（ユン・スギル）事件」において、政治犯不引渡原則が慣習国際法の規範であるか否かが争われた。一審（東京地裁）は、原告の行為の純粋政治犯性と不引渡原則の慣習法性の双方を認めて原告勝訴としたが、二審（東京高裁）及び上告審（一九七六年最高裁判決）は、より厳格な基準を採用して政治犯性を否定し、不引渡原則の慣習法化も未成熟と判示した。一連の裁判において、原告は、同人に対する退去強制処分が「偽装引渡」に当たるとも主張した。

(28) 高野雄一「張振海引渡事件・高裁決定批判」（『ジュリスト』九五九号、一九九〇年）六七頁。

(29) 高野・前掲論文は、「（ヘーグ条約上）本ハイジャック犯は逃亡国の日本で処罰の途を選ばないかぎり、本国への引渡は日本に許容されるだけではなく義務となる……したがって、ハイジャック犯に関するかぎり、逃亡犯罪人引渡法の不引渡政治犯罪であるか否かを高裁決定のようにあれこれ検討することは条約上無意味であり、かつその『引渡許容』は、条約上誤りである」（六四頁）とする。しかし、ヘーグ条約は「引渡」と「権限ある当局への事件の付託」（「処罰」ではない）という、被疑者が自国領域内に所在する国に与えられた二つの選択肢の間に優先関係を設けていない。条約第七条の義務を果たすための選択肢のひとつである引渡が国内法上可能か否かという点を司法府が適正手続に従って検討することが「条約上無意味であり……条約上誤りである」という指摘は当たらない。

(30) 詳細につき柳井・前掲注(14)六二―六七頁。

(31) 石川薫「グローバル化と新しい国際法――WTO一〇周年」（『外交フォーラム』二〇〇六年一月号）。

(32) 注(17)参照。

(33) いわゆる「行政取極」については、そもそも既存の法律及び予算により行政府に認められた権限の範囲内で締結できる内容の国際約束であるので、このような立法上の手当を必要としない。

(34) 岩沢・前掲注(19)三二一―三二四頁。

(35) 海運分野については、商法第三編「海商」が存在する。

(36) 紛争の平和的解決手続が外交交渉を通ずる紛争の解決を促進したり紛争を未然に抑止したりする重要な機能を果たすことにつき拙稿「日本外交と法の支配」（『外交フォーラム』二〇〇八年七月号所収）参照。また、国際法の履行に国内裁判所における訴訟が果たし得る一定の役割とその基本的制約につき拙稿「国際法の履行確保と国内裁判所による国際法の適用―いわゆる「米国POW訴訟」をめぐって」（『国際紛争の多様化と法的処理』栗山尚一先生・山田中正先生古稀記念論集（信山社、二〇〇六年）二〇九―二四一頁参照。

(37)　山本・前掲注(11)八一―八六頁。

＊　本稿は、筆者が純粋に個人的資格において執筆したものであり、その中に表明されたいかなる見解も筆者の所属する機関の立場を反映するものではない。

■国会承認条約

広義の条約（国際約束）は、国際法上、当事者たる国際法主体の間の合意が実現することによって成立する。国際法は、このような合意を構成する一国の国際約束締結の意思の形成の条件については何ら定めておらず、それぞれの国の国内法（憲法）の定めるところに委ねている。国際約束の締結は、主権国家の併立を基本構造とする依然未組織の国際社会において交渉の結果合意により行われるものであることから、基本的に国家の対外行政としての外交機能に包摂してとらえられ、大部分の国の憲法において行政府が国際約束締結権限を付与されている。他方、国際約束の中には、国民の権利義務に直接影響を及ぼすものや国家に財政負担を課するものも少なくないので、現代の議会制民主主義国家においては、ほぼ例外なく、憲法上または憲法慣行上立法府が一定の国際約束の締結に関与し民主的統制を加える制度をとっている。

多くの大陸法系の西欧諸国や韓国の憲法のように、その締結について議会の承認が必要な国際約束の範囲を明示している憲法もあるが、日本国憲法は、「条約を締結すること」は内閣の行う事務であるとしつつ、「但し、事前に、時宜によっては事後に、国会の承認を経ることを必要とする」（七三条三号）と定めるにとどまり、米国憲法二条と同様、立法府の承認を必要とする条約の範囲については規定していない。しかし、日本国憲法七三条三号にいう「条約」が政府の締結するすべての国際約束をいうものではないことについては、学説上も異論のないところである。日本国憲法上その締結につき国会の承認を要する条約（国会承認条約）の範囲に関して、戦後蓄積された憲法運用の慣行を踏まえた日本国政府の考え方を最も整理された形で説明した一九七四年二月二〇日の衆議院外務委員会における大平正芳外務大臣の答弁は、国会承認条約の三つのカテゴリーをあげている。これらは、（ⅰ）いわゆる「法律事項」を含む国際約束（当該国際約束の締結によって新たな立法措置の必要が生ずる場合または当該国際約束の履行を担保するためにはその有効期間中既存の法律を変更せず維持する必要がある場合の双方を含む）、（ⅱ）いわゆる「財政事項」を含む国際約束（すでに予算または法律で認められている以上に財政支出を行う義務を国に負わせるものをいう）、および（ⅲ）法律事項も財政事項も含んではいないが、国家の間の基本的な関係を法的に規定するという意味において政治的に重要な国際約束であって、それゆえにその発効のために最も重い形式である批准という行為が要件とされている国際約束（このような国際約束の典型的なものとしては、日中平和友好条約がある）である。

■ 行政取極

日本国憲法は、その締結につき国会の承認を必要とする条約（国会承認条約）の範囲についでは規定していないが、憲法七三条三号にいう「条約」が政府が締結するすべての国際約束（広義の条約）をいうものではないことについては、学説上も異論のないところである。国会承認条約に該当しない国際約束は、行政府たる内閣がその与えられた権限の範囲内で締結するものであり、その憲法上の根拠は、七三条二号の「外交関係を処理すること」に求められる。このような国際約束の締結は、法律もしくは法令の制定、改正または廃止と異なり法定閣議事項とはされていないが（国家行政組織法一一条）、その重要性に鑑み主管大臣たる外務大臣の請議により閣議決定を得て行うのが原則である。このように閣議決定を経て行政府の権限と責任において締結される国際約束を行政取極という。行政取極という語は、実定法上の用語ではなく、日本の法令用語としては、国会承認条約を指す語として一般に用いられている「条約」という語（憲法九八条二項にいう「条約」のように国会承認条約と行政取極の双方を含む国際約束と解すべき場合もある）に対して国会承認条約と行政取極の双方を含む場合には「条約その他の国際約束」または単に「国際約束」が用いられている。

国際関係の緊密化に伴い、広範な分野において技術的な内容の国際約束を迅速に締結する必要性は飛躍的に高まっており、各国において議会の承認を得ることなく行政府かぎりで締結される国際約束の比重は増大している。日本においても、行政取極の年間締結件数は、一九八三年の約三五〇本に対し一九九二年には七五〇本以上と一〇年間に二倍以上に増えている（この間の国会承認条約の締結数は、年平均約一二本）。この急速な増加は、開発途上国に対する日本の経済協力の急速な拡大に伴いその実施のための国際約束（大部分が交換公文の形式で行われている）が急増していることに主として起因している。

なお、かつて旧日米安全保障条約（一九五二・四・二八）の下で米国による施設・区域の使用、在日米軍の特権・免除等を定める「行政協定」が国会の承認を得ることなく締結されたことの合憲性が争われたことがある（砂川事件上告審）が、新日米安全保障条約（一九六〇・六・二三）の下では、この行政協定に代わって同条約六条に基づく「地位協定」（一九六〇・六・二三）が国会承認条約として締結されたので、このような問題は解消した。

（『国際関係法辞典』三省堂、一九九五年）

第二部　国際法の実践

3 公海漁業の規制と国家管轄権

（一九九八年）

一 公海自由の原則と旗国主義

グロティウスの「海洋自由論」に学説的起源を有する「公海自由の原則」は、近代海洋法の基本原則とみなされて久しいが、歴史的には、ヨーロッパにおいて近代国際法が徐々に形成され始めた一七世紀前半においては、国家の現実の支配が及ぶ限り大洋の領有は法的に可能であるというのがむしろ各国の法的確信であった。イギリスのセルデンの「閉鎖海論」に代表されるこのような国家による大洋領有を許容する主張の主たる根拠は、古くからの諸国の海洋領有の慣行及び漁業資源の有限性（乱獲による資源枯渇の危険性）にあって、セルデン自身も沿岸国が自国の沖合の広い大洋に領有権を設定した場合でも外国船に対する通商と航行の自由の保障は認めていたことに表われているように、グロティウスとセルデンの論争の焦点は、実体的には排他的漁業権の是非にあり、この問題が大洋の領有の可否という法的地位そのものに結び付けられたかたちで論争となった。その後一八世紀から一九世紀にかけて、経済的には海上運輸を通じた自由な貿易の必要、軍事的には各国の海軍の行動の自由の確保の要求が高まるにつれ、沿岸国から当時の大砲の着弾距離であった三海里までの「狭い領海」を認める反面、その外側に位置する「広い公海」では自由競争を容認するというかたちでの諸国間の政治的、経済的、軍事的な利益の調整の結果として「公海自由の原則」が確立した。[1]公海上の船舶の行為に対して旗国以外の国が自国の国内法令を適用すること（立法管轄権の域外適用）はあっても、強制措置を伴う執行・司法管轄権の行使そのものは、原則として旗国に留保されるとする「旗国主義」の原則は、[2]このような「公海自由の原則」の系として、現在に至るまで国際法における国家管轄権の配分に関する規則の根幹の一つとしての地位を占め続けてきている。

二　公海漁業の規制と旗国主義の段階的変容

「公海自由の原則」が公海における漁業の自由を含むものであることは伝統的に確立されており、一九五八年の「公海条約」第二条も、一九九四年一一月に条約として発効し九六年七月二〇日に日本についても効力を発生した一九八二年の「国連海洋法条約」第八七条1も、このことを明記している。他方、一で見たとおり、そもそも「公海自由の原則」が歴史的に確立していく過程において、確保すべき法益の主眼とされたのは海軍の行動の自由を中心とする海洋の「航行の自由」であり、有限な漁業資源を保存するために「航行の自由」に支障をきたさない範囲内で公海における漁業を何らかのかたちで適切に規制しなければならないという思想は、一貫して「公海自由の原則」の内在的制約の底流として流れてきたといっても過言ではない。その意味で、すでに今世紀に入る前の一八九三年に、ベーリング海におけるオットセイの海上猟獲をめぐる英米間の紛争に係る仲裁裁判において、米国による自国領海の隣接公海における絶滅の危機に瀕する動物の保存のための排他的管轄権（特にその行使としての外国船舶の拿捕を含む取締の権利）の主張が退けられた一方、公海を含む広範な水域における保存措置の必要性と資源保存に関する米国の沿岸国としての優越的地位が認められたことは、その後の公海漁業の規制をめぐる国際法の展開のいわば原点として注目に値する。[3] 近年における科学技術の急速な発達に伴う海洋漁業資源の乱獲の危険性は、公海における漁業の合理的な規制を通ずる持続的な資源の有効利用の確立の必要性を益々増大させている。問題の核心は、このような規制をいかにして実効性をもって担保し得るかである。前述のように、国家が公海において自国の旗を掲げる漁船に対して漁業規制を課し、有り得べき違反を実力をもって取り締まることに国際法上の困難はない。他方、ある国家が何らかの理由で公海上の一定の水域において排他的な漁業管轄権を享受するという国際法上の根拠がない限り、当該公海上の水域における適切な漁業規制（及び望むらくは相互主義に基づく相互の漁船を対象とする取締の仕組み）について合意する当該国と関係の外国との間の国際約束[4]の締結なしに、当該国家がこれら外国の漁船に対して魚業規制を課し違反を取り締まることをこれら外国が受け入れることは、通常、政治上も経済上も困難である。このような事情を背景として、二〇世紀における関連国際法の発展の方向には、大きく分けて二つの方向が認められる[5]。

第一は、主として関係国間の国際約束を通ずる公海漁業の規制に係る特別国際法の集積の方向である。これらの国際約束に特色的なのは、沿岸国の管轄権の一般的なかたちでの領海の外への地理的な拡大ではなく、特定魚種の特性に着目して法的にも沿岸国との特別の連結を設定することにより公海上においても当該特定の魚種に対する沿岸国の管轄権の根拠とする「魚種別方式」(species approach)であり[6]、国際的に巨視的に見た一般的な方向としては、二国間の(バイラテラル)国際約束から比較的少数の締約国の間の(プルリラテラル)国際約束、さらには相当数の締約国を擁する多数国間の(マルチラテラル)国際約束へと発展し、その適用の基盤の拡大が進みつつある[7]。これらの国際約束は、様々なヴァリエーションはあるものの、多かれ少なかれ、規制の実効性を担保するための取締についての規定を有し、旗国以外の締約国の官憲による違反容疑船舶の乗船・検査、さらには違反船舶の拿捕、違反乗組員の逮捕まで定めるものがあり[8]、合意に基づく特別国際法の世界とはいえ、伝統的な旗国主義が変容しつつあることが看取される。

第二は、特に第二次世界大戦以後に顕著な、沿岸国の排他的漁業管轄権の領海の外側への地理的拡大の方向であり、領海三海里時代の一二海里漁業水域における沿岸国の排他的漁業管轄権の慣習法としての凝縮を経て、国連海洋法条約による距岸二百海里の排他的経済水域の制度化へと繋がっていった。

国連海洋法条約のもたらした排他的経済水域の制度化等により海洋における国家管轄権の配分は大きく変容したが、排他的経済水域の外側に依然残された公海における漁業の規制については、国連海洋法条約の規定は総論的・抽象的にとどまっているところが少なくなく、相当の部分が前述のような沿岸国と遠洋漁業国との間の合意に委ねられている。一九九五年に作成されたいわゆる「国連公海漁業協定」(本稿執筆の時点で未発効)は、その俗称とは異なり、これも後述のようにストラドリング・ストックス及び高度回遊性魚種という一定の魚種に着目した国際約束ではあるが[9]、国連海洋法条約を前提にして国連の場において世界の大多数の国の参加の下に交渉の上合意された公海漁業の規制に関する国際約束であるという意味において、国連海洋法条約の署名開放以前から多数行われてきた「魚種別方式」の国際約束に比し適用の基盤がはるかに広く、この分野における国際法秩序の形成という観点から特別の意義が認められると考えられる。海洋法の分野においては、各国が、時として実定法の枠を超える一方的国内措置も織り交ぜて他国の反応を試しつつ、二国間や多数国間の交渉を通じて新たな国際法秩序の形成を促そうとする傾向がこれまでも比較的目立ってきた[10]。公海漁業の規制の分野においては、「公海自由の原則」とその系としての「旗国主義」の原則を基本的に維持すべしとの立場(海洋漁業国)が一方の極に、他方の極には科学技術の急速な発達の中で限られた漁業資源を保存し最大の持続的漁獲を確保するためには沿岸国の管轄権を大幅に拡大し旗国主義の抜本的な変容という方向で管轄権の再配分を図るべきだとの立場(沿岸国)があって、両者の間のせめぎあいを通ずる力関係の動態的なバランスの中で、全体的に見ると旗国主義の一部変容が段階的に進行していると捉えることができると考えられる。以下、国連海洋法条約の署名開放以後のこのような動向について、いわゆる「国連公海漁業協定」を中心に、より具体的な検証を試みたい。

三　いわゆる「国連公海漁業協定」と国家管轄権

1　国連海洋法条約におけるストラドリング・ストックス及び高度回遊性魚種の取扱い

国連海洋法条約の下では、かつて領海と公海という単純な区分によっていた海洋がその利用の目的・機能的に複雑に区分され、同じ海域でもその利用目的により異なった法制度に服するようになった[11]。同条約によって創設された排他的経済水域は、領海の外にあって距岸二百海里までの海域であり、その起源は、排他的漁業水域と大陸棚の概念にあり、これら両者を結合し発展させた制度である[12]。同条約の下で、沿岸国は、排他的経済水域内での漁業資源の保存・管理措置、許容漁獲量・漁獲能力の決定、余剰分の外国への割当等について、主権的権利に基づく大幅の裁量権を与えられるに至った。さらに、同条約の下で沿岸国は、自らの排他的経済水域の内外にわたって所在する特定魚種についてその保存・管理や漁獲に関する優越的な権利を有することが認められている。①さけ・ます等の「溯河性魚種」(anadromous species) やウナギ等の「降河性魚種」(catadromous species)、②同一又は関連する魚種の資源で、排他的経済水域と当該排他的経済水域に接続する水域の双方に跨って棲息する「ストラドリング・ストックス」(straddling stocks)、③そのライフ・サイクルを通じて広範な海洋を回遊するカツオ、マグロ等の「高度回遊性魚種」(highly migratory species)等がそれである。これらのうち、母川国やその生存期間の大半を過ごす水域の属する沿岸国の管理権を相当広範に認めている溯河性魚種や降河性魚種の場合に比し、ストラドリング・ストックス及び高度回遊性魚種に関する国連海洋法条約の規定振りは、沿岸国と遠洋漁業国はストラドリング・ストックスについて「直接に又は適当な小地域的又は地域的機関を通じて」保存・管理のために必要な措置について「合意するよう努力する」(国連海洋法条約第六三条)、沿岸国と遠洋漁業国は高度回遊性魚種について「当該魚種の保存を確保しかつ最適利用の目的を促進するため、直接に又は適当な国際機関を通じて協力する」(国連海洋法条約第六四条)等抽象的なものにとどまっている。ストラドリング・ストックス及び高度回遊性魚種は、いずれも沿岸国の漁業に関する排他的管轄権の下にある二百海里水域の内側とその外側の公海とに同時に存在したり、双方の間を移動したりする。このような特質に照らせば、公海部分において遠洋漁業国によってこれらに属する漁業資源に対する過度な漁獲(混獲を含む。)が行われれば、二百海里水域内における当該漁業資源に対して(さらには食物連鎖等を通じて二百海里水域内における他の漁業資源の保存・管理にも)重大な影響を与え得るので、沿岸国の距岸二百海里を超えた公海における漁業といえども遠洋漁業国の自由に任せて置くことはできず、沿岸国の正当な利益が反映された漁業秩序が必要だというのが沿岸国側の主張である[13]。これに対して、遠洋漁業国側は、公海においてなるべく自由な漁業を確保したいとの立場であって、前述の国連海洋法条約の関連条項の相当程度抽象的な規定振りは、第三次国連海洋法会議当時の両者の間のいわば妥協の産物であり、両者の立場の実質的な調整の問題は、ある意味ではいわば先送りされたかたちとなっていたといっても過言ではない(14)。

2　国連環境開発会議とストラドリング・ストックス及び高度回遊性魚種

第三次国連海洋法会議においていわば先送りされたストラドリング・ストックス及び高度回遊性魚種の保存・管理と合理的利用の問題を国連海洋法条約の関連規定の趣旨に沿った適切な地域漁業管理機関乃至取極を通じて図ろうとする努力は数多くの困難に逢着した。高度回遊性魚種については、例えば、一九九三年に日・豪・ニュージーランドが従来から事実上毎年協議の上行ってきたミナミマグロ（southern blue-fin tuna. 南半球の高緯度海域を広く回遊する高級マグロ）の保存・管理を国際約束の枠組により公式化する目的でこれら三カ国を原締約国とするみなみまぐろ保存条約を締結する等の進展も見られた(15)。他方、世界の罐詰用マグロの最大の供給源になっている中・南西部太平洋を回遊するマグロについては、多くの島嶼国を含む沿岸国の機構である南太平洋フォーラム漁業機関（South Pacific Forum Fisheries Agency. ＦＦＡと略称される）が、日本のような遠洋漁業国をも対等な締約国に含めたかたちの国際約束に基づく地域漁業管理機関を設立することに消極的な姿勢を崩していないこともあって、十分な国際管理の体制が出来ているとは言い難い状況にある。ストラドリング・ストックスについては、世界各地において自国の排他的経済水域に隣接する公海における遠洋漁業国による大規模な漁獲が沿岸諸国の水産業界の不満を招き、これが沿岸国政府に対して距岸二百海里を超えた隣接公海水域に漁業に関する管轄権の一方的な拡大行使を求める強い政治的圧力となる例が多数見られた。例えば、①ストラドリング・ストックスを主たる対象とする最大の地域漁業管理機関である北西大西洋漁業機関（NAFO）が設定したカラスガレイ（Greenland Halibut）の国別配分決定をめぐりEUとカナダが真っ向から対立し、異議申立ての上自主的配分枠の下で操業を決行したEU（スペイン）漁船をカナダ当局が自国の二百海里水域外側の公海上で拿捕した事件[17]、②オホーツク海の二百海里外の公海水域（俗称 Peanut Hole）におけるスケトウダラ資源状況の急速な悪化に対処するための外国漁船を含む一方的操業モラトリアムを内容とするロシア連邦最高会議決定の採択[18]、③ベーリング海の二百海里外の公海水域（俗称 Donut Hole）におけるスケトウダラの資源状況の急速な悪化に起因する米国政府に対する国内業界からの一方的管轄権拡大行使の圧力（米国政府は、結果的には一方的管轄権の拡大行使の途は選ばず、日本を含む関係六カ国間の協議の結果、一九九五年にベーリング海すけとうだら保存条約が締結された[19]）、④チリ、ペルー、アルゼンティン等の中南米諸国によるストラドリング・ストックス又は高度回遊性魚種の保存・管理を目的とした距岸二百海里の外側の一定水域に対する沿岸国としての特別の利益の一方的宣言等[20]がそれである。このような世界各地における動きと相前後して、国連においても公海におけるストラドリング・ストックス及び高度回遊性魚種の保存・管理を推進しようという動きが顕在化した。国連海洋法条約発効を二年半後に控えた一九九二年六月にリオ・

デ・ジャネイロで開催された国連環境開発会議（UNCED）において、この問題は焦点の一つとなり[21]、同会議で採択された「アジェンダ21」の第一七章に国連海洋法条約のストラドリング・ストックス及び高度回遊性魚種に関する規定を実施するためにこれら魚種の保存・管理に係る問題を確認し評価するとともに国家間の漁業に係る協力を改善し、適切な勧告を策定すべき旨が謳われた[22]。

3　いわゆる「国連公海漁業協定」の作成

前述の「アジェンダ21」の関連部分を受けて、一九九二年一二月二二日、第四七回国連総会本会議において、UNCEDで合意されたマンデートに従い一九九三年にストラドリング・ストックス及び高度回遊性魚種の保存・管理に関する政府間会議を国連の主催で開催する旨の決議（A/C. 2/47/L. 62）が全会一致で採択された。この決議に基づく国連会議は、一九九三年四月の第一回準備会合以来、計六回の正式会合、数回の非公式会合が行われ、一九九五年八月の第六回会合において「ストラドリング・ストックス及び高度回遊性魚種の保存と管理に関する一九八二年一二月一〇日の海洋法に関する国際連合条約の規定を実施するための協定」案文[23]がコンセンサス採択された[24]。同協定は、一般に「国連公海漁業協定」と俗称されているが、以上の経緯に照らして明らかなように、公海における漁業一般を律する国際約束ではなく、公海におけるストラドリング・ストックス及び高度回遊性魚種の漁業に関する国家管轄権の配分の問題を中心とした遠洋漁業国側と沿岸国側との一応の妥協の結果を成文化した国際約束である。前述の累次会合における交渉を通じて、沿岸国側は、両魚種が自国の排他的経済水域を超えて公海に回遊することを根拠に、①これら魚種の保存・管理の中心となるべき地域漁業機関又は地域漁業取極（以下「地域機関」という）が公海における資源保存・管理措置を講ずるに当たって、沿岸国の優先的権利が認められるべきこと、②保存・管理措置の実効性を担保する取締については、無責任な漁船・旗国が存在する以上、伝統的な旗国主義によっては有効な取締は不可能であるとして、旗国以外の締約国に違反漁船の乗船・検査のみならず拿捕・連行、さらには裁判管轄権まで認めるべきこと等国連海洋法条約の規定を超えた要求を掲げ、その実現に全力を挙げた。これに対して、遠洋漁業国側は、本件会議はあくまでも国連海洋法条約の枠内で両魚種資源の保存・管理と合理的利用の方法を検討するべきものであるとの基本的立場に立ち、①資源管理のあり方については、排他的経済水域内での適正な管理が第一義的に重要であって、排他的経済水域と隣接公海における資源管理の「一貫性」の確保が不可欠であること、②取締りについては、地域機関において他国漁船への乗船・検査を含む共同取締制度を個々の事情に応じて採用することには反対しないが、このような制度を一律に全世界的に適用することを義務づけることは適当ではないこと、また、いかなる場合にも拿捕・連行の権利及び裁判管轄権は旗国に留保されるべきことを主張した。

交渉の結果採択された協定案は、遠洋漁業国と沿岸国の利益のバランスがほどよくとれた内容のものとなったと評価し得ると考える。

第一に、公海における両魚種の保存・管理における沿岸国の特別な利益を新たな規則として認知させようとの沿岸国側の主張は排され、地域機関において採用すべき資源管理の一般原則がバランスのとれたかたちで規定された。特に、①排他的経済水域と隣接公海における両魚種の管理措置につき一貫性を確保すべきことが定められたこと、及び、②データ収集義務が公海における漁業についてのみならず排他的経済水域内における漁業についても課されたことは、排他的経済水域の内外を通ずる適切な資源管理のための沿岸国と遠洋漁業国の間の協力の貴重な基礎を提供するものと考えられる。

第二に、地域機関の対象とする水域において操業を希望する漁船の旗国は、当該地域機関に加盟するか又は当該地域機関が講じている保存・管理措置の適用に同意する義務を負うこととされたが、このこととの関係で地域機関は加盟に対しオープンでなければならないとの原則が定められるとともに、国際捕鯨委員会（ＩＷＣ）の例に見られるような資源の利用に全く関心のない国の参加を排除するために「漁業に真に利益を有する国」のみが地域機関への加盟資格がある旨も明らかにされた。

第三に、本稿との関係で最大の関心事項である取締りについては、各々の地域機関が加盟国の取締官による他の加盟国の漁船の乗船・検査の権利を含む共同取締制度を採用するとの一般原則を定めつつも、加盟国間の別途の合意により地域機関が一般原則とは異なる制度を採用することも認められ、地域機関が自主性を発揮し地域の特性に適合するより適切な取締制度を採用する余地が残されることとなった。前述のように、沿岸国側は、当初、無責任な漁船・旗国を放置しないようにするため、旗国以外の国の取締官による乗船・検査、拿捕・連行、さらには裁判管轄権の行使まで認めるべき旨主張したが、最終的に、裁判管轄権については旗国が明示的にこれを放棄しない限り旗国に属することが明記され、旗国以外の取締国による拿捕・連行の権利も否定された。

このように、いわゆる「国連公海漁業協定」においては、公海における国家管轄権の配分につき、伝統的な旗国主義からのドラスティックな乖離は見られないものの、随所にこれまでの公海漁業の規制に係る国際約束と比較しても旗国主義の緩和の方向に進んだと思われる部分があり、注目に値すると考えられる。

四　公海漁業の規制と国内法

1　国際法と国内法の関係

本論文集が献呈されることになっている山本教授の国際法学の大きな特色は、管轄権の配分という一貫した観点に立脚した自覚的な国際法独自の体系化の試み[25]とともに、国際法と国内法の関係に関する従来の（多分に不毛な）一元論と二元論の対立を止揚し、国際法と国内法相互間に生ずる「義務の抵触」の問題の実際的な調整の重要性を強調する立場である[26]。国際約束締結事務とは、まさに、山本教授が「規律事項の交錯」という言葉で的確に指摘しておられる[27]国際法と国内法の接点においてこのような「義務の抵触」の問題について実際的な調整を図る実務的な作業に他ならない。この意味で、国際法と国内法の関係に関する哲学的な論争にとらわれすぎることなく、一貫して機能主義的な観点から両者の相関関係を実証的に分析・解明してこられた山本教授の学問的業績は、行政府において国際約束締結事務の一端に関わってきた筆者を含む実務家にとっても極めて示唆に富むものである。以下、このような観点から、公海漁業の規制に関連する国際約束の締結事務に当たって筆者が実務の上で体験した国際法と国内法の間の相互作用に係るいくつかの事象を例にとりつつ、公海漁業の規制をめぐる国際法上の管轄権の配分と国内法との関連につき若干の考察を試みたい。

2　二百海里漁業取極の締結と沿岸国の漁業管轄権の国際法上の位置づけ

国際約束締結事務担当者が常に念頭に置くことを要する点の一つは、自らが担当する特定の国際約束が、日本国憲法の関連規定に照らして、その締結に当たり国会の承認を要するいわゆる「国会承認条約」に当たるのか、それとも行政府限りで締結することができるいわゆる「行政取極」に当たるのかである。日本国憲法上、その締結につき国会の承認を要する条約の範囲は何か、行政府限りで締結することのできる国際約束の範囲は何かという問題について戦後の憲法運用の慣行を踏まえ日本政府の考え方を最も整理されたかたちで説明した一九七四年二月二〇日の衆議院外務委員会における当時の大平正芳外務大臣の答弁は、国会承認条約の三つのカテゴリーとして、①いわゆる「法律事項」を含む国際約束（当該国際約束の締結によって新たな立法措置の必要が生ずる場合又は当該国際約束の履行を担保するためにはその有効期間中既存の法律を変更せず維持する必要がある場合の双方を含む）、②いわゆる「財政事項」を含む国際約束（既に予算又は法律で認められている以上に財政支出を行う義務を国に負わせるものをいう）、及び、③法律事項も財政事項も含んではいないが、国家の間の基本的な関係を法的に規定するという意味において政治的に重要な国際約束であって、それ故にその発効のために最も重い形式である批准という行為が要件とされている国際約束を挙げている[28]。本稿との関係でいえば、外国の地先沖合の水域における日本国の漁船・漁民による漁業について定める国際約束のうち当該国際約束に基づいて日本国民が負うことになる義務の内容が当該外国の一般国際法上確立した権限の帰結の範囲内にとどまるものについては、日本国憲法第九八条二項に照らして、その限りにおいては法律事項を含む国際約束には当該せず[29]、財政事項等他の国会承認事項を含まない限り、その締結について国会の承認を要しない。日本国政府は、国連海洋法条約が発効した一九九四年一一月の時点で、合計一一カ国の政府との間に相手国（沿岸国）の地先沖合二百海里水域における日本国の漁船・漁民による漁業について定める二国間のいわゆる二百海里漁業取極を締結しておりこれらの取極は現在でも有効である[30]。これらの取極の内容を日本側の義務の観点から見ると、①沿岸国の二百海里水域内における沿岸国の漁業に関する管轄権の承認、②沿岸国政府が決定する漁獲量等の操業条件を定めた同政府が発給する許可証を前提とする操業、③許可証の条件に違反した漁船の沿岸国官憲による取締（拿捕は認めるが、供託金の支払いにより速やかに釈放される）を骨子とするほぼ同様の内容となっている。これらの二百海里漁業取極のうち一〇カ国[31]の政府との間の取極は、日本の国内手続上、行政取極として処理されている。これら一連の行政取極のうち時系列的にみて最初に締結されたのは、一九七七年一二月六日に署名され同時に発効した南アフリカとの漁業協定であるが、同協定に定められた日本側の義務の内容は、同年三月一八日に署名され同年一一月二九日に発効した米国との間の地先沖合漁業協定（国会承認条約。一九九一年末に失効）とほぼ同様のもので、前記の①乃至③を骨子としている。日本側の義務という観点からは基本的に相似した内容を定めた二つの国際約束の一方は国会承認条約として処理され、他方は行政取極として処理された。一九七七年という年は、当時進行中の第三次国連海洋法会議において大方の支持を集めつつあった排他的経済水域制度のうち、とりあえず漁業・生物資源に対する国家管轄権の再配分に係る部分をいわば先取りするかたちで、主要国が自国の距岸二百海里における漁業に対する管轄権の行使を次々に宣言しつつあるいわば端境期であった。前年に当たる七六年のＥＣ理事会の決議、米国による「漁業保存管理法」の制定、旧ソ連邦による最高幹部会令の制定に続いて日本もこのような世界的な動向に同調して七七年五月には漁業水域暫定措置法を制定した。日本国政府は、このような客観情勢の推移を踏まえて、南アフリカとの漁業協定を締結する時点では、国家が自国の距岸二百海里の水域において漁業に対する管轄権を行使し得ることは既に慣習国際法上確立したと判断するに至り[32]、同協定は、日本政府が締結した二百海里漁業取極のうち行政取極として処理された最初の例となったのである[33]。これは、一般国際法における国家管轄権の配分において生じた変化が、日本国憲法第九八条二項を媒介として、関連の国際約束の締結に係る日本国憲法上の手続の取扱いに直ちに根本的な影響をもたらした端的な例として興味深い。

3　公海漁業規制に係る国際約束上の義務の履行を担保する国内法

二で述べたように、限られた漁業資源を有効に保存し最大の持続的漁獲を確保するとの観点から多くの二国間、多数国間（プルリラテラル及びマルチラテラルの双方を含む）の国際約束が作成され、日本も代表的な遠洋漁業国の一つとしてこれらの相当数を締結してきている。日本国憲法第九八条二項に言及するまでもなく、締結した国際約束上の義務を誠実に履行する必要があることは当然であり、国際約束締結事務担当者の基本的な責務の一つは、自らが担当する各々の国際約束が要求する義務の履行を日本国政府として国内法の具体的にいずれの規定によって担保し得るかを予め検討・確認し、現行の国内法の規定では義務の履行を担保し得ない場合には必要な国内法の整備を手配することである。日本の属地的管轄権の下にある日本の領域の中ではなく、遠く離れた公海上における日本漁船及びこれら漁船に乗船している日本国民の行動を、国際法上の旗国主義の原則を媒介として、具体的に規律することを旗国たる日本国政府に義務として課す公海漁業の規制に係る国際約束の締結に当たっては、このような国内法上の担保の検討・確認を特に綿密に行うことが求められることは自然といえよう。本稿執筆の時点では、三で見たいわゆる「国連公海漁業協定」については未だ締結の運びには至っていないこともあり、日本国政府が最近（一九九五年）に締結した公海における漁業規制に関する国際約束であるベーリング海すけとうだら保存条約を例にとって同条約上の主要な義務とその履行を担保する国内法の具体的規定について以下簡略に概観する。

(1)　漁業データの報告[34]（第一〇条2）

締約国は、条約区域におけるスケトウダラ資源の保存及び管理のための措置の基となる科学的な資源評価を行うことができるよう条約に基づいて設置される科学技術委員会に対し漁業資料（漁獲量及び漁獲努力に係る統計、操業の時期及び区域に係る資料等）を毎年提出することを義務づけられている。この義務は、漁業法第一三四条に基づく出漁漁船等からの報告徴収により担保されている。

(2)　条約の定める保存・管理措置の遵守（第一一条1）

締約国は、自国の漁船・漁民が条約に基づいて設置される年次会議が決定する国別割当量等の保存・管理措置を遵守することを確保するための具体的な義務を負う。これらは、①自国の漁船の条約区域におけるスケトウダラの採捕を許可制とすること、②自国の漁船がベーリング海にある間リアルタイム衛星船位測定送信機を使用すること、③自国の漁船が条約区域に入域するに当たっては四八時間前までに他の締約国に通報すること、④魚類及びその製品を運搬船に転載する二四時間前までに転載位置を他の締約国に通報すること、⑤漁獲データの交換、⑥自国の漁船が条約に基づいて策定される「中央ベーリング海視察員計画」の一環として要請があれば他の締約国の視察員一名を受け入れ、その食費・居住費を負担すること、⑦自国の漁船が条約区域において他の締約国の取締官による乗船・検査を受け入れること等である。これらの義務については、漁業法第五二条一項の規定により政令で定める一定の漁業（「指定漁業」という）に当たるベーリング公海におけるスケトウダラ漁業は農林水産大臣の許可制とされており、さらに、同法第六三条において準用する同法第三四条一項の規定により当該許可に制限又は条件を付することができることから、関係漁船に対する許可に所要の条件を付することによって担保されている。なお、漁業法第一三八条二号及び第一四五条は、指定漁業等の許可に付された制限又は条件に違反した場合の罰則について定めており（当該違反行為を行った使用人その他の従業員を含め、三年以下の懲役又は二百万円以下の罰金）、例えば日本漁船が条約区域内で他の締約国の取締官の乗船・検査を拒むことは日本国内法上の犯罪を構成する。

(3) 違反操業の場合の迅速な調査、違反操業の停止命令等（第一一条7(a)）

他の締約国の取締官の乗船・検査により違反操業の容疑が生じた場合には、旗国に直ちに通報され、当該旗国は迅速に調査を行うとともに違反操業を停止するよう命じ、適当な場合には違反漁船に対して条約区域から直ちに離脱するよう命ずる義務を負う。これらの義務については、漁業法第七四条（漁業監督公務員）の規定及び前記(1)にも言及した同法第一三四条（報告徴収）により担保されている。漁業法第七四条は、主務大臣が「所部の職員の中から漁業監督官又は漁業監督吏員を命じ、漁業に関する法令の励行に関する事務をつかさどらせる」旨定めるとともに、これら漁業監督官等のうち指名した者は漁業に関する罪に関し刑事訴訟法上の司法警察員として職務を行う旨定めている。

(4) 違反操業に係る証拠の旗国への提供等（第一一条7(c)）

裁判管轄権旗国主義に基づき旗国の司法当局のみが違反を裁判し刑を科することができるが、違反を証明するための証拠を保有している締約国はそのような証拠を可及的速やかに旗国に提供しなければばならず、また、裁判管轄権を有する旗国の関係当局は、その証拠を考慮し、適当な場合にはこれを用いなければならない。これらの義務については、国際捜査共助法等の関連規定により担保されている。

(5) 保存・管理措置の遵守の回避のための漁船の登録移転の防止（第一二条4）

締約国は、自国に登録された漁船が条約の規定や保存・管理措置の遵守を回避する目的で登録を（便宜置籍国等に）移転することを防止するために適切な措置をとる義務を負う。この義務については、外国為替及び外国貿易管理法第四八条三項に基づく輸出貿易管理令第二条一項一号において輸出は仕向地を問わず通商産業大臣の事前の承認を要することとされていることによって担保されている。

4 公海漁業規制に係る国際的な共同取締への日本の取締官の参加

3で見たように、漁業法を中心とする日本の関連国内法令は、公海における漁業資源の保存・管理を内容とする国際約束に基づく旗国の義務の履行を国内的に担保するという観点から見て相当程度整備された体系となっていると一応評価してよいと思われる。実は、紙幅の限界にもかかわらず3において公海漁業規制に関する国際約束上の義務の国内法上の担保についてかなり具体的に概観したのには、それなりの理由がある。この問題は、単に日本が締結した国際約束に基づく義務を国内法上いかに実現すべきかという「国際法から国内法」の方向の国際約束締結事務担当者の実務上の関心にとどめてよいものではなく、1に述べた国際法と国内法の規律事項の交錯という現代国際法に顕著な現象の中で、逆に各国の国内法のあり方が国際法における国家管轄権の配分にも反作用を与え得るという「国内法から国際法」の方向の視点も無視できないと考えるからである。すなわち、伝統的な「公海自由の原則」とその系としての「旗国主義」の原則を基本的に維持すべしとする遠洋漁業国と、科学技術の急速な発達の中で限られた漁業資源を保存し最大の持続的漁獲を確保するためには沿岸国の管轄権を大幅に拡大し「旗国主義」の抜本的な変容という方向で管轄権の再配分を図るべしとする沿岸国の間のせめぎあいの中で、沿岸国側の主張の大きな拠り所は、自国の領域から遠く離れた公海における漁船等の取締を旗国に期待することには所詮無理があり、「旗国主義」によっては有限な漁業資源の保存・管理という喫緊の課題に有効に対処できないというところにある。このような主張との関係で、現時点における両者の力関係のバランスの反映である公海漁業の規制に係る諸国際約束上の義務の履行を遠洋漁業国側が、旗国の立場から、自国の国内法上どの程度実効的に確保し得ているかということが、今後の力関係の推移に影響を与え得ることは明らかといえよう。このような意味で、漁業法を中心にした日本の関係国内法令の体系が今後とも公海漁業の規制に関する国際約束上の義務の履行を十分担保し得るよう整備されていくことは、遠洋漁業国としての日本の立場を守っていくという観点からも極めて重要なことと考えられる。この関連で、触れておかなければならないのが、公海漁業規制のための保存・管理措置の実効性を確保するための国際的な共同取締への日本の取締官の関与のあり方の問題である。日本は、戦後間もない一九五二年に締結した「北太平洋の公海漁業に関する国際条約」（日米加漁業条約）において条約に基づく保存措置に違反して操業を行った締約国の漁船・漁民を公海上で旗国以外の締約国の取締官が拿捕・逮捕することができる（ただし、裁判管轄権は旗国が留保する）ことを定めた規定を受け入れ、この規定は、一九九二年締結の北太平洋さけ・ます保存条約へと引き継がれている。[35] この規定を裏から見れば、日本の取締官が他の締約国の漁船・漁民を公海上で拿捕・逮捕する権利も認められていることになる。また、日本が締結した国際約束の中には、漁船・漁民の拿捕・逮捕までは定めていないものの公海上で漁船の旗国以外の締約国の取締官が乗船・検査を行う権利までは認めたものがある。しかし、例えば、日米加漁業条約や北太平洋さけます保存条約の対象水域たる公海において規制の対象となるさけ・ますの漁業（いわゆる沖獲り）を行っていたのは日本の漁船のみであったという実態に典型的に表われているように、日本においては、従来は外国の取締官による取締を日本漁船・漁民が受け入れることをいかにして確保するかというい わば受け身の方向に主たる関心が向けられ、国際約束上認められた取締の権利を行使して日本政府の取締官が公海漁業資源の保存・管理のための取締に能動的に参加するという意識は希薄であった。その結果、前記のような共同取締について定めた条約の規定はあっても、日本政府が現実に公海水域に外国漁船の取締の目的で取締船・取締官を派遣することは基本的に行ってきていなかったというのが実情でもある。しかし、三で見たいわゆる「国連公海漁業協定」が、地域機関が別途のメカニズムを自ら決定した場合はそれによるとの留保を付しつつも、地域機関の個々の加盟国の取締官が同条約の締約国の漁船（当該漁船の旗国の当該地域機関への加盟の有無を問わない）に取締のため乗船・検査できることを骨子とした取締に関する国際協力のメカニズムを定めたことに端的に表われているように、外国の漁船への乗船・検査を含む国際的な共同取締は、益々国際的な趨勢になりつつある。このような国際的な流れの中で、公海漁業の規制に係る国際法上の管轄権の配分をめぐる前述のような遠洋漁業国と沿岸国との間の力関係のバランスが今後沿岸国側の主張する旗国主義の変容の方向に急速かつ大幅にシフトすることを食い止めようとするのであれば、代表的な遠洋漁業国たる日本としては、今後、漁業に関する国際約束の下で定められた種々の保存・管理措置を日本漁船が遵守することを旗国の立場から確保するという従来のような基本的に受け身の姿勢にとどまっているだけでは不十分であり、「責任ある漁業国」としてこれらの保存・管理措置の総体的な遵守を確保するために取締の国際的なスキームに積極的に参加し、その機能の向上に貢献することが不可欠と考えられ、そのための国内法の整備も望まれる。(36) 確かに、現行漁業法第七四条一項は、主務大臣が「所部の職員の中から漁業監督官又は漁業監督吏員を命じ、漁業に関する法令の励行に関する事務をつかさどらせる」旨定め、同条第三項はそのような漁業監督官等(37)が必要な場合に漁船への乗船、検査等を行い得ることを定めている。同条第一項にいう「漁業に関する法令」が日本の締結した漁業に関する国際約束を含むと解釈することを妨げる特段の理由は見当たらず、(38) このような国際約束の中にベーリング海すけとうだら保存条約のように他の締約国の漁船への乗船・検査の権利を定めているものがあれば漁業法の当該規定を国内法上の根拠としてこのような乗船・検査を行うことは可能と考えられる。他方、漁業法

第七四条三項に基づく漁業監督官等の乗船・検査の権限は同法第一一四条二項の規定により、検査等を拒む者に対する罰則をもって担保されているが、ベーリング海すけとうだら保存条約においては、裁判管轄権は旗国に留保されているので、漁業監督官等が他の締約国の漁船に乗船・検査を試みて漁船側がこれを拒んだ場合に乗船・検査の権限を日本国内法上の罰則をもって担保することはできず、外交経路等を通じて当該漁船の旗国に乗船・検査拒否の事実を通報し善処を求めることになると考えられる(39)。なお、日本の現行国内法上公務員に公海上における他国の漁船の拿捕や漁民の逮捕の権限を付与した規定は存在しないので、北太平洋さけ・ます保存条約のような他の締約国の漁船・漁民の拿捕・逮捕の権利まで定めた国際約束の締結により国際法上の権利を取得しても日本国政府としてこのような権利を実施に移す国内法上の裏付けがない。日本としても遠からず締結を検討すべきことが必至であるいわゆる「国連公海漁業協定」の共同取締制度においては、二2で見たように、ある締約国の取締官が他の締約国の漁船に乗船・検査の結果違反操業を疑うべき明白な根拠を発見した場合には旗国に対して適切な対応を要請することを基本としつつも、重大な違反を疑うべき明白な根拠があるにもかかわらず旗国がそのような要請に応じなかった場合には、違反の嫌疑のある漁船に乗船・検査を行った取締官が引き続き乗船を継続し、証拠を確保し、必要な場合には当該漁船を最寄りの港に誘導することを含め必要な措置をとることが想定されている。日本がいわゆる「国連公海漁業協定」を締結した場合に現行の国内法でこのような取締上の行動を十分担保し得るかについては今後十分な検討が必要となろう(40)。

（1） Robert Jennings and Arthur Watts *Oppenheim's International Law*, (9th edition), Vol. 1, pp. 720–722. 山本草二『海洋法』（三省堂、一九九二年）二四－三〇頁。
（2） 一九二七年九月七日の「ローチュス号事件」に関する常設国際司法裁判所判決（C.P.J.I. série A, no. 10, pp. 18–19)。
（3） Jennings & Watts, *op.cit.*, p. 756.
（4） 国際約束の意味については、丹波実「国際約束」（国際法学会編『国際関係法辞典』（三省堂、一九九五年）二九六頁）参照。
（5） Jennings & Watts, *op.cit.*, pp. 756–757.
（6） 山本・前掲注（1）一五九頁。
（7） 代表的な遠洋漁業国である日本は、早くからこのような魚種別方式の公海漁業の規制に関する国際約束を締結してきた。日本が締結したこのような国際約束のうち、バイラテラルの代表的なものは日ソ漁業協力協定に基づく日ソさけ・ます議定書（溯河性魚種対象。一九九二年の日米加露四国間の北太平洋さけ・ます保存条約の締結により事実上代替された。）、プルリラテラルの典型的なものは北太平洋さけ・ます保存条約（溯河性魚種対象）、みなみまぐろ保存条約（高度回遊性魚種対象）及びベーリング海すけとうだら保存条約（ストラドリング・ストックス対象）、マルチラテラルの代表的なものが捕鯨取締条約（鯨類対象）、大西洋まぐろ類保存条約（高度回遊性魚種対象）及び北西大西洋漁業機関（ＮＡＦＯ）条約（ストラドリング・ストックス対象）である。
（8） 日本は、対日平和条約（桑港平和条約）第九条に基づいて戦後間もない一九五二年に日米加の三国間で締結した北太平洋の公海における溯河性魚種（さけ・ます）の保存・管理を主眼とした「北太平洋の公海漁業に関する国際条約」（日米加漁業条約）において条約に基づく保存措置に違反して操業を行った締約国の漁船・漁民を公海上で旗国以外の締約国の取締官が拿捕・逮捕することができる

（ただし、裁判管轄権は旗国が留保する）ことを定めた規定を受け入れ（同条約第一〇条）、この規定は、一九七九年締結の同条約の改正議定書、さらには、原締約国を日米加三カ国からロシアを加えた四カ国に拡大した一九九二年締結の北太平洋さけ・ます保存条約へと引き継がれている。また、日本が締結した国際約束の中には、前記の溯河性魚種の保存・管理に係る諸条約のように漁船・漁民の拿捕・逮捕までは定めていないものの公海上で漁船の旗国以外の締約国の取締官が乗船・検査を行う権利までは認めたものがある。南極海洋生物資源保存条約（第二四条）、北西大西洋漁業機関（ＮＡＦＯ）条約（第一八条）、ベーリング海すけとうだら保存条約（第一一条６）等がそれである。

（9）厳密に言えば、国連海洋法条約が附属書Ⅰにおいて鯨類を含む生物学的種を特定して「高度回遊性の種」を定義しているのに対し、国連公海漁業協定では鯨類を除いた「高度回遊性魚種」を対象としているが、本稿では便宜上「高度回遊性魚種」で統一する。なお、ストラドリング・ストックスについては、国連海洋法条約上も特定の種が限定されているわけではない。実際に、公海の漁業資源の大部分は、そのライフ・サイクル又は季節的回遊のある段階で二百海里水域の内外に存在するので、ストラドリング・ストックスに該当し得ると考えられている（Evelyne Meltzer, "Global Overview of Straddling and Highly Migratory Fish Stocks: The Nonsustainable Nature of High Seas Fisheries" (*Ocean Development and International Law*, Vol. 25) p. 265）。

（10）山本・前掲注（1）三一一三頁。

（11）同書四二頁。

（12）同書七八頁。

（13）このことは、逆に言えば、二百海里水域内における漁獲も公海部分における資源状態に重大な影響を与え得ることを意味する。その意味で、国連公海漁業協定作成交渉の過程で遠洋漁業国側が公海部分における保存・管理措置と隣接の排他的経済水域内における保存・管理措置との間に「一貫性」

（consistency）が確保されなければならない（公海部分に保存・管理措置を実施するからには、隣接の排他的経済水域内における保存・管理は沿岸国の主権的権利の問題だという理由で沿岸国の完全な裁量事項という訳にはいかない）と強く主張したことは当然と言えよう。なお、高度回遊性魚種については、歴史的に見れば、米国は、そのライフ・サイクルを通じて公海及び複数の国の二百海里水域を含め極めて広範な水域を回遊するというこれら魚種の特質上、たまたま特定の時点で特定の国の二百海里水域内に高度回遊性魚種が回遊するという理由で当該特定の国がこれに排他的漁業管轄権を行使することは不当であるという立場を長らくとり続け、米国漁業保存管理法も米国が自国の二百海里水域において排他的漁業管轄権を行使する対象漁業資源から高度回遊性魚種を除外していた（日本が一九七七年に制定した漁業水域暫定措置法第六条一項一号も同旨）。米国は、一九九一年に至ってこの立場を変更し、漁業保存管理法の関連規定も二百海里水域内における高度回遊性魚種に対する管轄権を認める内容に改正した。

（14）第三次国連海洋法会議の最終会期中の一九八二年四月、加、豪、アイスランド、比及び一部アフリカ諸国は、国連海洋法条約草案のストラドリング・ストックスに関する規定を沿岸国寄りに強化する修正案文（A/CONF. 62/L. 114）を共同提案したが、案文取りまとめの最終段階にあって全体パッケージが崩れるのを惧れた大多数の国の反対により採用には至らなかった。同提案は、他国の排他的経済水域に隣接する公海において漁業を行う遠洋漁業国は、地域的漁業管理機関を通じ又は直接に沿岸国と保存・管理措置につき合意すべきこと、合理的な期間内に合意に達しない場合には当該事案は適当な調停手続に付されるべきこと等を内容としていた（Meltzer, *op.cit.*, p. 257）。

（15）同条約は、第三国の加入を認めており、将来第三国がミナミマグロの漁業に本格的に参入してきた場合には条約に基づく国際管理の仕組みにこのような第三国を積極的に取り込むことも一つの狙いとしている。

(16) Meltzer, *op.cit.*, p. 305によれば、世界の罐詰用マグロの四二パーセントは南西太平洋から供給されており、その八〇パーセントが遠洋漁業国の漁船により漁獲されている。

(17) 一九九四年一月、従来のEUの漁業実績を大幅に下回るカラスガレイの国別割当が僅差で決定されEUが強く反発した直後の同年五月、カナダは沿岸漁業保護法を改正してNAFOの規制水域における保存・管理措置違反の操業を取り締まるために必要な場合には公海においてカナダ官憲が外国漁船に対し実力を行使し得る旨の明文の規定を設け、翌九五年三月九日にはスペイン漁船エスタイ号をカナダの距岸二四五海里の公海上で拿捕した。スペインは、これを国際法違反として同年三月二八日直ちに国際司法裁判所に提訴した。同年四月二〇日、EU・加間で国別割当の調整を含め合意が成立し、本件紛争は実質的には決着したが、国際司法裁判所への提訴については、本稿執筆の時点で依然係争中である。

(18) 一九九一年前後に始まった韓国、中国及びポーランドの大型トロール船によるPeanut Holeにおけるスケトウダラの漁獲は、ロシア漁民に打撃を与え、ロシア極東部からの強い陳情を受けたロシア連邦最高会議が一九九三年四月一六日一方的モラトリアムの決定を行ったことを受け、関係国による自主的な操業モラトリアムの事実上の合意を目指して同年五月から数回に亘ってモスクワにおいて関係国（日・露・韓・中・ポ）の協議が行われたが決着は得られなかった。その後、ロシアが関係国それぞれと二国間の協議を行い、本稿執筆時点では同海域でのスケトウダラ漁業は行われていない。

(19) Edward L. Miles and William T. Burke, "Pressures on the United Nations Convention on the Law of the Sea of 1982 Arising from New Fisheries Conflicts: The Problem of Straddling Stocks", (Ocean Development and International Law, Vol. 20) p. 349.

(20) 一九五二年におけるペルー、エクアドル及びチリによる領海二百海里の主張自体領域拡大というよりは漁業資源の保存を主眼とするものであった（Garcia Amador, *The Exploitation and Conserva-*

tion of the Resources of the Sea, 2nd edition, pp. 73–79)。一九九一年にチリが二百海里の外側に設定したMar Presencial de Chile等の中南米諸国による一方的措置についてMeltzer *op.cit.*, pp. 268–278参照。

(21) UNCED開催に至る一連の準備会合において公海におけるストラドリング・ストックス及び高度回遊性魚種の保存・管理の問題は最も尖鋭な意見対立を生んだ問題の一つであった。四〇余国の沿岸国より成る「サンチアゴ・グループ」は、公海における漁業資源の保存・管理に係る原則及びその原則の実現のための取締措置に関する慣習国際法の規則の一体化と法典化を目指す提案（A/CONF.151/PC/WG. II/L. 16/Rev. 1）を提出し、UNCEDの成果としての文書にその内容を盛り込むよう強く主張した。同提案自体は、後述の「アジェンダ21」に盛り込まれるには至らなかった。

(22) United Nations Conference on Environment and Development, Agenda 21: Programme of Action for Sustainable Development（UN Dept. of Public Information, 1993）, p. 155.

(23) A/CONF. 164/33（Draft Agreement for the Implementation of the Provisions of the United Nations Convention on the Law of the Sea of 10 December 1982 relating to the Conservation and Management of Straddling Fish Stocks and Highly Migratory Fish Stocks）.

(24) 国連主催の会議の結果作成すべき文書の性格（法的拘束力のない国連総会の決議とするか国際約束とするか）については、前者を主張する遠洋漁業国（日本、韓国、中国、ポーランド、EU諸国等）と後者を主張する沿岸国（カナダ、中南米諸国等）との間で意見の対立が続いていたが、前掲注(17)の北西大西洋のカラスガレイの管理をめぐる加・EU漁業紛争の発生等もあり、一九九四年八月からの第四回会合から文書の性格に関する沿岸国側の要求が急速に高まり、米国もこれに同調し、さらにEUも柔軟性を示すに及んで会議の大勢が国際約束の作成に大きく傾いた。

(25) 大沼保昭「国際法学の国内モデル思考——その起源、根拠そして問題性——」（広部和也＝田中忠

編『国際法と国内法――国際公益の展開（山本先生還暦記念）』）（勁草書房、一九九一年）注(46)。
(26) 村瀬信也「国内裁判所における慣習国際法の適用」（広部＝田中編・前掲書）一三五―一三六頁。
(27) 山本草二『国際法（新版）』（有斐閣、一九九四年）八一―八三頁。
(28) 拙稿「国会承認条約」（国際法学会編・前掲注(4)『国際関係法辞典』三三九―三四〇頁）及び「行政取極」（同一七六―一七七頁）〔本書四九頁、五〇頁〕参照。なお、この問題についてのより詳細な論述については、柳井俊二「条約締結の実際的要請と民主的統制」国際法外交雑誌第七八巻四号三七―九七頁。
(29) 当該国際約束に基づいて日本国民が負うことになる義務の内容が相手国の一般国際法上確立した権限の範囲内にとどまる場合であっても、義務の履行を国内的に確保する法律上の担保が現に存在せず立法を要するような場合には、そのような観点から法律事項を含む国際約束に該当することになることは当然である。
(30) 本稿執筆の時点で日韓間及び日中間の漁業関係を律している日韓漁業協定及び日中漁業協定は、沿岸国の二百海里漁業管轄権を前提にした国際約束ではなく、内容的にいわゆる二百海里漁業取極とはかなり異なっている。この他、日本は国際的に二百海里漁業管轄権の主張が一般的になる以前に二百海里管轄権を前提にしない漁業に関する国際約束をニュージーランド、オーストラリア等と締結したが、これらの国際約束はいずれもその後締結された別途の二百海里漁業取極によって事実上代替されている。
(31) 締結順に、南アフリカ、カナダ、キリバス、ニュージーランド、ソロモン諸島、フランス、オーストラリア、マーシャル諸島、トゥヴァル、セネガル。
(32) この時、日本国政府は、当時未発効の国連海洋法条約の定める排他的経済水域が制度として慣習国際法上確立したとの判断に達した訳ではなく、沿岸国が領海の外側に位置する距岸二百海里までの

「公海」において漁業に関する管轄権を行使する権限を有することが慣習国際法上確立したとの判断に至ったに過ぎない。したがって、国連海洋法条約が日本について発効するまでは、日本国政府にとって、自らが締結した一連の二百海里漁業取極は公海における漁業の規制を定めた国際約束であった。後注(34)参照。

(33) 南アフリカとの漁業協定よりも後に締結された二百海里漁業取極の中に一九八二年の日米漁業協定や一九八四年の日ソ漁業協定のように国会承認条約として処理されている国際約束があるが、これは、協定によって設置される日ソ漁業委員会の会議の運営に関する共同の経費を受入国側が負担する旨の財政事項を含んでいる（日ソ漁業協定の場合）等の個別の理由による。

(34) 国連海洋法条約が発効する直前に日、米、中、露、韓、ポーランドの六カ国によって署名されたこの条約は、第一条において「条約区域」を「ベーリング海の公海の水域であってベーリング海の沿岸国の領域の幅を測定するための基線から二百海里の外側に位置する水域」と定義しており、領海の外側二百海里までの水域は依然「公海」たる基本的法的性格を失っていないとのこれら六カ国の当時の共通の認識を示している。

(35) 前掲注(8)参照。旗国主義に基づいて基本的に日本の管轄権の下にある公海上の日本漁船上において外国の官憲による日本国民の逮捕を認めることと日本国憲法第三三条の令状主義との関係が一応議論となり得るが、このような逮捕が行われ得るのは締約国の漁船・漁民が「現にこの条約の規定に違反して操業に従事しているとき、又は前記の公務員がその漁船に臨む直前にそのような操業に明らかに従事したと信ずるに足りる相当な理由があるとき」（北太平洋さけ・ます保存条約第五条2(b)）に限られているので、令状主義の例外として現行の刑事訴訟法上も認められている現行犯逮捕の範囲内と考えられる。

(36) 山本草二『海洋法』前掲注(1)一九頁。

(37) 具体的には漁業監督の任務を行う水産庁職員及び海上保安庁法第一五条に基づいて同様の任務を行う海上保安官がこれに当たる。

(38) 例えば、裁判所法第一〇条三号にいう「憲法その他の法令」が日本の国内法のみならず日本が締結した国際約束を含んでいることは当然と考えられる。

(39) ベーリング海すけとうだら保存条約第一一条1は、締約国が「自国の国民及び漁船がこの条約の規定を遵守することを確保するため、すべての必要な措置を取る」義務を負う旨定めている。

(40) 公海上の外国船舶の取締と日本の刑事訴訟法の適用等の問題につき、安富潔「海上警察権の行使と国内法」（広部＝田中編・前掲注(25)）六一一―六一九頁参照。

＊ 本稿は、筆者が純粋に個人的資格において執筆したものであり、その中に表明されたいかなる見解も筆者の所属する機関の立場を反映するものではない。

＊＊ 巻末に参考資料として、筆者の二〇〇七年国際海洋法裁判所における「豊進丸事件」「富丸事件」の弁論を所収した。

4 国際法の履行確保と国内裁判所による国際法の適用
——いわゆる「米国POW訴訟」をめぐって——

（二〇〇六年）

一 国際社会における法の支配の強化に向けて

1 国際社会における法の支配と国際法の履行確保

国際社会における「法の支配」の問題を論ずるとき、国内社会との対比において、主権国家の並立という依然分権的な特徴を有する国際社会の基本構造に起因する、国際法の法規範としての限界が常に指摘される(1)。国際社会は、今日もなお、国内社会のような集権化された立法機関を欠き、その法定立機能は多くの国家群に分属し多元的な構造を成している(2)。また、国連憲章が本来予定していた集団安全保障制度すら極めて不完全なかたちでしか機能していない国際社会の現状においては、個別の国際法上の義務の遵守を、最終的には、要すれば実力をもって担保する法執行機能は、国内社会に比して著しく未発達である(3)。このような事情から、国際法については、伝統的に、法執行(enforcement)を云々するというよりは、義務の履行(compliance)を結果として確保するという観点から、各国の合意と権能の配分を広く留保しつつも実効性を有する紛争処理制度をいかに構築するかに現実的関心が向けられてきた(4)。

2　国際的な紛争処理制度の実効性をめぐるジレンマ

国際的な紛争処理制度を制度設計するに当たって頻繁につきあたるジレンマがある。やや図式化していうと、一方に「紛争処理の強制性(compulsory character)」(相手国の同意なく一方的に紛争を付託することにより相手国が当該紛争処理手続きのゲームのルールに応じることを強制できるか否か)及び「紛争処理の拘束性(binding character)」(当該紛争処理手続きによる結果に当事国が拘束されるか否か)を、他方に紛争処理制度の「実効性」を対置した場合、両者の間にある種のトレード・オフの関係が存在することである。社会の構成員により個別の法的義務が遵守されることを、最終的には、正統性のある国家権力の発動をもって担保する法執行機能の裏付けを有する国内社会においては、終局的な紛争処理制度である裁判は強制性(国内裁判所の強制管轄権)を有し、その判決には拘束力があって、そのことが制度の実効性の不可欠の前提となっている。これに対し、国際裁判は、今日では、その管轄の事項的範囲が相当程度拡大し、国家の安全と存立にかかわるような重要な紛争にも及び得るようになってきてはいるものの、国際裁判所の管轄には、事前に（例えば国際司法裁判所規程第三六条二に定める強制管轄受諾宣言による）又は国際紛争の生ずるごとに、裁判付託についての紛争当事国の特別合意の存在を条件とし、また、審理開始後も裁判所の管轄の有無を争う途（国際司法裁判所規程第三六条六の定める先決的抗弁）が残されている等、国家主権の留保という限界がつきまとっている。(5) それでは、国際裁判を始めとする国際的な紛争処理制度において、その「強制性」、「拘束性」を単に強化すれば制度の実効性が高まるかといえば、ことはそれほど単純ではない。主権国家は、どのような国際的な紛争処理制度に参加するかを自らの意思で決定し得るため、「強制性」、「拘束性」が強すぎると感じると、そのような紛争処理制度への参加自体を忌避する方向の力学が働く傾向があるからである。参加国が少ないために普遍性に欠ける紛争処理制度の実効性は高いとはいえない。冒頭に述べたジレンマとはこのようなことを意味しており、(6) これは、主権国家の並立という国際社会の基本構造そのものに起因している。もちろん、例えば、国連海洋法条約がまがりなりにも「強制性」のある紛争処理制度を具備するに至ったこと、また、WTOの紛争処理制度もGATT時代のそれに比べれば、「強制性」、「拘束性」の両面で格段に強化されたこと(7)等注目に値する現象も見られる。他方、これらは、いわゆる「条約内包型紛争処理制度」の枠内での現象であるということも認識しておく必要があろう。(8)

3　国内裁判所における国際法の適用

以上のとおり、国際法の履行確保において、国際裁判を含む国際的な紛争処理制度の果たす役割は重要であるが、国際的な紛争処理制度には国際社会の基本構造自体に起因する内在的限界も存在する。このような現実に照らせば、国際裁判を含む国際的な紛争処理手続きにおける国際法の適用に比べればその射程に限界があることは否めないものの、各国の国内裁判所における訴訟を通じた国際法の適用も、国際社会における「法の支配」の強化に一定の重要な役割を果たしていることを見落としてはなるまい。主権国家の並立という国際社会の基本構造の帰結として、国際法の履行確保は、畢竟各々の主権国家自身が自らの責任においてこれを行うのが基本であるという現実があるからである。各国の裁判所における国際法の解釈は不統一なものとなる可能性を含んでいる（国際社会の基本構造に由来する限界に加えて、多くの国で憲法上の原則として当然視されている「司法の独立」更には「裁判官の独立」もこのような可能性を高める方向に働き得る）。同一の国際法の規範について異なる国の裁判所が異なる解釈を行うようなこととなれば、国際社会における法の支配の強化にとりマイナスとなる。他方、政府間の連携等を通じて統一的な解釈が確保されれば、国内裁判所の判決が国際法の履行確保に貢献し得る。

このような観点から、一九九〇年代末から二〇〇〇年代初頭にかけて、第二次世界大戦中の日本の行為に起因する損害に係る金銭賠償（compensation）を求める元米兵戦争捕虜（ＰＯＷ）等を原告とする一連の米国における訴訟（以下これら一連の訴訟を「米国ＰＯＷ訴訟」と略称する）が多発したことが注目される。いわゆる「戦後補償」[9]に係る訴訟は、従来から日本の国内裁判所に多数提起されてきているが、「米国ＰＯＷ訴訟」は、日系企業を被告として、米国の裁判所に提起されたことが特色である。筆者がこれら一連の訴訟に特に注目する理由は、後述のとおり、日本と米国の双方を締約国とするサンフランシスコ平和条約の解釈を中心とする共通の国際法上の問題が、期せずして、日本及び米国の国内裁判所双方において、同時期に審理・判断される結果となったからである。

まず、「米国ＰＯＷ訴訟」の背景に簡単に触れておきたい[10]。一九九九年七月、米国カリフォルニア州で、第二次世界大戦中のナチ政権とその同盟国による「奴隷労働」乃至「強制労働」の被害者やその遺族等が、労働を提供させた企業等に対して金銭賠償を求める訴訟をカリフォルニア州の裁判所に提起することを可能とすることを目的とする州法（州民事訴訟法の一部改正）が成立した。この州法の成立を契機として、第二次世界大戦中に日本企業のために強制労働・奴隷労働に従事させられたとする元ＰＯＷ、その遺族等が同州法を援用して多数の日系企業（日本企業やその米国子会社等）に対して金銭賠償を求める訴訟が米国各地の裁判所で多発する（総計三六件）という事態となった。これら訴訟は、米国（元ＰＯＷ及びその遺族等の相続人）のみならず、英国（元ＰＯＷ）、オーストラリア（元ＰＯＷ）、オランダ（元ＰＯＷ及び旧蘭印における元民間人抑留者）、ニュージーランド（オランダ軍に所属していた元ＰＯＷ）、フィリピンというサンフランシスコ平和条約にいう「連合国」の国民に加えて、中国及び韓国という「非連合国」の国民を含む幅広い構成の原告により、米国独特の制度であるクラスアクションのかたちで提起された。移送の申立をめぐる攻防の末、これら三六件のうち二八件は、広域係属訴訟（multidistrict litigation：MDL）として連邦地裁北部カリフォルニア地区サンフランシスコ支部に係属することとなった[11]。

日本国政府としては、第二次世界大戦の戦後処理の問題は、戦争に起因する賠償・請求権の処理の問題を含め、サンフランシスコ平和条約等により法的に完全に解決済みであり、ほぼ五〇年を経た時点に至って、サンフランシスコ平和条約の一方の当事者である連合国の中心的存在である米国の一州における立法を契機として、これが実質的に蒸し返されるようなこととなれば、その否定的影響は計り知れないとの認識から、当初よりこの事態を重大視し、被告企業を側面から全面的に支援する方針で臨んだ。筆者は、一連の対日系企業訴訟が多発し始めた時期に、問題の分析や米国政府に対する最初の申入れ等の初動対策立案の段階で外務省条約局審議官として外務本省において本件に携わるとともに、偶々その直後の在外任地となったワシントンにおいて、二〇〇〇年末から二〇〇三年初めにかけて、在米国日本国大使館公使として訴訟対策、対米国議会対策（後述のとおり、元ＰＯＷ団体等の働きかけを受けて上下院に複数の関連法案や決議案が提出された）、米国政府との協議等を担当する機会を得た。以下、このような個人的体験も踏まえつつ、「米国ＰＯＷ訴訟」をめぐる法的問題を、平和条約の戦争請求権関連条項の規範的意義を中心に概観することを通じて、考察することとしたい。

二 「米国ＰＯＷ訴訟」と日本の戦後処理

1 「米国ＰＯＷ訴訟」と米国裁判所の判断

「米国ＰＯＷ訴訟」の契機となったカリフォルニア州法（Section 354.6, The Code of Civil Procedure）のポイントは、①第二次世界大戦の奴隷労働又は強制労働の被害者は、その労働に対する金銭賠償（compensation）を、そのために労働が行われた団体等（entity）又はその継承者から直接に又はこれらの者の子会社等関連企業を通じて得るために、カリフォルニア州の裁判所に訴えを提起することができること、及び、②同条に基づいて提起された訴訟は、二〇一〇年一二月三一日以前に提起される限り出訴期限（statute of limitation）[12]を理由として却下されないということである。

米国政府は、同法に触発された訴訟の多発を重大視した日本国外務省からの申入れも踏まえて、二〇〇〇年に、これら一連の訴訟の中核を成す二八件の広域係属訴訟が係属する連邦地裁北部カリフォルニア地区サンフランシスコ支部に対し、数次にわたり「利害関係声明書（Statement of Interest）」を提出し、原告の請求は退けられる（dismiss）べきであるとの米国政府の公式の立場を表明した。一連の声明書の柱を成すものとして同年八月に提出された、米国民を中心とする連合国国民を原告とする訴訟に関する声明書[13]の要点をとりまとめれば以下のとおりである。同声明書は、その背景説明部分において、平和条約の規定、その交渉及び上院における審議の過程、同条約第一四条(a)2に基づく日本国及び日本国民の在米資産の収用並びにこれを原資とする「戦争請求法（War Claims Act of 1948）」に基づく米国政府による元ＰＯＷへの補償の支払い等につき詳細に説明している。また、声明部分においては、①平和条約は、米国を含む連合国国民の日本国及び日本国民に対するすべての請求権（claims）を放棄（waive）していること、②「専占の法理（preemption doctrine）」[14]により、本件に係る州法上の請求権（claims）は、連邦法たる平和条約及び戦争請求権法により専占（preempt）されているので、州法による救済の余地はないこと、③カリフォルニア州法Section 354.6は、連邦政府の外交権限を米国憲法に反して侵害するものであることを強調しつつ、「平和条約の目的は、……日本国政府及び日本国民に対するすべての請求権（all claims）を処理・解決する（settle）とともに連合国及びその国民に対する日本国の請求権も処理・解決することにあった。平和条約が将来の賠償や本件訴訟において原告が主張しているような戦争に係る将来の請求の可能性を残しておいたとしたら、この目的は達成不可能であったであろう。[15]」（原文英語、邦語訳筆者）と結論付けている。

日本国政府は、これらの訴訟の当事者ではなかったが、当然のことながら、その帰趨には一貫して重大な関心を有してきた。日本国政府は、米国政府とも協議の上、二〇〇〇年八月に、第二次世界大戦中に日本国及びその国民がとった行動から生じた日本国及びその国民に対する米国及びその国民（ＰＯＷを含む。）の請求権（claims）は、サンフランシスコ平和条約によって処理・解決済みである（settled）との米国政府の立場を日本国政府は完全に共有する旨の在米日本国大使館発米国国務省あての口上書により意見表明を行った。この口上書の内容は、訴訟において被告企業によって援用されることを意図したものであり、現にそのように活用された。

広域係属訴訟が係属した連邦地裁北部カリフォルニア地区サンフランシスコ支部のウォーカー判事は、二〇〇〇年九月二一日、同裁判所に係属した広域係属訴訟二八件のうち、非連合国国民を原告とする訴訟についての判断を留保しつつ[16]、連合国国民を原告とする一三件につき原告の申立を退ける判決（命令第四号）を下した[17]。同判決は、原告の訴えは米国の外交関係に関する連邦判例法（federal common law）に関わる争いであり連邦裁判所に管轄権があるとするとともに、争いの実質については、戦争請求法に基づく米国政府による補償にも触れつつ、サンフランシスコ平和条約第一四条(b)の規定につき、「この法規の表現は著しく広範であり、条約の他の条文に言及する冒頭の規定を除いて何らの条件的表現又は制限も含んでいない。……第一四条(b)の放棄条項は、本件訴訟における原告の請求を包摂する（encompass）に十分な程、明白に広範である。（原文英語。邦語訳筆者。）」として、「当裁判所は、原告の請求は日本国との平和条約により封じられると結論する（the court concludes that plaintiff's claims are barred by the Treaty of Peace with Japan）。（原文英語、邦語訳筆者）」と判示した。

この最初のウォーカー判事の判決を受け、日本国政府は、二〇〇〇年一一月、一連の訴訟のうち非連合国国民を原告とするものに関し、日華平和条約、日中共同声明、日韓請求権・経済協力協定等につき説明しつつ、これら非連合国国民の提起している請求権は処理・解決済みである旨を強調する在米日本国大使館発米国国務省あての口上書により追加的意見表明を行った。

米国政府は、この日本国政府の追加的意見表明を受け、二〇〇〇年一二月に、非連合国国民を原告とする訴訟に関する「利害関係声明書」[18]を提出した。同声明書は、①サンフランシスコ平和条約は、日本国との関係において第二次世界大戦の戦後処理を完了させることを目指したものであり、その観点から日本国と非連合国との間の賠償・請求権処理を促す一定の規定（第二条、第四条、第一〇条、第二一条及び第二六条）を含み、現に米国はこのような日本国と非連合国との間の戦後処理を促進すべく側面から協力したことを強調しつつ、そのような意味において非連合国国民の州法上の対日請求権（claims）も平和条約によって専占（preempt）されているとする主張、及び、②問題のカリフォルニア州法は連邦政府の外交権限を米国憲法に反して侵害するものであるとする主張を主要点としている。

二〇〇〇年九月の連合国国民を原告とする訴訟についての判決において判断が留保されていた残余の一一件の訴訟[19]についてのウォーカー判事の判決は、翌年の二〇〇一年九月一七日に下された。この判決は、連合国国民であるフィリピン国民を原告とする四件のクラスアクションに対する判決（命令第九号）及び非連合国国民である韓国人及び中国人を原告とする七件のクラスアクションに対する判決（命令第一〇号）から成る。命令第九号は、連合国国民を原告とする訴えに対する判決であるので、基本的に前年九月の命令第四号の論旨を踏襲する内容のものである。命令第一〇号は、日韓請求権・経済協力協定等の米国にとって第三国間の国際約束等の解釈に踏み込むことはせず、また、非連合国国民である韓国人、中国人の州法上の請求権（claims）についても平和条約によって専占されているという米国政府が二〇〇〇年一二月の利害関係声明書で行った主張は退けつつも[20]、カリフォルニア州法Section 354.6は連邦政府の排他的外交権限（exclusive foreign affairs power）を侵害するため違憲であるとして[21]、原告の請求を退けた。

二八件の広域係属訴訟の原告は、これら一連のウォーカー判決を不満として連邦控訴裁判所に控訴したが、同裁判所は、二〇〇三年一月二一日、これら全ての訴訟につき、原判決を支持する判決を下し、原告は連邦最高裁判所に上告受理申立を行った。二〇〇三年一〇月六日、連邦最高裁判所は、原告の上告受理申立を全て却下し[22]、被告企業側の勝訴が確定した[23]。

なお、このような司法府における動きと並行して、連邦議会においては、元米兵POW支援団体や一連の訴訟の原告側弁護士等の働きかけを受けて多数の決議案や法案が提出された。中でも二〇〇一年三月二二日にカリフォルニア州選出のホンダ下院議員[24]（民主党）及びローラバッカー下院議員（民主党）が下院に提出した「二〇〇一年合衆国戦争捕虜正義法案」[25]は、元米兵POWが第二次世界大戦中の強制労働等に係る金銭賠償を求めて日系企業に対して提起した訴訟について連邦裁判所はサンフランシスコ平和条約第一四条(b)の規定を米国民の請求を封じる米国による請求権放棄条項であると解釈してはならないと定め、米国の締結した条約の規定につき法案の定める特定の解釈を裁判所に強制することによって条約を事実上無効化することを意図した法案であった。また、ユタ州選出のハッチ上院議員（共和党）が上院に提出した「二〇〇一年戦争捕虜支援法案」[26]は、元POWが第二次世界大戦中の強制労働等について金銭賠償を求めて提起した訴訟についての出訴期限については訴訟の提起された州の州法の定めを適用するよう裁判所に義務付ける内容の法案であった。特に前者の「二〇〇一年合衆国戦争捕虜正義法案」は、連邦法の一部を構成する米国が締結した特定の条約の解釈権限を司法府から実質的に簒奪するに等しい内容のものであり、その意味でそもそも合憲性に疑義があると思われるが、連邦議会議員に対して強い政治的影響力を有する元ＰＯＷ支援団体等の精力的な働きかけにより、共同提案者の数が最終的には下院の議員定数（四三五名）の過半数を超える二二九名にまで達した。筆者が当時在勤していた在米国日本国大使館は、事態を深刻に憂慮し、様々な方法でこれら法案の成立を阻むべく対連邦議会工作を行った。幸いなことに、これら法案は結果的には法案審議に入ることなく廃案となった。これら法案提出の大きな目的は、司法手続きが一方において進行する中で被告日系企業側に圧力をかけ、和解に追い込むことにあったのではないかと想像される。

2　「米国ＰＯＷ訴訟」をめぐる主な法的論点

「米国ＰＯＷ訴訟」の内包する法的論点は多岐に亘る。これら論点の中には、前述の米国法上の「専占の法理」のように専ら連邦国家に特有の事情と結びついた論点もあるが、紙幅の関係で、そのような論点については割愛し、戦争に起因する損害に係る金銭賠償訴訟一般との関係で普遍性を有すると考えられる主な法的論点について若干の整理を試みたい。

(1) 金銭賠償の法的根拠 ——「国際法上の請求権」か「国内法上の請求権」か

戦争に起因する損害に係る金銭賠償を求める訴訟は、「米国POW訴訟」以外にも、日本やドイツ等の第二次世界大戦の戦敗国の裁判所を始め多数の国の裁判所に数多く提起されてきた。このような訴訟において、原告は当然のことながら何らかの法的根拠を援用して請求を行うわけであるが、このような法的根拠として原告により援用されてきたものを見ると、一般的には、①いずれかの国の国内法に基づいて被害者個人が有すると主張する請求権（不法行為に基づく損害賠償請求権、債務不履行に基づく損害賠償請求権等）、又は、②国家による交戦法規等の国際法違反により国際法に基づいて被害者個人に生じたと主張する請求権に大別される。[27] 原告側が国際法に基づく請求権を根拠とする主張を行う場合は、被告側が個人の国際法上の権利主体性は基本的に極めて限定されているという文脈でこれを争うという展開となるのが一般的である。原告側が、個人の国際法上の請求権の存在というある意味で立証が容易ではない領域に敢えて踏み込んで[28]主張を行う必要があると判断するのは、例えば日本の裁判所において日本国を被告としてこの種の訴訟が提起される場合を例にとれば、国内法に基づく請求権の主張に対しては、国家賠償法は戦後の立法であってそれ以前の行為には適用がないこと、他方、民法上の不法行為責任の追及に対しては、当時の国家の権力的行為に係る国家無答責原則の存在の主張や時効・除斥期間の壁があること等の事情があるものと思われる。管見によれば、いわゆる「戦後補償」に関連する日本の判例に関する限り、個人に帰属する国際法上の請求権の存在を認めたものは下級審の判決を含め見当たらないが、例えばドイツにおいても基本的に事情は同様であって、このことをもって日本の裁判所の保守性の反映と捉える必要はない。ドイツ憲法裁判所は、一九九六年五月一三日の判決で、第二次世界大戦中の強制労働に係る金銭賠償を求めた外国人の訴えに対し、加害国の国際法違反の行為によって被った外国人の損害に係る請求権（claim）は当該外国人個人にではなく当該個人の国籍国に帰属するのであり、この原則は、一九四三年から四五年までの期間における人権の侵害についても適用されると判示した。[29] このドイツ憲法裁判所の判決の考え方は、二〇〇三年六月二六日のドイツ連邦最高裁判所の判決（第二次世界大戦中のドイツ軍の行為により損害を受けたとするギリシア国民からの金銭賠償請求）及び二〇〇四年六月二八日のドイツ連邦最高裁判所の判決（第二次世界大戦中の元イタリア軍人抑留者からの金銭賠償請求）においても採用されている。[30]

「米国ＰＯＷ訴訟」において、原告側は、米国の裁判所に請求を提起する手続法上の根拠として主としてカリフォルニア州法 Section 354.6 を、更に、一部の訴訟においては「外国人不法行為請求権法（Alien Tort Claims Act）」[31] も援用した。他方、請求の実体法上の根拠については余り突っ込んだ議論は展開しておらず、国際法上の請求権を主張しているのか、それとも国内法上の請求権を主張しているのか、更には、後者であるとすれば、不法行為に基づく損害賠償請求権を主張しているのか、賃金の未払いという側面に着目して労働契約に基づく給与支払い請求権乃至は債務不履行に基づく損害賠償請求権を主張しているのか、その場合どの国のどの具体的な法規を準拠法として請求の根拠としているのか等については明確とは言えない。この点は、一般論としていえば、結局は、問題となっている法律関係の性質決定の問題に帰着すると思われるが、法律関係の性質決定は、実際問題としては、いずれかの国の裁判所に訴訟が提起され当該裁判所に管轄権ありとされた場合に、当該裁判所が法廷地の国際私法（抵触規定）に照らして判断することになる[32]。その結果、国際私法（抵触規定）の内容が必ずしも同一でないという国際社会の現状に照らせば、同一の法律関係でも法廷地の如何により準拠法を異にすることになる場合が少なくない[33]というのが実態と考えられる。このように見ていくと、戦争に起因する損害に係る金銭賠償の根拠としての国内法上の請求権を論ずるに当たり、当該請求権がいずれの国の国内法上の権利であるのかという命題は、観念的な問題としてはともかく、実際的な問題としては、いずれの国の裁判所に救済を求めるのかという請求権実現の具体的方法と切り離して抽象的に論ずることにはほとんど意味がないように思われる。

(2) 主権免除

一国の国内裁判所において外国を被告として訴訟が提起された場合に必ず問題となる論点に主権免除がある。「米国ＰＯＷ訴訟」は、日系企業を被告とし、日本国政府は訴訟当事者ではなかったので、同訴訟において主権免除は主要な論点ではなかった。他方、「米国ＰＯＷ訴訟」が米国の裁判所において進行中であった時期に、明らかにこれら一連の訴訟に触発されたと思われる訴訟であって、日本国政府を被告として金銭賠償を求めるもの複数が米国の裁判所に提起された。この中でも連邦最高裁判所まで上がったという意味において重要性が高いと思われるいわゆる「元従軍慰安婦」を原告とする訴訟につき、まず簡単に触れておきたい[34]。

二〇〇〇年九月一八日、いわゆる「元従軍慰安婦」一五名[35]が、国際法、米国連邦法、日本法及びコロンビア特別区法に基づくとして、日本国及び河野洋平外務大臣（当時）を被告として金銭賠償を求める訴えをコロンビア特別区（ワシントン）連邦地裁に提起した。主権免除の問題につき、原告側は、①日本国政府は、非人道的迫害と搾取という国際法上の強行法規（jus cogens）に違反する行為を犯したことにより主権免除を享受できない、②いわゆる「慰安所」の運営への関与を伴う日本国政府の行為は、制限免除主義を原則として定める「一九七六年の外国国家主権免除法（The Foreign Sovereign Immunities Act, 以下、FSIAと略称する。）」の免責制限事由とされている「商業的行為」に該当する等と主張した。これに対して、被告日本国政府は、①日本国は、国際法に基づき、米国内裁判所に提起される訴訟につき主権免除を享受する、②FSIAは、同法制定以前の行為に遡及適用されない、③仮にFSIAが適用されたとしても日本国政府の行為は同法にいう「商業的行為」には当たらない、④いわゆる「戦後補償問題」は外交上の機微な問題であり、司法判断に馴染まない政治問題である等を柱とする主張を行った。二〇〇一年一〇月四日、コロンビア特別区連邦地裁は、原告が依拠するFSIAにおける主権免除の例外規定は本件に適用されず、被告日本国は主権免除を享受するとしつつ、仮に日本国が主権免除を享受しないとしても原告の請求は司法判断に適しない政治問題であるとして原告の訴えを却下した。原告側の控訴を受けたコロンビア特別区巡回連邦控訴裁判所の二〇〇三年六月二七日の判決は、FSIAの遡及適用を否定し、したがって日本国政府の行為が同法上の「商業的行為」に当たるか否かを判断する必要はないとしつつ、いずれにせよサンフランシスコ平和条約は、日本国が第二次世界大戦中に行った行為に関して米国の法廷において裁かれることはないとの確立した期待を創出したのであり、このような期待を覆すようなことを意図した行為を連邦議会が行ったことはないとして、原告の請求を却下した原審の判決を支持するものであった。原告側の上告申立が受理され、本件は連邦最高裁判所で審理されるに至り、同裁判所は、二〇〇四年六月一四日、ＦＳＩＡの遡及効を認めた直近の自らの判決の趣旨に沿って再検討するよう控訴審に差し戻す旨の破棄差戻判決を下したが[36]、二〇〇五年六月二八日に下された差戻控訴裁判所の決定は、本件は政治問題であり司法審査に馴染まないとして主権免除問題の実質判断に立ち入ることなく日本国勝訴の結論を下した。原告側は、控訴裁判所のこの決定を不服として連邦最高裁に上告受理申立を行ったが、二〇〇六年二月二一日、連邦最高裁は原告側の申立を却下し、本件は日本国勝訴により終結した。なお、差戻控訴審の過程において米国政府が提出した「法廷助言弁論書面（amicus brief）」が、サンフランシスコ平和条約に触れ、同条約は非連合国国民の請求権の放棄を定めてはいないが日本国と非連合国との間の賠償・請求権処理を促す一定の規定を含み、現に米国はこのような日本国と非連合国との間の戦後処理を促進すべく側面から協力した旨説明しつつ、第二次世界大戦に起因する対日請求の問題は政府間交渉によって解決されるべき性格のものであることを強調したことが注目される。

同様の時期にイリノイ州北部地区連邦地裁に対して、いわゆる「バターン死の行進」の生存者であるとする元米軍人を代表者と定め、第二次世界大戦中の日本国の行為により損害を被ったとされる軍人・民間人及びその遺族等の相続人計六〇万人（氏名等は特定せず）を原告として日本国政府に総額一兆ドルの金銭賠償を求めるクラスアクションが提起された。原告は、訴状において本件訴訟の対象である行為はＦＳＩＡの免責制限事由に当たる（具体的理由は示さず）としてイリノイ州北部地区連邦地裁に管轄権があると主張したが、同裁判所は、外国を被告とする訴訟については、一定の事情がない限りコロンビア特別区連邦裁判所の専属管轄であるとの被告日本国政府の主張を採用し、二〇〇二年三月二四日、管轄違いを理由として却下し、原告が控訴しなかったため、日本国政府の勝訴が確定した。[37]

(3)　訴訟の当事者適格

「米国ＰＯＷ訴訟」において被告とされた日系企業は多数に上るが、その中には、第二次世界大戦当時強制労働に関与したとされる日本企業自体ではなく、資本系列上同企業の後継企業と目されるとされた日本企業、更には、そのような企業の米国子会社（米国法人）も含まれていた。被告側が、原告の訴えは詐欺的併合（fraudulent joinder）に当たるという主張により、特に米国法人たる子会社の当事者適格を争ったケースもあったが、結果的には、カリフォルニア州法　Section 354.6 の規定振りは極めて広範であるとの理由でこの点に関する被告側の主張は認められなかった。[38]

なお、そもそも、カリフォルニア州に限らず米国のすべての州の民事訴訟法は、州外に居住する者（外国人を含む）に対して、例えば、自州で継続的な取引がある場合には一般的な裁判管轄権が及ぶとするような、広い人的管轄に関する規定（long-arm statute）を有している。特に、カリフォルニア州の民事訴訟法は、同州の裁判所は同州の憲法及び合衆国憲法に反しない全ての基礎に基づいて管轄権を行使できる旨を定めており、拡張的な解釈が可能となっているが、米国以外にも自国の裁判所に広い管轄権を認める法制の国は他にもあり[39]、その妥当性は別にして、これを違法とする国際法の規則があるとはいい難い。

(4) クラスアクション制度及び懲罰的賠償制度

米国民事訴訟法上、ある集団について、①全構成員が訴訟に加わることが実行不可能であるほど当該集団の構成員が多数であり、②当該集団に共通する法益が存在し、③代表者の請求又は抗弁が当該集団の請求又は抗弁を代表し、かつ、④代表者が当該集団の利益を公正かつ適切に保護するとの条件を充たす場合に、代表者が当該集団の全構成員のために訴えを提起し又は応訴することができるとするクラスアクションの制度が存在する。また、米国の不法行為法の下においては、加害者の不法行為が特に強い非難に値すると認められる場合に、裁判所の裁量により、制裁を加えて将来の同様の行為を抑止する目的で、実際の損害の補填としての損害賠償（actual damage）に懲罰的損害賠償（punitive damage）を上乗せして支払うことを命じることも一般化している。米国においては、このクラスアクションと懲罰的賠償を組み合わせた独特の訴訟戦略を駆使するクラスアクション専門の弁護士達が巨大企業を被告とする製造物責任追及等の訴訟において天文学的な損害賠償額を勝ち取ったり、それを惧れる被告を莫大な和解金支払いに追い込む等の事例が後を絶たず、これが米財界からの不法行為法体系の改革要求につながっている。経緯的に見れば、「米国ＰＯＷ訴訟」及びその契機となったカリフォルニア州法 Section 354.6 の制定の背景には、ダイムラー・ベンツやシーメンス等のドイツの巨大企業を被告とする第二次世界大戦中の強制労働等に係る金銭賠償を求める一連のクラスアクションの圧力の下に、これらドイツ企業をドイツ政府も巻き込んだかたちで、総額一〇〇億ドイツ・マルクの「責任・追悼・未来基金（Foundation Responsibility, Remembrance and Future）」の設立[40]に追い込んだクラスアクション専門の弁護士達が、この大戦果に味をしめ[41]、ドイツと並ぶ敗戦国かつ経済大国である日本を次の標的としたという側面があるのは、関係者の間で周知のことである。

「米国ＰＯＷ訴訟」は、結果的には前述のとおり被告日系企業側の勝訴に終わったが、全くの仮定の問題ではあるが、もし裁判で逆の結論となり、懲罰的賠償を含む莫大な損害賠償を命ずる判決が米国で確定した場合、原告側が日本国内に所在する被告の財産に対して確定外国判決に基づく強制執行を日本の裁判所に求めることは法的に可能であったであろうか。この点については、全く別の事案に関してカリフォルニア州の懲罰的損害賠償制度に基づく賠償を命じた米国裁判所の確定判決を基に執行判決を求める訴訟に係る一九九七年の最高裁判決において、「本件外国判決のうち、補償的損害賠償及び訴訟費用に加えて、見せしめと制裁のために被上告会社に対し懲罰的損害賠償としての金員の支払を命じた部分は、我が国の公の秩序に反する」として、同判決当時に施行されていた旧民事訴訟法第二〇〇条三号（現民事訴訟法第一一八条三号）の要件を満たさず「効力を有しないものとしなければならない」との判断が示された[42]という経緯がある。

(5) サンフランシスコ平和条約の戦争請求権関連条項

二1で見たように、「米国POW訴訟」における米国裁判所の判断は、これを一言で表現すれば、連合国国民の請求についてはサンフランシスコ平和条約によって「封じられる(barred)」(ウォーカー判事の命令第四号及び第九号)という理由で退け、非連合国国民(中国人、韓国人)の請求についてはカリフォルニア州法 Section 354.6 が連邦政府の排他的外交権限を侵害するから違憲であるという理由で却下する(同命令第一〇号)というものである。カリフォルニア州法が違憲であれば、連合国国民の請求についても同様の理屈があてはまると考えられるが、ウォーカー判事が命令第四号及び第九号においてはこの点に触れていないのは、出来る限り不必要な違憲審査を避けるために憲法問題より法律問題を優先して審理したものと考えるべきであろう(43)。この米国裁判所の判断を前提とすれば、連合国国民の請求に関する限り、当該請求がいかなる法的根拠に基づくかという論点(前記(1)で見た、原告の請求が「国際法上の請求権」と主張されるものであるか、それとも、「国内法上の請求権」と主張されるものであるか、後者である場合、どの国のいかなる法規に基づく請求権と主張されるものであるかという点すべてを含む)を検討するまでもなく、いずれにせよ請求は平和条約によって「封じられる」という結論になるというところが極めて重要である。

「米国POW訴訟」の進行とほぼ時を一にして、日本においては、オランダ人元抑留者を原告とし、被告国に対して第二次世界大戦中に蒙ったとする損害の賠償を請求する訴訟が進行中であった。本件につき二〇〇一年一〇月一一日に下された東京高裁の判決は、これに先立つこと約一年前に下されたウォーカー判事の命令第四号にも言及しつつ、「サンフランシスコ平和条約第一四条(b)の請求権放棄条項により、連合国及びその国民と日本国及びその国民との相互の請求権の問題は終局的に一切が解決されたものと認められる。すなわち、連合国国民の個人としての請求権も、連合国によって『放棄』され、これによって、連合国国民の実体的請求権も消滅したと解するのが相当である。」と判示した。(44) 同判決は、二〇〇四年三月三〇日、最高裁が原告の上告を受理しなかったことにより確定した。

日米両国の裁判所において、サンフランシスコ平和条約の戦争請求権関連条項という日本の戦後処理の法的基盤の中核を成す規範について同一の結論が確定判決として確立したことの意義は極めて大きいというべきである。

三　サンフランシスコ平和条約の戦争請求権関連条項の規範的意義

二で見たように、「米国POW訴訟」に係る米国裁判所の確定判決及びオランダ人元抑留者損害賠償訴訟に係る日本の裁判所の確定判決により、サンフランシスコ平和条約の戦争請求権関連条項の解釈につき極めて明確なかたちで日米両国の終局的司法判断が下された。これらの判決の有権的解釈は両国の司法府のみが行うことができることであるので、筆者がこれらの判決の解釈に立ち入ることは僭越であり、蛇足というべきかもしれない。他方、これらの判決以降も、日米の判決の間に全く差異はないのか（特にいわゆる「個人の請求権」の「消滅」の有無をめぐり）、更には、これらの判決と日本国政府が従来国会答弁等において示してきた条約解釈との間には齟齬があるのではないか（特に外交保護権の相互放棄に関する説明をめぐり）等の議論があることも事実であるので、僭越・蛇足の批判を覚悟の上で、平和条約の戦争請求権関連条項の国際法上の規範としての意義をどう考えるべきかという点につき、以下、筆者なりの若干の分析を試みたい。

1　平和条約の締約国が戦争請求権関連条項により目指したもの

条約法に関するウィーン条約第三一条一も定めているとおり、条約の解釈は、当該条約全体及び解釈の対象となる特定の条項の置かれた趣旨・目的に照らして行うべきである。総力戦といわれる現代戦においては戦争に起因するさまざまな損害は国家のみならず、当事国の国民の身体・財産にも広範かつ多岐に及ぶため、個別の損害を個々に検討し、損害賠償等の法的責任の問題を個々に評価し処理しようとすることは現実的ではない。ヴェルサイユ条約の過酷な賠償・請求権関連条項がドイツを結果的に第二次世界大戦に駆り立てた遠因となったとの反省を出発点としたサンフランシスコ平和条約においては、このような基本的認識に立脚して、ヴェルサイユ平和条約等に見られる戦勝国と戦敗国との間の混合仲裁裁判所のような請求権等の個別審査・処理の仕組みは採用されていない。このように、サンフランシスコ平和条約の請求権関連条項は、戦争に起因する損害に係る金銭請求の問題を国家と国家の間で最終的に解決することを目的とした「請求権最終処理条項」ともいうべきものであると考える（平和条約自体には日韓請求権・経済協力協定第二条一に明示的に規定されているような「完全かつ最終的に解決」という文言はないが、戦争と植民地支配という両条約が処理の対象とする請求権の発生原因の違いこそあれ、請求権処理の基本的な目的については同様に考えてよいと考える）。平和条約締結の事実上のプロモーターであった米国政府がこのような基本認識であったことは、前記二1において触れた米国政府の「利害関係声明書」に多数引用された米国政府の外交文書や上院の平和条約審議録等[45]から明らかに読みとれる。

前述のオランダ人元抑留者損害賠償訴訟における東京高裁の判決も平和条約の請求権関連条項の基本目的についての以上のような基本認識を共有していると考えられ、日米の判決は、このような前提で読む必要があることを強調したい。

2　「救済なき権利」——吉田・スティッカー書簡の意義

次に、サンフランシスコ講和会議における日本国全権であった吉田総理とオランダ代表であったスティッカー外務大臣との議場外の交渉の結果、両者の間で行われることになった往復書簡をめぐる経緯がサンフランシスコ平和条約第一四条(b)の解釈に当たって重要な背景を提供すると考えられるので、これにつき略述する[46]。

オランダ代表団は、講和会議の議場外で米国のダレス代表を介して二つの点を提起してきた。第一は、オランダ憲法は国民の私権を政府が没収することを禁止しているとして、条約第一四条(b)による連合国の国民の請求権の放棄は国民の私権を消滅させるもの、すなわち私権没収の効果をもつものではなく、オランダ国民は日本国の裁判所に日本国政府又は日本国民に対して訴訟を提起することができるが、オランダ政府は条約上これを支持する根拠を持たないとの意味であるという解釈に同意を求めるということである。また、第二の点は、日本国政府として道義的な観点から、戦争中旧蘭印で日本軍に抑留された民間人に対する補償を行うことを検討して欲しいという申入れであった。日本側は、第一の問題については、そのような解釈は法的に承服できないと反論しつつ、オランダ代表の立場も考えて、サンフランシスコ平和条約第一四条(b)は、「国民の私権を消滅させるもの、すなわち、私権没収の効果を持つものではなく、ただ、条約の結果、国民は請求権を日本国政府又は日本国民に対し追求してくることができなくなることにとどまる。」ということを書簡で確認する用意がある旨を仲介の労をとった米国のダレス代表を通じて伝えた。その際、弁護士出身であるダレス代表は、日本側の主張を了承し、「救済なき権利か。よくあることだ。」と言いながら日本側の主張をオランダ側に提示するための文書を起案した。第二の問題については、日本国政府は、他の連合国との関係からも、また、国の負担能力からも、容易に言質を与え得る状況になかった。その後、オランダ代表団は、前述の日本側が提案した書簡案に同意しないことを明らかにした。しかし、日本国代表団は、何らかのかたちでオランダ代表団に満足を与える必要があると考え、ダレス代表とオランダ代表団との間で熱心な交渉が行われた結果、オランダ代表が講和会議の議場の一般陳述の中で前記のオランダ側の希望を述べ、これに対して日本側は、ダレス代表が「救済なき権利か」とコメントした日本国政府の考え方を表明し、また、元民間人抑留者に係る支払いの問題については、オランダ側に要望があることを認識する旨の書簡を日本側より発出することで決着した。こうして、スティッカー外務大臣は、一九五一年九月六日の講和会議第五回全体会合の一般陳述においてオランダの希望を述べるとともに、翌七日には、吉田総理宛に「オランダ国政府の見解としては、サンフランシスコ平和条約第一四条(b)は、正確な解釈上、各連合国政府が自国民の私的請求権を剝奪することを包含しておらず、したがって本条約発効後、この種請求権が消滅することにはならないものと考えます。(原文英語、邦語訳筆者)」と記載した書簡を発出した。同書簡に対し、吉田総理が発出した九月八日付けの返簡は、「オランダ国政府の指摘された憲法上の法的制約については、日本国政府は、オランダ国政府が本条約の署名によって自国民の私的請求権を剝奪し、その結果本条約発効後はこのような請求権はもはや存在しなくなるものとは考えません。しかしながら、日本国政府は、本条約の下において連合国国民は、このような請求権につき満足を得ることはできないであろうということ、しかし、オランダ国政府が示唆するように、日本国政府が自発的に処置することを希望するであろう連合国国民のあるタイプの私的請求権が存在することを、ここに指摘します。(原文英語、邦語訳筆者)」と述べている。更に、日本国政府は、一九五六年六月一日、オランダとの間に「オランダ国民のある種の私的請求権に関する問題の解決に関する日本国政府とオランダ王国政府との間の議定書」を締結し、旧蘭印における元民間人抑留者問題との関係で、「第二次世界大戦の間に日本国政府の機関がオランダ国民に与えた苦痛に対する同情と遺憾の意を表明するために千万合衆国ドルに相当する額のスターリング・ポンドを見舞金としてこれらのオランダ国民のためにオランダ王国政府に自発的に提供（同議定書第一条。正文英語、邦語訳外務省）」することを約束した。

オランダ人元抑留者損害賠償訴訟（東京高裁）において、被告国は、このような歴史的事実を踏まえ、国側準備書面においておよそ次のとおりの主張を行った。

「……連合国国民が各国国内法上日本国又は日本国民に対して有する請求権について、平和条約第一四条(b)による『放棄』がどのような意義を有するかは、同条約の国内法的効力の問題であるが、我が国においては、同条項によって、これらの請求権に基づく請求に応ずべき法律上の義務が消滅したものとされたのであり、その結果、救済が拒否されることとなる。」

前述の東京高裁判決は、前記二2(5)に引用した箇所に続いて、次のように述べており、国のこのような主張(47)を基本的に是認したものと考えられる。

「……オランダ代表と日本代表との交渉の経緯を見ると、両者間においては、『日本政府が自発的に処置することを希望するであろう連合国民のあるタイプの私的請求権』が残るとしつつ、サンフランシスコ平和条約の効果として、そのような請求権につき連合国国民が満足を得ることはできないとして決着を見たものというべきである。」

3 「個人の請求権」は「消滅」したのか

オランダ人元抑留者損害賠償訴訟に係る東京高裁判決が前記二2(5)に引用した箇所の直前の部分

で、「連合国民の個人としての請求権も、連合国によって『放棄』され、これによって消滅したと解するのが相当である。」と述べていることと、同訴訟における前記三2の国の主張（「請求に応ずべき法律上の義務」が消滅した）との関係をどう考えるべきであろうか。

この問題につき考えるに当たっては、まず、サンフランシスコ平和条約第一四条(b)にいう「（連合国の）国民の他の請求権（claims）」が何を意味するかについて詳細かつ具体的に検討する必要がある。二2(2)で見たように、戦争に起因する損害に係る金銭賠償の請求を行おうとする連合国国民が援用することができると考えられる法的根拠は、理論的には、①いずれかの国の国内法に基づいて被害者個人が有すると主張する請求権（不法行為に基づく損害賠償請求権、債務不履行に基づく損害賠償請求権等）、又は、②国家による交戦法規等の国際法違反により国際法に基づいて被害者個人に生じたと主張する請求権に大別される。このうち、②のいわゆる「個人の国際法上の請求権」については、二2(2)で見たとおり、第二次世界大戦当時そのような権利を認める慣習国際法上の規則が確立していたとの主張は日独の裁判所によっても認められていないので、これ以上の検討は割愛する。そこで、①のいわゆる「個人の国内法上の請求権」であるが、これを更に子細に見ていくと、この中にも「法律上の根拠が明らかであり、既に権利関係が明確であるもの」（以下「実体的権利」という）及び「このような実体的権利ほどには権利関係に明確性があるとはいえないもの」の双方があることが指摘される。前者は、例えば、物権であるとか、預金債権のような確定債権が典型的なものとしてこれに当たるが、他方、不法行為に基づく損害賠償請求権のようなものは、裁判によって判決で認められて初めて「実体的権利」の要件を具備するに至るものであって、請求の時点でこれに当たるとはいえない。一般的な用語法によれば、前述の「実体的権利」の中にも「請求権」に含まれるものはあるが、周知のように、一九六五年の日韓請求権・経済協力協定においては、国民の「財産、権利及び利益」（協定の合意議事録2(a)において、「法律上の根拠に基づき財産的価値を認められるすべての種類の実体的権利をいう。」と定義されている）と「請求権」（協定及び合意議事録に定義はないが、従来政府より「実体的権利には当たらない『クレイム』を提起する地位」をいうと説明してきている）という書き分けを行っており、「請求権」という語は、前述の「実体的権利ほどには権利関係に明確性があるとはいえないもの」という特別な意味で使用されている（この点につき、後述のとおりサンフランシスコ平和条約における用語法は異なっていることに留意する必要がある）。その上で、日韓請求権・経済協力協定が「財産、権利及び利益」につき、協定第二条三において、これらに対する措置についていかなる主張もすることができない旨定めていることを受けて、日本側においてはいわゆる「措置法」[48]が制定され、同法により、協定に明記される一部の例外を除き、韓国国民の日本国又は日本国民に対する債権、担保権は消滅し、韓国国民の物（動産又は不動産）は保管者に帰属することとされた。「財産、権利及び利益」に当たらない「請求権」についても協定第二条三において、一律に「いかなる主張もすることができないものとする」とされるとともに、協定第二条一において「完全かつ最終的に解決された」ことが確認されているので、韓国国民が、日本国又は日本国民に請求しようとしても、日本国及びその国民にはこれに応じる法的義務はなく、裁判に訴えても救済は拒否されることとなる[49]。これに対して、サンフランシスコ平和条約においては、日韓請求権・経済協力協定のような書き分けは行われておらず、平和条約にいう「請求権」と日韓請求権・経済協力協定にいう「請求権」とは、同じ言葉であってもその外延が異なる。すなわち、平和条約にいう「請求権」は、少なくとも概念の問題としては、「実体的権利」に当たらない不法行為に基づく損害賠償請求権のようなもののみならず日韓請求権・経済協力協定にいう「財産、権利及び利益」に当たるような「実体的権利」をも包摂する幅広いものであると考えられる。[51]条約による放棄の対象となる相手国国民の「実体的権利」を日本の国内法上の措置として消滅させることを目的とした日韓請求権・経済協力協定の実施のための前述の「措置法」のような立法は、サンフランシスコ平和条約との関係では行われてはいない（足掛け三六年にわたる植民地支配の清算の場合とは対処すべき実態に自ずから差異があり、このような立法の必要性があるとは認識されなかった）。次に、「実体的権利」には該当しない、不法行為に基づく損害賠償請求権のようなものは、裁判で確定するまでは権利関係の明確性に乏しいものであるので、そもそも具体的にどのようにしたら法的に「消滅」させることができるのか直ちには判然としない。特に、国際的な性格を有する不法行為等に係る請求については、二2(1)末尾で見たようにいずれの国の裁判所に救済を求めるかにより準拠法も異なってくると考えられるので、尚更である。

ところで、二2(1)末尾に述べたように、いわゆる「個人の請求権」の実現は、いずれかの国の裁判所に救済を求めることによらざれば実際問題として困難であり、また、このような「請求権」の具体的内容もいずれの国の裁判所に訴訟を提起するのかという具体的方法と切り離しては論じ難い。このことに着目すれば、平和条約の請求権関連条項の規範的意義も「訴訟を通じた請求権の実現」という具体的方法との関連で考えることが自然ではあるまいか。既に何度か繰り返したように、平和条約の請求権関連条項の基本目的は、戦争に起因する金銭支払い請求の問題の国家と国家の間における最終的な解決である。裁判所という国家機関を使ってこのような請求を強制的に実現できる途が実質的に閉ざされていないとしたら、このような最終的な解決は到底期待できない。したがって、平和条約の請求権関連条項の規範的意義は、平和条約の締約国である日本国又は連合国の国民がその相手方に対して戦争に起因する損害等を受けたとして裁判を通じて請求権の実現を求めても救済を受けることはできないということにあると解釈すべきと考える。この考え方を更に敷衍すると次のとおりである。

まず、第一に、平和条約は締約国に対し自国の国民個人が相手方に対して直接請求を行ったり訴訟を提起すること自体を禁止することまで求めているとは考えられない[52]。実際問題として、政府自らの請求権を主張して請求を行わないということと違って、政府が自国民一人一人の行動を四六時中監視してそのような結果自体を確保することは事実上不可能であり、そのようなことが条約締結当事国の意思であったとは合理的に判断し難い。そのような結果を確保するよう政府に要求すること自体に無理があるのみならず、直接請求に対して相手方が自発的に要求に応じて支払いを行うことまで排除する必要もないと考えられる。再三述べている「請求権関連条項の基本的目的は戦争に起因する金銭支払い請求の問題の国家と国家の間における最終的な解決である」という意味はまさにそういうことであり、個人間の話合いを通じて自発的に（換言すれば、国家機関による強制的な関与なしに）問題解決が行われることは、国家と国家の間で問題が最終的に解決していることと矛盾しない。また、この帰結は、前述の吉田・スティッカー往復書簡の内容や、ダレス代表のコメント（「救済なき権利か。よくあることだ。」）と基本的に符合することも指摘し得る。

第二に、このような平和条約の規範が国内的に実施されることをどのようにして確保するかは、それぞれの締約国に基本的に委ねられており、条約自体は関知しないというべきである。日本の裁判所への訴訟提起の例に戻れば、このような訴訟において請求が裁判において実現されないことを確保するための方法の選択肢は、理論的には、いくつも存在する。例えば、最も徹底した方法は、このような請求についての日本の裁判所の管轄権自体を否定する立法を行うことかもしれない。このような立法が行われれば、日本の裁判所は、このような請求を内容とする訴訟が提起されたとしても、自らに管轄権なしとして訴えを「却下」しなければならないので、そのような請求が裁判によって実現されることはあり得ない。ここまで措置すれば、「実体的権利」に当たらない「請求権」についても、ある意味で「消滅」させたといい得るのかもしれない。他方、このような立法を行わなければ平和条約の規範の国内的な実施を確保できないわけではない。日本国憲法は、第九八条二項において「日本国が締結した条約及び確立された国際法規は、これを誠実に遵守することを必要とする」旨明示的に定めている。日本の裁判所が適用すべき裁判準則という視点から述べれば、日本国が締結した条約は、公布により国内法としての効力を取得し、その国内法上の形式的効力は法律に優越する。[53] 日本の裁判所に前述のような請求を内容とする訴訟が提起され、かつ、当該裁判所が自らに管轄権があると認める場合、当該裁判所は、前述の平和条約の規範を適用してそのような請求を棄却することになる。この結論は、原告の請求がいずれの国の国内法である準拠法を根拠とするのかとか、そもそも、いずれかの国の国内法上「実体的権利」に当たるか否かというようなことに影響されない。このように、平和条約の請求権関連条項の定める規範の履行は日本国憲法を始めとする平和条約締結当時の日本の現行法の中で十分担保可能であったのであり、条約締結に当たってそのために特段の立法措置がとられなかったことは何ら異とするに当たらない。因みに、米国についてもこの点については基本的には事情は同様と理解する。

第三に、平和条約の請求権関連条項の規範的意義は「戦争に起因する請求に応ずべき法律上の義務を消滅させたことにある」という法的構成と「戦争に起因する請求権自体を消滅させたことにある」という法的構成とで、法的効果の面で差異は生ずるかという点はどうであろうか。この点については、訴訟による請求が行われた場合については、棄却されるということで同じ結論になるが、仮に訴訟によらない直接請求が行われこれに対して自発的な支払いが行われた場合には、後者の法的構成によれば、そのような支払いは請求側の不当利得となり、また、税法上の扱いにも差異が生じ得ると考える。

4　「外交保護権の相互放棄」という説明との整合性

最後に、既述のオランダ人元抑留者損害賠償訴訟における被告国の主張（サンフランシスコ平和条約の戦争請求権関連条項により、いわゆる「個人の請求権」に基づく請求に応ずべき法律上の義務が消滅し、このような請求は救済されない）と、従来日本国政府が国会答弁等で明らかにしてきた平和条約の解釈との関係についての筆者の見解を述べたい。

「米国ＰＯＷ訴訟」の展開を克明にフォローされ、いち早く一連の論文で分析を発表してこられた山手治之教授は、これら論文の最初のものの中で「条約局長の国会答弁の波紋」という小見出しの下、一九九一年八月二七日の参議院予算委員会における柳井外務省条約局長（当時）の以下の答弁を取り上げ、同答弁が「平和条約は……国家の外交保護権のみ放棄して、国民個人の請求権自体は残っている」という「（米国の解釈とは異なる日本国政府の解釈を）政府の公式見解として公表された……最初（のもの）と理解されている」（括弧内筆者）と述べておられる。[54][55]

「……日韓両国間において存在しておりましたそれぞれの国民の請求権を含めて解決したということでございますけれども、これは日韓両国が国家として持っております外交保護権を相互に放棄したということでございます。したがいまして、いわゆる個人の請求権そのものを国内法的な意味で消滅させたというものではございません。」

この答弁をいわば足がかりにして、いくつかの点を述べたい。

第一に確認をしておく必要があることは、この柳井条約局長の答弁は、サンフランシスコ平和条約についてではなく、日韓請求権・経済協力協定についての質問に対する答弁だということである。既に見たとおり、同協定は、「実体的権利」である「財産、権利及び利益」とその他の「請求権」とを書き分けた上で、双方につき日韓間で「完全かつ最終的に解決され」、「いかなる主張もできない」こととした。日本側においては、前者の「財産、権利及び利益」については、「措置法」により明示的に消滅させたが、「実体的権利」に当たらない後者の「請求権」についてはそもそもそのようなかたちで消滅させることになじまないものであるので、「措置法」の対象とはなっていないが、協定によって訴訟による救済の途は閉ざされることとなったことは、既にⅢ3で見たとおりである。柳井条約局長の答弁は、以上のとおりのことを端的に述べたものであり、何ら異とすべきところは見当たらない。

第二に、条約において国民の「請求権の放棄」につき定めることがすなわち国民が個人として有する請求権そのものを国内法的な意味で消滅させることになるわけではないという政府の見解がこの柳井条約局長の答弁で初めて明らかにされたというのは事実に反している。広義の戦後処理に係る同種の条約の規定であるサンフランシスコ平和条約第一九条(a)や日ソ共同宣言第六項が定める「請求権の放棄」についての国会質問に対し柳井答弁以前にも同様の答弁が行われた例は少なくない(56)。

第三に、サンフランシスコ平和条約や日韓請求権・経済協力協定の規範的意義と外交保護権との関係については、次のとおり理解すべきものと考える。これらの条約の規範的効果として、締約国又はその国民が、戦争乃至植民地支配に起因するとして、相手国又はその国民に対して行うことのあり得る金銭支払いの請求の問題は、その根拠が「実体的権利」であるかこれに当たらない損害賠償請求権のようなものであるか否かを問わず、完全かつ最終的に解決済みとされ、仮に裁判によってそのような請求が行われても救済が拒否される。一国の国民の一定の範疇の請求につき他国が一律に裁判による救済を拒否するというようなことは、典型的な国際違法行為である「裁判の拒絶(denial of justice)」に当たり、通常、当該請求者の国籍国が外交保護権を行使して相手国の国家責任を追及することを可能とする。このような外交保護権の行使の余地を残しておいては、平和条約や日韓請求権・経済協力協定が目指す財産・請求権問題の完全かつ最終的な解決と矛盾する。したがって、これら条約や協定は、自らが完全かつ最終的に解決済みとした財産・請求権問題については、締約国双方による外交保護権の行使を封じたのである。(57) このように、サンフランシスコ平和条約等の請求権関連規定の規範的意義を説明するに当たっては、本来、「財産・請求権問題の最終解決」という側面と「外交保護権不行使の約束」という側面の双方をセットとして説明する必要がある。前述の柳井条約局長の答弁は、この双方に言及しているが、数多い過去の関連答弁の中には単純に後者の側面だけに言及しているものも少なくなく、これが、日本国政府の立場は「平和条約等における請求権の放棄イコール外交保護権のみの放棄」ということであるという誤った理解を不必要に固定させてしまったきらいがあることは否めないと考える。

最後に、このように見ていけば、既述のオランダ人元抑留者損害賠償訴訟における国の主張と従来からの政府の国会答弁との間に矛盾はない。二〇〇一年三月二二日の参議院外交防衛委員会において海老原外務省条約局長(当時)は、この点につき次のとおり答弁している。(58)

「……平和条約におきまして、日本国として自国民の連合国及び連合国国民に対する請求権にかかわる外交保護権を放棄したということになっておりまして、その意味するところは、連合国及びその国民に対する日本国民の請求権が当該連合国によって否認されても、当該連合国の国際法上の責任を追及することは平和条約の締結によってもはやできなくなった……。このように、従来からの日本国政府の国会等における説明は、平和条約によりまして、さきの大戦にかかわる日本と連合国の請求権の問題は、それぞれの国民がとった行動から生じた個人の請求権に関わる問題を含めまして、すべて解決済みであるということを一般国際法の概念である外交的保護権の観点から述べたことであるというふうに考えております。」

四　むすびに代えて

国内社会に比し依然未発達な国際社会の内包する基本的制約、換言すれば、国際法の法規範としての限界を前提とすれば、国際法の履行確保という観点から、各国の国内裁判所における国際法の適用には一定の肯定的な役割が認められる。他方、国際裁判とは異なり、別々の主権国家の裁判所がそれぞれ独自の判断を行うということに起因する内在的な不安定性は否めない。例えば、同一の条約の同一の条項につき、別々の国の各々の裁判所が異なる解釈に基づく判決を行うというようなこととなれば、国際社会における法の支配の強化にむしろ逆行する危険すらある。「米国ＰＯＷ訴訟」の関連では、幸い日米両国の裁判所は相矛盾することのない適正な判断を下した。在郷軍人関係の諸団体や戦没者遺族関係の諸団体等米国内において大きな政治的影響力を有する勢力からの強い圧力の中で、米国政府なかんずく国務省・司法省が、日米関係の大局を見据え、かつ、法的プロフェッショナリズムに裏打ちされた骨太の毅然とした主張を「利害関係声明書」等のかたちで行ったことは勇気あることであった。ここに改めて関係者に敬意を表したい。加えて、国際法の履行確保につき、努めて整合性のある結果を確保するという観点から、条約を含む国際法の締結、解釈、実施につき第一義的な責任を有する各国の行政府（特に外交当局の国際法担当部局）の間の不断の意思疎通、情報交換、更には、各国の国際法関係の学界における深みと洞察力に富む研究の促進及び研究成果の国境を越えた共有の重要性を強調して、むすびに代えたい。

（1） 大沼保昭「国際社会における法と政治―国際法学の『実定法主義』と国際政治学の『現実主義』の呪縛を超えて」国際法学会編『日本と国際法の一〇〇年・第一巻（国際社会の法と政治）』（三省堂、二〇〇一年）一―一九頁。
（2） 山本草二『国際法（新版）』（有斐閣、一九九四年）三三―三九頁。
（3） 山本・前掲注（2）四三―四四頁。
（4） See e.g. Oscar Schachter, *International Law in Theory and Practice* (1991), pp. 227–249; Louis B. Sohn, "The Future of Dispute Settlement", *The Structure and Process of International Law : Essays in Legal Philosophy Doctrine and Theory* (1986), edited by R. St. J. Macdonald and Douglas M. Johnston, pp. 1121–1146.
（5） 山本・前掲注（2）四三頁。なお、国際社会で最も普遍性を有する国際司法裁判所について見ても、強制管轄受諾宣言を行っている国は、ＩＣＪのホームページによれば、本稿執筆の時点で、国連加盟国全体一九一カ国のうち日本を含む六六カ国に留まっている。

（6） このようなジレンマについて、Ichiro Komatsu, "Japan and the GATT Dispute-Settlement Rules and Procedures", *Japanese Annual of International Law* No. 35 (1992), pp. 33-34, pp. 59-60 参照。

宮野洋一「国際法学と紛争処理の体系」国際法学会編『日本と国際法の一〇〇年・第九巻（紛争の解決）』（三省堂、二〇〇一年）四七－四八頁は、国際法の履行確保の手法の多様化という視点から、国際紛争処理の体系に関する「単線構造論」（紛争解決のためには調停よりも裁判、そして義務的裁判の拡大強化、という裁判に向かっての単線をたどる思考）の問題点を指摘している。

Also see Karen J. Alter "Do International Courts Enhance Compliance with International Law?", *Review of Asian and Pacific Studies* (2003), Seikei University Center for Asian and Pacific Studies, pp. 51-78.

（7） 岩沢雄司「ＷＴＯ紛争処理の国際法上の意義と特質」国際法学会編『日本と国際法の一〇〇年・第九巻（紛争の解決）』（三省堂、二〇〇一年）二一八－二一九頁。

（8） 古賀衛「海洋法条約の紛争解決制度－条約内包型紛争解決制度の評価について」『法学新報』一〇四巻一〇・一一号（一九九八年八月）一九三－二一七頁。

（9）「戦後補償」は多義的に用いられる語であるが、本稿を通じて、戦争に起因すると主張される損害のみならず、戦前の植民地支配に起因すると主張される損害を巡る金銭支払いの請求を広く包含する意味でこの語を用いている。

（10）「米国ＰＯＷ訴訟」をめぐる事実関係及び米国裁判所における判決の内容については、山手治之教授の以下の一連の論文に詳しい。山手治之「第二次世界大戦時の強制労働に対する米国における対日企業訴訟について」（『京都学園法学』二〇〇〇年第二・三号）、同「続編（一）」（『同誌』二〇〇一年

第二・三号）、同「続編（二）」（『同誌』二〇〇二年第一号）、同「続編（三）」（『同誌』二〇〇二年第二・三号）及び同「続編（四）」（『同誌』二〇〇三年第一号）参照。

（11）移送をめぐる複雑な攻防の末、連邦裁判所ではなく、カリフォルニア州の地方裁判所に係属することになった訴訟が一部ある。

（12）英米法においては、出訴期限は、ある権利を一定期間行使しないと、権利そのものは消滅しないがこれについて訴えることができなくなる（訴権の消滅）制度であり、手続法上のものとして位置づけられている。日本を含む大陸法体系の国における消滅時効や除斥期間のように実体法上の権利が消滅するとする構成でないところが異なる（『新法律学辞典［第三版］』有斐閣、一九八九年、六九一頁参照）。

（13）"Statement of Interest of United States of America in the United States District Court for the Northern District of California San Francisco Division (Master MDL Docket No. 1347)", August 17, 2000.

（14）連邦国家である米国と異なり連邦と州の管轄権の競合の問題がない日本においては、「専占の法理」は馴染みが薄いが、この法理につき判示した米国判例として、Rivet v. Regions of La, 522 U. S. 470, 476 (1998), Caterpillar Inc. v. Williams, 482 U. S. 386, 393 (1987), Rains v. Criterion Sys Inc. 80 F. 3d 339, 344 (9th Cir. 1996), Metropolitan Life Inc. Co. v. Taylor, 481 U. S. 58, 63 (1987) 等が挙げられる。

（15）*Supra.* note 13, p. 37.

（16）理由は不明であるが、非連合国国民を原告とする訴訟であるという理由で判断が留保された残り一一件の訴訟の中には連合国であるフィリピンの国民を原告とするものが含まれていた。

（17）判決は、原告側が「州裁判所への差し戻しの申立（motion to remand to state court）」を行い、被告側が「訴えの却下・棄却又は訴答に基づく判決の申立（motion to dismiss and/or for judgment on the pleadings）」を行ったことを受けて、原告の申立を却下し、被告側の申立を認めるとの判断を下したものである。

(18) "Statement of Interest of United States of America in the United States District Court for the Northern District of California San Francisco Division（Master MDL Docket No. 1347）", December 13, 2000.

(19) ウォーカー判事は、二〇〇〇年九月二一日の判決の言渡後、同年一二月一三日に、九月二一日の判決の時点では同判事の下への移送手続きが完了しておらず決定が持ち越されていた連合国国民を原告とする複数の訴訟について原告の請求を退けた。

(20) 判決は、サンフランシスコ平和条約は、朝鮮及び中国の日本に対する請求権の問題については同条約とは別途の国際約束によって処理されることを想定しており、このことは必然的にこれらの請求権の処理に関する条件が連合国が締結した条約の定める条件とは異なるものになる可能性を生ぜしめるとしつつ、平和条約の締約国がこのような別途の国際約束の締結を奨励したという事実は、非連合国の請求権の問題を平和条約によって専占させる意思のなかったことを示していると判示した。

(21) 判決は、カリフォルニア州法 Section 354.6 が連邦政府の外交権限を侵害すると論ずる過程において、日本国政府が二〇〇〇年一一月の在米日本国大使館発米国務省宛口上書による意見表明において、原告の請求が認められれば高度に政治的かつ微妙な交渉によって達成された双務的解決を含む当事国間の関係に必然的に影響を与え、日本と連合国との関係及び日米二国間関係に悪影響を与えると述べていることの重要性にも言及している。

(22) 米国法上、連邦最高裁判所は、上告受理の申立（petitions for certiorari）を受け容れるか否かにつき自由裁量権を有しており、William H. Rehnquist, *The Supreme Court*（2002）, pp. 224–238 によれ

ば、年間約七〇〇〇件行われる上告受理の申立のうち最終的に受け容れられるのは年に一〇〇件前後である。

(23) 連邦地裁北部カリフォルニア地区サンフランシスコ支部に係属した二八件の広域係属訴訟の他に、複雑な経緯により他の裁判所に係属することになった類似の訴訟が複数あったが、そのうち韓国人の原告が日系企業を訴えていた訴訟一件につき、連邦最高裁判所は、二〇〇五年一月一八日、原告の上告受理申立を却下した。更に、その時点で、なおカリフォルニア州地裁（Superior Court）において、前記の訴訟の結果を待って最終判断を行うとの担当判事の方針の下、非連合国国民を原告とする類似の訴訟三件が係属中であったが、同年三月四日、担当判事がこれら三件全てについて原告の請求を退けたことにより、「米国POW訴訟」は手続き上も全て終結した。

(24) ホンダ議員は、カリフォルニア州議会議員であった当時、カリフォルニア州法 Section 354.6 の共同提案者にも名を連ねていた。

(25) "H. R. 1198-The Justice for U. S. Prisoners of War Act of 2001". なお、二〇〇一年六月二九日、ニュー・ハンプシャー州選出のスミス上院議員（共和党）の提案により、全く同文の法案が S. 1154 として上院に提出された。

(26) "S. 1272-The POW Assistance Act of 2001".

(27) 法人を除外する理由はないと思われるが、このようなものを「個人の」請求権と呼ぶことが一般的な用法であると思われるので、本稿ではこれに従った。

(28) 今日では、個人が国内裁判所においてだけ条約上の請求権を援用できるとする例は益々増えている（山本・前掲注(2)一六六、一六七頁）が、そのような明示的な条約上の根拠がない場合に個人に慣習国際法上の請求権が確立しているとの主張は、国家の法的確信や国家実行によって裏付けられていないという理由で、これまで多くの日本の国内裁判所の判決で退けられてきた（一九九三年三月一五日付けのシベリア抑留捕虜補償請求事件の東京高裁判決［一九九七年三月一三日付け最高裁判決により確定］、二〇〇一年一〇月一一日付けのオランダ人元抑留者損害賠償請求事件の東京高裁判決［二〇〇四年三月三一日の最高裁判決により確定］等参照）。

（29） Rainer Hofmann “Compensation for Victims of War-German Practice after 1949 and Current Developments” Kokusaiho Gaiko Zassi, vol. 105. No. 1（May 2006）, p. 38.（本論文は、二〇〇五年一〇月九日に北海道大学において行われた二〇〇五年度国際法学会秋季大会の第二分科会「日本の戦後補償」において報告者の一人である Hofmann 教授により席上配布されたペーパーに基づくものである）.

（30） *Ibid.*, pp. 38–39.

（31） 外国人不法行為請求権法につき、山手治之「第二次大戦当時の強制労働に対する米国における対日本企業訴訟について（続編）（二）」『京都学園法学』（二〇〇二年第一号）四五、四六頁参照。

（32） 山田鐐一『国際私法』（有斐閣、一九九二年）四六一五〇頁。

（33） 山田・前掲注（32）五七頁。

（34） 本件訴訟をめぐる事実関係、連邦地裁判決等の詳細については、山手治之「アジア人元慰安婦の対日本政府訴訟に関する米国連邦地裁判決」山手治之・香西茂編『二一世紀国際社会における人権と平和：国際法の新しい発展をめざして 下巻』（東信堂、二〇〇三年）一六五－二〇三頁参照。

（35） 原告は、韓国人六名、中国人四名、フィリピン人四名及び台湾人一名より成る。

（36） 連邦最高裁は、二〇〇四年六月一七日、別途の訴訟（Altmann v. Australia）の判決において、FSIAの遡及効を一般的に是認し、第二次世界大戦中の外国の行為についても、制限免除主義に立脚するFSIAにより米国裁判所の管轄に服することがあり得るとの判決を下していた。

（37） 28 USC 1391（f）.

（38） 山手・前掲注（31）四九－五〇頁。

(39) 例えば、フランスは、仏国民が原告となる場合には、被告とフランスとの関係や請求原因たる行為の場所を問わずフランスの国内裁判所に訴えることができる法制をとっている。

(40) 本件基金は、二〇〇〇年八月一二日に設立された。Rainer Hofmann, *supra* note 29, p. 42.

(41) 米ドル換算で総額四五億ドルの本件基金設立を勝ち取った合わせて五一名の弁護士は、合計五二〇〇万ドルの成功報酬を獲得した。最高額を獲得した弁護士は一人で六百万ドルを手にし、一〇〇万ドル以上を獲得した弁護士の数は一一名に及んだ。他方、強制労働等の被害者の受取額は、一人平均五〇〇〇ドル乃至七〇〇〇ドルであった（二〇〇一年六月一五日付け *New York Times* 掲載の記事―Jane Fritsch 署名参照）。

(42) 最高裁第二小法廷一九九七年七月一一日判決民集五一巻六号二五七三頁。

(43) 山手治之「第二次大戦時の強制労働に対する米国における対日本企業訴訟について（続編）（三）」『京都学園法学』（二〇〇二年第二・三号）一六二―一六三頁。

(44) 東京高裁二〇〇一年一〇月一一日判決三一頁。

(45) *Supra.* note 13, pp. 18–25.

(46) 吉田・スティッカー書簡をめぐる経緯については、西村熊雄「サンフランシスコ平和条約」鹿島平和研究所編『日本外交史』第二七巻（一九七一年）三〇一―三〇三頁参照。

(47) 一九五六年の参議院外務委員会において下田外務省条約局長(当時)は、次のとおり答弁している。

「……日本側といたしましては……法律的には義務を負わないで、しかも何らかの満足をオランダ側に与えるという見地から、将来自発的にすることがあるということにいたしまして……そこで当時も言いましたとおり、日本側は法律的の義務はないのですが、見舞金として一千万ドルやるということで解決をみた次第でございます」（第二四回国会参議院外務委員会会議録第七号（一九五六年四月一〇日）二頁）。

(48)「財産及び請求権に関する問題の解決並びに経済協力に関する日本国と大韓民国との間の協定第二条の実施に伴う大韓民国等の財産に対する措置に関する法律」(昭和四〇年法律第一四四号)。
(49) いわゆる「浮島丸訴訟」(朝鮮半島への引き上げのため朝鮮人を運送していた旧海軍の浮島丸が、一九四五年八月二四日、舞鶴湾内において沈没した事件に関し、朝鮮人生存者及び死没者の遺族らが日本国に対して損害賠償等を求めて提起した訴訟)控訴審(大阪高裁)における国側準備書面参照。なお、大阪高裁は、二〇〇三年五月三〇日、原告の請求を棄却する判決を下し、二〇〇四年一一月三〇日、最高裁が原告の上告を受理しなかったことにより控訴審判決が確定した。
(50) 厳密にいうと、日韓請求権・経済協力協定が日本語及び韓国語を正文としているのに対し、サンフランシスコ平和条約の正文は英語、フランス語及びスペイン語である。ただし、日本語文は、講和会議において関係国の承認を受けており、正文に準ずる地位を有するといえる。
(51) サンフランシスコ平和条約は、同条約第一四条(b)で連合国及びその国民の請求権を放棄することを規定するとともに、同条約第一九条(a)で日本国が日本国及びその国民の請求権を放棄することを規定しており、両者は裏腹を成す規定となっている。その第一九条(a)により放棄された日本国民の「請求権」の範囲について、岩垂寿喜男衆議院議員提出の二度に亘る質問趣意書に対する政府答弁書(一九七九年三月一三日及び同年五月二四日付け)は、このような「請求権」の中には「実体的権利」である債権も含まれることを事実上肯定している(具体的に問題とされたのは、日南興業株式会社が米軍当局に対して有していた債権であり、同債権自体については、日米地位協定に基づく日米合同委員会の決定及び米国政府の公文書によって明らかになっている)。このことに照らしても、サンフランシスコ平和条約にいう「請求権」は、日韓請求権・経済協力協定にいう「財産、権利及び利益」と「請求権」の双方を含む概念であると解することが自然であろう。
(52) 一九九三年に丹波外務省条約局長(当時)は、「請求権放棄といった場合にその個々人の相手国の裁判所に訴える訴権と申しますか、そこまでは消滅させてはいない」と答弁している（第一二六回国会参議院外務委員会会議録第三号（一九九三年四月六日）一一頁）。

(53) 一九六〇年の林内閣法制局長官（当時）の答弁（第三四回国会衆議院日米安全保障等と区別委員会議録第一六号（一九六〇年四月一一日）一二頁）。

(54) 第一二一回国会参議院予算委員会会議録第三号（一九九一年八月二七日）一〇頁。

(55) 山手治之「第二次世界大戦時の強制労働に対する米国における対日企業訴訟について」『京都学園法学』（二〇〇〇年第二・三号）八六―八七頁。

(56) 例えば、一九八〇年の伊達外務省条約局長（当時）の答弁（サンフランシスコ平和条約第一九条(a)関連）（第九一回国会衆議院内閣委員会議録第五号（一九八〇年三月二五日）一七頁）や一九八〇年の角田内閣法制局長官（当時）の答弁（日ソ共同宣言第六項関連）（第九一回国会衆議院内閣委員会会議録第八号（一九八〇年四月八日）五頁）参照。

(57) このような基本的考え方は、例えば、沖縄返還協定第四条に関する井川外務省条約局長（当時）の答弁（第六七回国会衆議院沖縄及び北方問題に関する特別委員会議録（一九七一年一一月一三日）、八頁）においても、つとに明らかにされているところであり、特段目新しい考え方ではない。

なお、佐藤武「オランダ人元捕虜・民間抑留者損害賠償請求控訴事件（解説）」法務省大臣官房訟務企画課編『訟務月報』第四八巻九号（二〇〇二年九月）五〇―五五頁参照。

(58) 第一五一回国会参議院外交防衛委員会会議録第四号（二〇〇一年三月二二日）一三頁。

＊ 本稿は、筆者が純粋に個人的資格において執筆したものであり、その中に表明されたいかなる見解も筆者の所属する機関の立場を反映するものではない。

5　国際刑事裁判所ローマ規程検討会議と侵略犯罪

（二〇一四年脱稿）

一　はじめに

国際刑事裁判所（International Criminal Court。以下、「ＩＣＣ」と略称する）を設立するローマ規程は、一九九八年のローマにおける外交会議（ローマ会議）で採択され、二〇〇二年に発効した。ローマ規程は、ＩＣＣの管轄権の対象となる犯罪を「国際社会全体の関心事である最も重大な犯罪」に限定した上で、具体的には、(i)「集団殺害犯罪（The crime of genocide）」[1]、(ii)「人道に対する犯罪（Crimes against humanity）」[2]、(iii)「戦争犯罪（War crimes）」[3]及び(iv)「侵略犯罪（The crime of aggression）」[4]を対象犯罪として列挙（第五条一項）するとともに、第六条から第八条において対象犯罪の定義を定めた。ただし、ローマ会議において、「侵略犯罪」については、その詳細な定義及び管轄権行使の条件について合意に達することができなかったため、ローマ規程においては、「侵略犯罪」を対象犯罪として明示するにとどめて具体的な定義はおかず、別途その定義と管轄権行使の条件につき採択されたときにICCによる管轄権行使が行われる（第五条二項）旨定められ、「侵略犯罪」に係る問題は、事実上の先送りとされた。

先送りされたこの問題については、ローマ規程の発効に伴って設置されたローマ規程の締約国会議（ASP）等において一連の協議が重ねられてきたが、協議の成果を踏まえて、二〇一〇年、ウガンダの首都カンパラにおいて、ローマ規程の必要な改正につき交渉するための外交会議であるローマ規程検討会議（カンパラ会議）が開催された。同会議の最大の眼目は、ローマ会議では議論が収れんせず、継続協議になっていた「侵略犯罪」の定義及び「侵略犯罪」に対するICCの管轄権の行使の条件を新たにローマ規程に追加することであった。「侵略犯罪」の定義については、カンパラ会議に至る準備協議を通じて一九七四年に採択された侵略の定義に関する国連総会決議3314（XXIX）をベースに一定の進展がみられていたこともあり、同会議における議論の最大の焦点は、国家による国際違法行為である「侵略行為」の認定の権限が国連憲章上安保理に付与されていることと、個人の犯罪である「侵略犯罪」に対するICCによる管轄権の行使との関係であった。国連憲章第二四条は、安保理が国際の平和と安全の維持のために主要な責任を果たすことを定めており、国家による「侵略行為」の認定は、憲章第三九条において安保理が行うこととなっている。このことから、安保理常任理事国（Ｐ５）は、安保理の許容なしにＩＣＣが個人の「侵略犯罪」に係る刑事責任を追及するために管轄権を行使することができるようにすることに強く反対した。これに対し、国際社会の圧倒的多数を占めカンパラ会議においても最大勢力を形成していた非同盟諸国を中心とする諸国は、Ｐ５の特権に強く反発し、裁判所としてのＩＣＣの独立性を確保すること、具体的には、安保理がある国家による行為が「侵略行為」に該当するとの認定をしない場合でも、被害国等の国家によるＩＣＣ検察官に対する事態の付託やＩＣＣ検察官の職権による（*proprio motu*）捜査開始に基づいて、個人の「侵略犯罪」に係る刑事責任追及のためにＩＣＣが管轄権を行使することを認めることを強く主張した。両者の間のこのような対立を主軸に、また、これ以外の様々の国際政治の対立の構図もこれに絡んで、カンパラ会議における交渉は最後までもつれた。会議最終日深夜まで続いた交渉の結果まとめられた管轄権行使の条件に係る規定は、妥協の産物として他に例を見ないほど複雑なものとなった(5)。

筆者は、カンパラ会議の開催時、駐スイス連邦日本国特命全権大使の職にあったが、閣議決定による政府代表の発令を受けて、日本代表団長として同会議に参加した。本稿においては、この個人的経験を踏まえて、カンパラ会議で採択されたローマ規程を改正するための文書の内容について、「侵略犯罪」の犯罪化と同犯罪に対するＩＣＣの管轄権の行使の条件等を中心に振り返るとともに、若干の分析と評価を試みたい。

二　国際刑事裁判所ローマ規程と日本

本稿の主題は、カンパラにおけるローマ規程検討会議で採択された「侵略犯罪」の犯罪化と同犯罪に対するＩＣＣの管轄権の行使の条件等につき定める文書に関する分析と評価である。この主題について論ずるに先立って、まず、ＩＣＣローマ規程と日本との関わりについて、ローマ規程の起草当時まで時計の針を巻き戻して、手短かに振り返っておきたい。主題と離れるように思われるかもしれないが、カンパラ会議における日本代表団の行動の背景を説明するために必要だと考えるからである。

日本国政府は、ＩＣＣローマ規程の起草当時から、国際社会全体の関心事である最も重大な犯罪行為の撲滅及び予防並びに法の支配の徹底を目的とする世界初の常設の国際刑事裁判所であるＩＣＣを一貫して支持してきた。このような観点から、一九九八年にローマで開催されたＩＣＣの設立のための条約の採択を目指す外交会議（ローマ会議）にも積極的に参加した。後に国際司法裁判所の裁判官（二〇〇九年一月から三年間同裁判所所長）に就任することになる当時の小和田恒国連大使は、政府代表の発令を受けて日本代表団を率い、多様な国々の主張の違いを克服するための具体的な案文を提案する等、困難な条約交渉をまとめるために大きな貢献を行った。

このような経緯にも拘らず、日本国政府がローマ規程の採択後これを締結するまでに時間がかかった（日本は、二〇〇七年一〇月一日にローマ規程の一〇五番目の締約国となった）のにはそれなりの理由がある。

その第一の理由は、ローマ規程という条約の国内担保法ないし実施国内法の所管官庁をいずれの官庁にするかにつき、日本国内で調整の困難があったということである。日本という国は、条約を含む国際法の遵守義務を定める日本国憲法の下で、いやしくも条約を締結するからには、当該条約が定める義務を国内法上漏れなく実施できるというゆるぎのない自信が持てるまで徹底した法的精査を尽くすという厳格な方針を一貫して堅持し、この方針を決しておろそかにしない国である。特に、「補完性の原則（the principle of complementarity）」を重要な柱とするローマ規程の下では、同規程の対象犯罪を犯した者を日本の国内裁判所において裁くことになることを当然に想定する必要があるので、そのような場合において、対象犯罪のほんの一部であっても日本の刑事法規上犯罪化されていない部分があってはならない。これは、日本国憲法の定める上述の「条約の遵守義務」の問題であるとともに、日本国憲法上の別途の重要な要請である「罪刑法定主義」の問題でもあり、これら要請の双方が完璧に満足されることが日本国政府にとってローマ規程を締結することができるための大前提であった。条約上の義務の確実な実施との関連で、これとは別の側面から付け加える必要がある重要な論点がある。ICCが真に国際社会からの期待に応える機能を果たすためには、ICCが行う捜査・訴追をすべての締約国が支援すること、具体的には、人の特定、人の所在又は物の所在地の調査、証拠を含む情報の提供、人の逮捕及び引渡し等の協力を実効的に行うことが不可欠だということである。ローマ規程には、締約国の裁判所に対するこのような協力義務について定める多くの規定があるが、率直のところ、締約国の中には、このような協力義務を担保する国内法をなお整備していない国が少なからず存在することも事実である。(9)日本国政府は、ＩＣＣの重要性を強く認識するが故に、この問題を重視してきた。ただ単にＩＣＣに次々に課題を放り投げて「あとは任せる」という態度をとるのではなく、設立後まだ日も浅く発展途上の裁判所であるＩＣＣを締約国全体が全力を挙げて支え、時間は多少かかってもＩＣＣが着実に実績を上げるようにすることこそが、国際社会全体の関心事である最も重大な犯罪の撲滅及び予防並びに法の支配の徹底を目的とするＩＣＣの実効性を真に確保するために死活的に重要であると考えるからである。

次に、日本国政府がローマ規程を締結するまでに時間を要した第二の理由は、法的な問題ではなく財政上の問題であった。実務上は大きな問題であったが、本稿の目的に照らし、詳細には立ち入らない。(10)

当時外務省国際法局長の職にあった筆者に与えられた課題は、上記の第一の理由及び第二の理由に起因する困難を「二正面作戦」で乗り越えることであった。関係者の理解と助力を得て、国内法上の整理や新規立法が行われ、(11)また、困難な外交交渉の末、分担金についても国連分担金に適用されるシーリングのＩＣＣ分担金への適用を定める締約国会議（ＡＳＰ）の決定が得られ、二〇〇七年の通常国会においてローマ規程の締結について承認を得ることができた。

三　日本にとってのローマ規程検討会議の特別の意味

1　歴史的背景

一九九八年のローマ会議で議論が収れんせず、いわば継続協議の対象となっていた「侵略犯罪」をローマ規程の対象犯罪として正しく位置づけ、犯罪の定義を明らかにするとともに同犯罪に係るＩＣＣの管轄権行使の条件を定めるためのローマ規程の改正につき交渉するローマ規程検討会議（カンパラ会議）は、日本国政府にとって特別の意味を有するものであった。この特別の意味は、第二次世界大戦終了後に行われた極東国際軍事裁判（いわゆる「東京裁判」）をめぐる歴史的背景抜きに論ずることはできない。日本国政府がローマ規程を締結した際の事務責任者を務めた経緯から、当時駐スイス連邦日本国特命全権大使の職にありながら政府代表の発令を受けてカンパラ会議で日本代表団を率いることになった筆者は、同会議におけるステートメント等においてこの点に何度か触れているが、各国代表団にどれだけその真意が理解されていたかは必ずしも明らかではない。上記一に述べたことに加えてこの歴史的背景がローマ規程検討会議における日本代表団の行動と深く関わっているので、以下、やや詳しく説明を試みたい。

第一次世界大戦を終結させたベルサイユ条約は、ドイツ皇帝ウィルヘルム二世の開戦責任を追及するための特別法廷の設置を規定した。オランダが亡命中の同皇帝の引渡しを拒否したため、結局、現実には同規定は実施されなかったが、不法な戦争の開始・遂行について個人の刑事責任を追及しようという思想の萌芽が既にここにみられる。

第二次世界大戦終了後、連合国は、限られた少数戦勝国のみの間で策定された「ニュルンベルク国際軍事裁判所条例」（一九四五年）及び「極東国際軍事裁判所条例」（一九四六年）に基づく国際軍事法廷において、戦敗国の戦争指導者個人の刑事責任を追及した。両条例は、ともに、(i)「通例の戦争犯罪」[12]に加えて、(ii)「平和に対する罪（crime against peace）」（侵略戦争等の国際法違反の戦争の計画、準備、開始、実行、共同謀議に参画した罪）及び(iii)「人道に対する罪（crime against humanity）」（一般市民に対する殺戮、絶滅、奴隷的虐待、追放その他の非人道的行為又は政治的、人種的、宗教的理由による迫害を行った罪）を対象犯罪としていた。これらの対象犯罪のうち「通例の戦争犯罪」については、これを犯した者を各国の国内裁判所で訴追・処罰することができることが第二次世界大戦以前から慣習国際法上確立していたが、国際的な裁判所の管轄権が認められていたわけではなく、管轄権については、両条例によって創設的に設定されたものであった。更に、「平和に対する罪」及び「人道に対する罪」については、責任を追及された者の行為の時点においてこれを犯罪化する明確な法が存在したとはいえず、「事後法（*ex post facto law*）」による処罰であったといわざるを得ない等、罪刑法定主義との関係で問題があったとの批判が欧米の論者を含め少なくない[13]。ローマ規程第五条において「集団殺害犯罪」、「人道に対する犯罪」及び「戦争犯罪」と並んで対象犯罪とされた「侵略犯罪」（ただし、前述のとおりローマ規程においては具体的定義や管轄権行使の条件が事実上先送りされた）は、ニュルンベルク裁判・東京裁判に起源を有する「平和に対する罪」を基本的に継承したものである。

以上を述べた上で、誤解がないように、ここで念の為に強調しておく必要があることがある。日本国政府としては、サンフランシスコ平和条約第一一条によって「極東国際軍事裁判所並びに日本国内及び国外の他の連合国戦争犯罪法廷の裁判（judgments）を受諾（accept）」しており、いわゆる東京裁判を含め第二次世界大戦に起因する日本国民の戦争犯罪に係る裁判について、国と国との関係において、不当なものとして異議を述べる立場にはない(14)という一貫した立場を表明してきているということがそれである(15)。

2　何故日本代表団はカンパラ会議で「法的整合性」に最後まで固執したのか

(1)　カンパラ会議に臨む日本代表団の基本方針

カンパラ会議に臨む日本代表団の基本方針は、以下のようなものであった(16)。

まず、第一に、東京裁判の経験を有する国として、侵略犯罪の定義の明確化とＩＣＣによる管轄権行使を重視するということである。これは、端的にいえば、国際社会における法の支配の徹底という観点から、侵略犯罪の被疑者が、限られた国が急ごしらえで作った国際裁判所で、事後法によって裁かれるというようなことが繰り返されてはならないという日本国政府の特別の信念を反映したものである(17)。

次に、第二に、侵略に関する安保理の権限を尊重し、同時に、特定の国の特別扱いには反対するということである。国連憲章第二四条は安保理が国際の平和と安全の維持のために主要な責任を果たすことを定めており、国家による「侵略行為」の認定は憲章第三九条に基づいて安保理が行うことになっている。この安保理の権限を侵すことなく、同時に、特定の国を特別扱いすることにならない限りにおいて、ICCによる管轄権行使の条件については諸国家の主張を最大限に幅広く取り込むことができるように可能な限り柔軟に対応するということである。

更に、第三に、まだ設立して日が浅く、具体的事案について司法サイクルを完結した実績もない[18]ICCにとって最も重要なのは、その実効性の強化を通じた国際的な信頼の確立であり、それこそがICCの普遍化の近道であるという基本認識に立脚して対応するということである。ICCは、いわば人類の長年の夢が現実化したような裁判所であり、そもそもその設立自体が十分に野心的である。このような裁判所の管轄犯罪に、国際社会においてなお論争のある犯罪を安易なやり方でただ単に追加し、ICCが実効的に対応できないというようなこととなれば、ICCの権威や信頼を損ないかねない。この基本認識から、たとえば、カンパラ会議における侵略犯罪についての成果文書は、多数決ではなくコンセンサスで採択すべきであるという方針が導かれる。侵略犯罪についての管轄権行使の条件につき諸国間に大きな意見対立がある中で、投票によってローマ規程の改正を採択するというようなことは、ICCに対する諸国家の全面的な協力を阻害することになりかねず、その実効性を損ね、長期的にはその普遍性の確立に逆行するおそれがあるからである。

(2)　条約改正に当たっての「法的整合性」——目的は方法を正当化しない

日本代表団は、カンパラ会議において条約改正に当たっての「法的整合性」の問題に強くこだわった。これは、上記(1)で述べたカンパラ会議に臨む日本代表団の基本方針に深く根ざしている。カンパラ会議の参加国等の中に現在に至るまで誤解があるかもしれないが、これは単に「条約法原理主義」と評してもよいような盲目的な手続最優先主義に由来するものでは決してない。侵略犯罪のローマ規程の対象犯罪としての組込みは、条約としてのローマ規程の改正というかたちで法規範化されるのであるから、この改正手続について条約法の観点からの適正性が厳正に確保されることは、以上繰り返してきた侵略犯罪の対象犯罪化における「罪刑法定主義」の貫徹の問題そのものではないとしても、少なくとも「罪刑法定主義」の原則の拠って立つ基本精神と不即不離の関係にあるという観点から、日本代表団にとって譲ることのできない原則上の問題だと考えられたからなのである。

カンパラ会議の参加国の多くが、侵略犯罪の対象犯罪化及びＩＣＣによる管轄権行使（それもＰ５諸国が拒否権というかたちで特権的地位を有する国連安保理の意思とは独立した態様による）の確立を急ぐ余り、条約法上の適正性を等閑視した方法によるローマ規程の改正を多数の力で推し進めようとした。これは、端的にいえば、「目的は方法を正当化する」という考え方に立脚するものに他ならない。日本代表団は、これに対し、「目的は方法を正当化しない」と最後まで主張したのである。

他方、日本代表団は、このような原則論だけに固執してカンパラ会議における具体的成果の達成を妨害していたわけでは決してない。たとえば、後述のいわゆる「ＡＢＳ提案(19)」が妥協を模索したものであるとして多くの参加国から外交的賛辞を集めた局面において、筆者は、日本代表団を代表して、要旨以下のようなステートメントを行い、具体的案文も示した上で、仮に同提案の政策目的を条約法上の適正性を確保しつつ実現しようとするのであれば、どのような具体的方法があるのかを提示した。この「ＡＢＳ提案」のいわば「ミソ」は、下記四2で触れるとおり、侵略犯罪に係る改正のために依拠すべき改正規定が第一二一条四項なのか第一二一条五項なのかをめぐってローマ規程締約国の間に存在する深刻な対立を乗り越えるための「便法」として、侵略犯罪に係るＩＣＣの管轄権の行使の始動を「締約国によるＩＣＣ検察官に対する事態の付託やＩＣＣ検察官の職権による捜査の開始の場合」と「国連安保理によるＩＣＣ検察官に対する事態の付託の場合」に分け、前者に関する規定については第一二一条四項により改正を行い、後者については同条五項により改正を行うというものであった。

(i) すべての締約国に対してＩＣＣの管轄権が適用されるようにするという「ＡＢＳ提案」の政策的方向性自体は支持できるものであり、日本としてはこのような同提案の政策的側面については最大限の柔軟性を発揮する用意がある。

(ii) 他方、同提案が想定するローマ規程改正手続は、同規程第一二一条四項と同条五項を適宜「良いとこ取り（cherry picking）」で組み合わせた都合のよい解釈（interpretation of convenience）に立脚するものであって、条約法上到底正当化され得ず、このような方法で改正を行うことは改正後のローマ規程の法的信頼性を傷つけるものであり、原則の問題として受け入れることができない。
(iii) 仮に「ＡＢＳ提案」の政策目的を条約法条約に合致したかたちで実現しようとするのであれば、まずローマ規程の改正手続を定める第一二一条五項を同条四項に従って改正し（締約国の八分の七の批准又は受諾が必要）、侵略犯罪の新設についてのみ適用される改正条項（新第一二一条五項）を新設した上で、新第一二一条五項に従って改めてローマ規程の改正を行うことが必要である。

「ＡＢＳ提案」を支持する国の一部からは、このiiiの部分について、「第一二一条五項の改正」と「改正後の第一二一条五項を用いた侵略犯罪に係る規程の受諾」を一回の条約改正手続で行うことはできないかという提起が行われた。日本代表団の示唆した方法では侵略犯罪に係る規程に改正が発効するまでに手間がかかりすぎるというのである。手間がかかるから、必要な法的プロセスを省略すればよいではないかということのような発想も「目的が手段を正当化する」という基本的考え方に基づいていることはいうまでもなく、日本代表団の立場とは相容れないものであった。

四　条約改正の法的整合性――条約法上の若干の考察――

1　ローマ規程改正の根拠規定

⑴　改正の根拠規定をめぐる争いの本質は何か

筆者は、カンパラ会議における議論の混乱の根本的な原因は、本来なら峻別されるべき、「侵略犯罪をめぐって追求すべき政策目的の問題」と「そのような政策目的を実現するローマ規程の改正のために必要かつ適正な条約改正手続は何かという問題」が混同され、しかも、多くの国が上記三で述べたように「目的が手段を正当化する」という発想の下に行動したことにあると考えている。筆者が首を傾げたい思いであったのは、一般に条約法の原則について厳格であると見られている欧州諸国の大部分すら大勢順応を決め込み、このような行動に対して異をとなえようとしなかったことである。前者の政策目的における最重要の問題は、要約すれば、「侵略行為の認定に係る国連安保理の明確な権限（国連憲章第三九条）はあるものの、国際社会全体の関心事である最も重大な犯罪行為の撲滅及び予防の観点からは、安保理が何らかの理由で侵略行為の認定を行わない場合に、締約国によるＩＣＣ検察官に対する事態の付託やＩＣＣ検察官の職権による捜査の開始を端緒としてＩＣＣが管轄権行使を行うことができるようにすべきか否か」ということであった。この最重要の問題に限っていえば、筆者の純粋に個人的かつ理論的な観点からの関心[20]を別にすれば、安保理における特権的地位に固執するP5諸国を例外として、これを肯定しようとする立場がカンパラ会議における参加国の大勢といってよかった。問題は、このような「追求すべき政策目的」と、「それを実現するための改正の根拠規定は何かという純粋に条約法上の問題」が無意識に又は意図的に混同されていたといわざるを得ないことであった。

カンパラ会議に至る議論の過程で侵略犯罪の組込みのための改正手続については、(i)規程第一二一条四項に依拠するべきか、それとも第一二一条五項に依拠するべきかという問題、及び、(ii)仮に第一二五条五項に依拠するべしとした場合に同項第二文をどう読むのかという問題（いわゆる「消極解釈(negative understanding)」と「積極解釈 (positive understanding)」との間の対立に係る問題）を軸に対立が結晶化した。そして同会議においても結局その対立を克服できず、結果として極めて「玉虫色」の文書が採択されるに至った。

筆者が残念に思うのは、カンパラ会議においては、たとえば、第一二一条四項と五項のいずれが改正の根拠として妥当かという問題が、条約法上の問題として真剣に議論されるという雰囲気はなく、四項による改正であれば締約国の八分の七が改正を受諾した後には全ての締約国に対してICCが侵略犯罪の管轄権を行使できるという帰結に専ら着目して、「ICCによる侵略犯罪に係る管轄権行使は安保理により妨げられるべきではないので、改正は四項によるべきである」というような発想が多くの国の発言に見え隠れしたことである。いわゆる「消極解釈」と「積極解釈」との間の対立の問題についても同様であった。条約法の観点からのローマ規程の改正規定の解釈の健全性については一顧だにされることはなく、専ら、「侵略の被害国がICCによる管轄権の行使を同意により受け入れているのであれば、それに加えて侵略国の受諾も要件とするのはナンセンスであるので、『積極解釈』を採用すべきである」ということだけを強調するような議論が繰り返された。「ある政策的目的を達成しやすい条約解釈はどのような解釈か」という観点から条約改正の根拠規定を決めようとしたり、当該規定の解釈を行おうとしたりするようなことは本末転倒であり、本来とるべき立場ではない。あえていえば、たとえば貿易のような経済関係を専ら対象とする条約であれば、政策目的から逆方向に導く目的的解釈に条約の文理解釈上やや無理なところがあったとしても、それによって締約国全体の利益が向上するという理由でそのような柔軟な解釈が正当化される場合は皆無ではないのかもしれない。しかし、ローマ規程は、その解釈次第で個人の刑事責任が問われ刑罰が課されるという、重い帰結をもたらす大きな権力の行使とその濫用を防止し人権を保護するということを本質とする刑事分野の条約なのである。このような条約の解釈に当たっては、「石橋をたたいて渡る」基本的に堅実な姿勢が強く求められる筈であると考える。筆者がカンパラ会議におけるステートメント等で繰り返し強調したことがこの点であった。

(2)　規程第一二一条四項と第一二一条五項

以上のような基本的考え方に立脚して、日本代表団としては、侵略犯罪の組込みのためのローマ規程の改正は、第一二一条五項に依拠すべきであるとの立場に立脚してカンパラ会議で行動した。

規程第一二一条四項が冒頭で「五項に定める場合を除いて」と定めていることから明らかなように、同条五項の規定は、四項の原則に対する特例（lex specialis）という位置づけにある。したがって、「第五条から第八条までの規定の改正」であれば、四項が適用される余地はなく、五項が適用されるはずである。[21] 侵略犯罪の定義規定である第八条 bis や侵略犯罪に係る管轄権行使についての規定である第一五条 bis や第一五条 ter を追加することは「すでにそのような規定の外枠が第五条で設定済みで、したがって、第五条の適用に過ぎず、『第五条から第八条までの規定の改正』とはいい難い」という四項適用説の主張[22]にはいかにも無理がある。

いずれにせよ、カンパラ会議で採択された改正文書（RC/Res. 6）についていえば、Annex Iの1. においてローマ規程第五条二項を削除しているのであるから、第五条の改正を行っていることは明らかであり、その根拠は第一二一条五項以外に求めようがない。[23]

(3) 第一二一条五項に係るいわゆる「消極解釈」と「積極解釈」

侵略犯罪に係るローマ規程の改正は第一二一条五項に依拠して行うべきであるという条約法の観点から常識的な立場をとる国の間でも「当該改正を受諾していない締約国については、裁判所は、当該改正に係る犯罪であって、当該締約国の国民によって又は当該締約国の領域内において行われたものについて管轄権を行使してはならない」と定める同項第二文をどのように読むべきかという点をめぐって二つの立場が長らく対立してきた。

周知のとおり、その一方の立場は、「改正を受諾していない国については、当該国の国民により又は当該国の領域で行われた侵略犯罪についてＩＣＣの管轄権の行使を認めない（したがって被侵略国と侵略国の双方が受諾国の場合にのみＩＣＣの管轄権の行使が可能となる）という解釈」である。これに対して他方の立場は、「被侵略国が受諾国でありさえすれば、侵略国が未受諾国であってもＩＣＣの管轄権の行使は可能であるという解釈[24]」である。前者を「消極解釈（negative understanding）」、後者を「積極解釈（positive understanding）」と通称することが交渉関係者の間で慣例となっているが、この呼称自体に一定の価値判断上のバイアス[25]が感じられ、筆者には適切な呼称とは到底思えない。すなわち、侵略犯罪の抑止のためにＩＣＣの役割を積極的に認めようとする先進的、前向きな「積極解釈」に対し、ＩＣＣの役割を不当に限定しようとする保守的、後向きな「消極解釈」というバイアスである。

呼称の問題はさておき、この点に関するカンパラ会議において日本代表団がとった基本的立場について若干の説明を加えておきたい。日本国政府は、カンパラ会議に先立つ一連の準備協議の議論の過程を通じて、一貫していわゆる「消極解釈」の立場に立ってきた。以下のような理由により、これが常識的な条約解釈だという考え[26]に基づいている。

まず、第一に、英語文の自然な流れということに加えて、等しく正文である仏語文の文言“*La Cour n'exerce pas sa compétence à l'égard d'un crime* faisant l'objet de cet amendement lorsque ce crime a été commis par un ressortissant d'un État Partie qui n'a pas accepté l'amendement ou sur le territoire de cet État（イタリック筆者）” に照らせば、文理的に、いわゆる「消極解釈」以外の読み方をする余地がないことは一層明らかである。「条約は、文脈によりかつその趣旨及び目的に照らして与えられる用語の通常の意味に従い誠実に解釈する」と定めるウィーン条約法条約第三一条一項の規定を改めて想起すべきである。

第二に、いわゆる「消極解釈」の帰結は、条約の改正は「既に条約の当事国となっている国であっても当該合意の当事者とならないものについては、拘束しない」と定める条約法条約第四〇条四項の趣旨とも合致する。

第三に、いずれの国もローマ規程を締結するに当たって単なる宣言を行うことによって、直ちに（*ipso facto*）締結後の当初の七年間において自国の国民又は自国の領域で行われた第八条の犯罪（戦争犯罪）につきＩＣＣが管轄権を行使することを妨げることができることを定める第一二四条の規定との横並びからも、このことは明らかである。

第四に、ローマ規程は、一方において一定の条件の下に規程の非締約の国民に対してもＩＣＣの管轄権の行使が及ぶことを定めながら（第一二条二項）、他方において、規程の締約国に対しては、自らの同意しない管轄権の行使が及ばないことを確保できるようなある意味でのセーフ・ガードを設けており、これがローマ規程の普遍性確保に向けたある種のインセンティヴの役割も果たしていることが指摘できる。自らが受け入れられない規程の改正が行われた場合、即時に規程から脱退できる旨を定める第一二一条六項の規定がその典型である。第一二一条五項もこの文脈の中で理解することが自然である。

なお、仮にいわゆる「積極解釈」が正しい解釈だと仮定するならば、カンパラ会儀で採択された改正中の第一五条bis（国家によるＩＣＣ検察官に対する事態の付託又はＩＣＣ検察官の職権による捜査の開始に基づく侵略犯罪に係るＩＣＣの管轄権行使）の五項の文言も第一二一条五項第二文とほとんど同一であるので、同様に解釈されるべきことになる。すなわち、第三国（規程未締約国）の国民が侵略犯罪を犯したとして国家によるＩＣＣ検察官に対する事態の付託やＩＣＣ検察官の職権による捜査の開始が行われた場合、侵略被害国がローマ規程の改正を受諾していれば、当該第三国の国民に対するＩＣＣの管轄権行使は妨げられないという結論になる。しかし、このような結論と、カンパラ会議の最終段階でぎりぎりのバーゲンの結果として議長提案を受け入れた有力未締約国（米国等）を含む会議参加国の大多数に共有されていた理解（侵略犯罪については規程未締約国に全面的な保護（blanket protection）を保障するというもの）との間には根本的な齟齬があるように思われる。

2　カンパラ会議で採択された文書の問題点

カンパラ会議において第二次世界大戦以来長らく議論されてきた侵略犯罪の法典化に関する文書が採択されたことは歴史的な意義を有する成果であるというべきである。

他方、各国の意見の相違を「玉虫色」の文章表現によって取り繕った（paper over）最終文書を採択した結果、同会議で採択された改正規定は、極めて複雑で他に例を見ない特殊な規定となってしまった。その結果、侵略犯罪に係るＩＣＣの管轄権の行使の条件について、上述のいわゆる「消極解釈」・「積極解釈」のいずれも主張される余地が残されたままとなっているが、これは、二〇一七年以降現実のものとなる可能性のあるＩＣＣによる侵略犯罪に係る管轄権行使に大きな不確定性と混乱の種となり得るものである。

具体的には、(i)第一五条 bis 四項に定めるいわゆる「オプト・アウト（opt-out）宣言」（締約国によるＩＣＣ検察官に対する事態の付託又はＩＣＣ検察官の職権による捜査の開始が行われた場合においても、安保理が侵略行為の認定を行わなければ自国がＩＣＣによる管轄権を受諾することはない旨の宣言）を行わない限りある国が侵略犯罪についてＩＣＣによる管轄権行使の対象外とはなることはない（「積極解釈」に基づく立場）のか、それとも、(ii)「オプト・アウト宣言」を行わなくとも改正の未受諾国の国民又は当該未受諾国の国内で行われた侵略犯罪についてはＩＣＣの管轄権はもともと行使できない（「消極解釈」に基づく立場）のかについての立場の相違が埋まらないままに放置されれば、大きな混乱の種となるのは必至であり、ＩＣＣに対する国際社会の信頼性が大きく損なわれることが懸念される。

五　むすびに代えて

カンパラ会議において紆余曲折の結果採択された改正文書は、以上述べたとおり、特にその改正手続において条約法上の問題を含む少なからぬ疑問点も含むものであったことは否定できないが、歴史的な意義を有する大きな成果である。筆者としては、そうであるからこそ、上述のような解釈に係る各国間の意見の相違を放置することはできず、締約国会議等の場を通じて、共通の解釈に達することが必要であると確信している。(27)

カンパラ会議で採択された改正文書は、同文書に盛られたローマ規程の改正がローマ規程第一二一条五項に基づき当該改正を批准又は受諾した締約国については、その批准書又は受諾書の寄託の後一年で効力を生ずる旨を定めつつ、ＩＣＣが侵略犯罪について管轄権を行使できるのは、三〇の締約国が改正を批准若しくは受諾したのち一年後、又は、二〇一七年一月一日以降に行われる締約国団の決定（規程改正の採択に必要な多数による）のいずれか遅い方の時点からである旨を定めている。本稿執筆中の二〇一四年三月末の時点で本件改正を批准又は受諾した国は一三カ国にとどまっているとはいうものの、二〇一二年中には三カ国にとどまっていた批准国又は受諾国の数は二〇一三年には一〇カ国とペースが上がってきており、(28)上記のような共通の解釈形成に向けた努力は加速化されるべきものであろう。

筆者は、カンパラ会議の場で少なからぬ国が、「規程の解釈について各国の見解の相違が埋められないとすれば、最終的には具体的案件の処理の過程でICC裁判官が有権的に判断すればよい」との趣旨を発言するのを耳にして愕然としたことを今でも鮮明に覚えている。裁判官が法解釈に当たって何よりも重視しなければならないのは立法者の意思がどこにあったのかということである。条約の採択というかたちで国際法の定立機能を担う外交会議の参加国が、自らが定立しようとしている法規範の解釈についての曖昧さを極限にまで限定しようという努力を自ら放棄するということは余りにも無責任だといわざるを得まい。

(1) 一九四八年に国連総会において採択され、一九五一年に発効したジェノサイド条約における定義(国民的、民族的、人種的又は宗教的な集団を破壊する意図をもって行われる、当該集団の構成員の殺害、身体又は精神に重大な害を与える等の行為)をそのまま採用した。

(2) 本稿三1に述べるとおり、ニュルンベルク軍事裁判以来の「人道に対する罪」を基本的に継承したものである。

(3) 本稿三1に述べるとおり、武力紛争における使用兵器等の害敵手段その他の戦闘行為に係る制限、捕虜の待遇に関する規則等に関する違反行為をいい、これを犯した者を各国の国内裁判所で訴追・処罰することができることが慣習国際法によって第二次世界大戦以前から確立していた。ニュルンベルク裁判を嚆矢とする「人道に対する罪」や「平和に対する罪」と区別するため、講学上、「通例の戦争犯罪」

(4) 本稿三1に述べるとおり、ニュルンベルク国際軍事裁判以来の「平和に対する罪(crime against

peace)」を基本的に継承したものである。と呼ばれることが少なくない。

（5）　岡野正敬「国際刑事裁判所ローマ規程検討会議の結果について」『国際法外交雑誌』一〇九巻二号（二〇一〇年）七四－九八頁参照。なお、カンパラ会議の議事、各国代表団の主要ステートメント、同会議で採択された文書等について、See Review Conference of the Rome Statute on the International Criminal Court, 31 May ? 11 June 2010, Official Records, RC/11 ; Stefan Barriga and Claus Kress (eds.), *Crime of Aggression : The Travaux preparatoires of the Crime of Aggression* (Cambridge University Press, 2011).

（6）　日本国憲法第九八条二項は、「日本国が締結した条約及び確立された国際法規は、これを誠実に遵守することを必要とする。」と定める。条約の締結は外務省の所管であり、筆者が長らく在籍していた国際法局が担当部局であるが、条約上の義務の履行が日本の国内法により漏れなく担保されることを確保するために、外務省とは別の独立した行政官庁である内閣法制局が国内法との整合性を極めて綿密に審査する体制になっている。法制局審査においては、条約の条項ごとに条約上の義務の履行が既存の国内法の具体的にどの法律のどの条文により担保可能であるのかが逐条的に極めて厳格に審査される。既存の国内法で担保できない部分があると判断された場合には、新規の立法措置が手配されなければならない。一般論として、条約の締結の承認案件と当該条約の国内担保法案とは同一の国会に提出される。条約の締結の承認の可否を判断する国会審議においては、条約上の義務が国内法により十分担保されているかどうかに関する質問が多数行われ、政府がその点について国会を十分に納得させることができない限り、当該条約の締結は国会の承認を得ることができない。

（7）　ローマ規程の定めるところにより、ＩＣＣは、あくまでも「国内刑事裁判権を補完する」（前文、第一条）立場にあり、対象犯罪につき刑事裁判権を有する関係国に被疑者の捜査・訴追を真に行う能力や意思がない場合等においてのみ、ＩＣＣの管轄権行使が認められることになる。「補完性の原則」

は、裁判手続の問題としては、事件の「受理可能性（admissibility）」を判断する要素として扱われる。具体的には、ICCは、①管轄権を有している国が事件を捜査又は被疑者の訴追をしているとき、②被疑者が既に裁判を受けており一事不再理（*ne bis in idem*）が適用されるとき、③事件がICCによる新たな措置を正当化する十分な重大性がないとき等は事件を受理しないものとされている（ローマ規程第一七条）。

（8）「罪刑法定主義」は大陸法の概念であり、コモン・ロー体系においては、行為時に成文法で禁止されておらず、判例上も犯罪とされていなかった行為が裁判の結果犯罪とされること（judge-made law）があり得るとされる。しかし、このような例の典型としてあげられるShaw事案（一九六一年、英国最高裁判所である上院において、売春婦の連絡先リストを発売したShawの行為が既存の刑法にはない「公衆道徳を損なう共謀の罪」で有罪とされた。）等は、コモン・ロー諸国の刑事法専門家によっても批判を浴びており、両法体系の差異を過大に評価すべきではない。コモン・ロー諸国においても「法なくして罪なし（*nullum crimen sine lege*）」ないし「法なくして罰なし（*nulla poena sine lege*）」というローマ法諺の妥当性は基本的に共有されているといってよい。

（9）この点は、これまでのローマ規程締約国会議（ASP）の決議や二〇一〇年のカンパラ会議の決議においても、実施国内法の必要性が繰り返し指摘されており、カンパラ会議において行われた多数の締約国による意図表明（Pledges）においても実施国内法の整備に言及している国があることにも表れている。See ICC-ASP/10/Res. 5 paragraph 3; Pledges RC/9, 15 July 2010.

（10）ICC規則上、締約国は国連分担金に準じて分担金を支払う義務を負うこととされているが、日本が上述の国内法との関係についての整理を進めローマ規程の締結に真剣に取り組んでいた時点において、国連分担金に適用されるシーリング（最大の分担金拠出国でも二二%の分担率を上限とする）に係る了解を欠いていた。そのままでは、米国が未加盟であるICCにおいては、日本がICC分担金の約二八%という突出した金額を負担することになり、困難な財政状況の中で、財政当局のみならず国会の理解が得られる見通しは極めて乏しかった。

(11) ローマ規程の締結につき承認を求めた二〇〇七年の通常国会でICCの管轄する事件の捜査等への協力やICCの裁判の妨害行為の犯罪化等につき定める「国際刑事裁判所に対する協力等に関する法律」が採択された。

(12) 前掲注(3)参照。

(13) 「平和に対する罪」については、ニュルンベルク裁判判決も東京裁判判決もとりわけ「不戦条約」(一九二八年)が戦争を違法化したことを強調しつつ、国家の政策遂行手段としての戦争の放棄は、不可避的に悲惨な結果を伴う違法な戦争を計画し遂行する者がそれによって犯罪を犯すことになるということを必然的に含む旨判示したが、これについては、「戦争の違法化」(国家責任に関わる問題)と「個人の特定行為の犯罪化」(個人の刑事責任に関わる問題)とは区別されなければならない等の批判がある。また、「人道に対する罪」については、もっぱら、ナチスによるユダヤ人に対する大量迫害を念頭においたものである(敵国の文民であるユダヤ人に対する迫害は「通例の戦争犯罪」で裁き得たが、自国民であるドイツのユダヤ人やドイツと同盟国であった国の国民であったユダヤ人に対する迫害については「通例の戦争犯罪」を適用できないという事情があったと思われる。)が、これについても創設的なものとする評価が一般的である。藤田久一『戦争犯罪とは何か』(岩波書店、一九九五年)七二―一三三頁:Antonio Cassese, *International Criminal Law* (*Second ed.*) (Oxford University Press, 2008), pp. 101–109; Robert Cryer, Hakan Friman, Darryl Robinson and Elizabeth Wilmshurst, *An Introduction to International Criminal Law and Procedure* (Oxford University Press, 2007), pp. 94–95, 98–99.

(14) サンフランシスコ平和条約の締結につき承認を求めた一九五一年の国会における審議以来、この趣旨を述べた多数の政府国会答弁等があるが、最近の典型的な例をあげれば、二〇〇五年一〇月一七日野田佳彦衆議院議員より提出された「『戦犯』に対する認識と内閣総理大臣の靖国神社参拝に関する質問主意書」の二1（法の不遡及や罪刑法定主義との関係につき質問）に対する「極東国際軍事裁判所の裁判については、御指摘のような趣旨のものも含め、法的な諸問題に関して種々の議論があることは承知しているが、いずれにせよ、我が国は、平和条約第十一条により、同裁判を受諾しており、国と国との関係において、同裁判について異議を述べる立場にはない。」という政府答弁書の答弁がある。

(15)　国会を始めとするさまざまな場において、「サンフランシスコ平和条約第一一条は『ジャッジメント』を受諾することを定めており、日本国が受諾したのは、東京裁判の『判決』すなわち刑の言渡し部分だけではないのか（すなわち、日本国が条約上負った義務は条約締結時に日本国で拘禁されている者に対する刑の執行だけにとどまるのであり、東京裁判自体を受諾したものではないのではないか）」等の質問も行われてきた。この点に関する日本国政府の立場は、①極東国際軍事裁判（東京裁判）の英文速記録を読めば、裁判長が読み上げたJUDGEMENT（単数）が「裁判所の管轄権・根拠法」、「先の大戦に関わる事実認識」及び「各被告人についての、訴因ごとの『有罪・無罪の認定（VERDICTS）』及び『刑の宣告（SENTENCES）』のすべてを含むことは明らか、②平和条約第一一条で受諾した「裁判（JUDGEMENTS）」が複数なのは、極東国際軍事裁判の「裁判」のみならず日本国内外で行われた通例の戦争犯罪に係るいわゆる「BC級」の「裁判」も併せて受諾したことによる、③JUDGEMENTSの意味は以上のとおりであり、平和条約第一一条の日本語文で「裁判」と訳されているのは適切である（「判決」ないし「刑の宣告」の誤訳である等の批判は当たらない。）というものである。典型的な政府答弁として、第一四二回国会参議院予算委員会会議録第一〇号（平成一〇年三月二五日）三－四頁外務省竹内条約局長答弁参照。

(16) 筆者がカンパラ会議において日本代表団の名においてこのような基本方針に従って行ったステートメントが日本国外務省のインターネット・ホームページに掲載されている。(http://www.mofa.go.jp/policy/i_crime/index.html)

(17) この見解は、犯罪発生時に当該犯罪が既に慣習国際法等において犯罪とされていたという実体法上の合法性が確保されている限り罪刑法定主義は充たされており、事後的な管轄権の設定の合法性(手続法上の合法性)の欠如だけを理由として罪刑法定主義に反するまでとはいえないという見方を必ずしも否定するものではない。しかし、安保理決議に基づいて旧ユーゴスラビア国際刑事裁判所(ICTY)やルワンダ国際刑事裁判所(ICTR)が設立された際、事後的な国際裁判所の設立による犯罪の処罰を問題視する見解が少なからず表明されたことも事実である。少なくとも、政策的には、犯罪発生前に当該犯罪に係る管轄権を行使できる裁判所を設立して処罰が可能となるような制度を整備しておくことが望ましいことは異論のないところであり、であるからこそ、ICTY・ICTRの設立後にICCの設立を目指す議論が国際社会で急速に勢いを得るに至ったという経緯を見落とすべきではない。

(18) ICCの第一審裁判部(The Trial Chamber)がコンゴ民主共和国のトーマス・ルバンガ・ディーロ(Thomas Lubanga Dyilo)に対し、同人が一五歳未満のいわゆる「児童兵」を徴集・編入し、敵対行為に使用したことを戦争犯罪として有罪判決(ICCによる初めての判決)を宣告したのは、カンパラ会議終了後の二〇一二年三月一四日のことであった(Situation in the Democratic Republic of the Congo in the Case of the Prosecutor v. Thomas Lubanga Dyilo, Judgment pursuant to Article 74 of the Statute, ICC-01/04-01/06, 14 March 2012.)。

(19) ローマ規程第一二一条四項に基づく改正を主張するアルゼンチン、ブラジルがスイスとともにノン・ペーパーの形式で二〇一〇年六月六日配布した提案。提案三カ国の国名の頭文字をとって「ABS提案」とよばれた。

(20) この問題は、理論的な観点からは、本来なら国際法上の義務（国連憲章第二条四項の義務）に対する国家による違反行為である「侵略行為」と相互に密接不可分のいわば「裏腹の関係」にあるはずの個人の「侵略犯罪」との関係において「侵略行為に起因する国家の国家責任と侵略行為に係る個人の刑事責任との全面的分離」が生じることをいかに法的に整理するべきかという極めて興味深い問いを提起している。真山全「国際刑事裁判所規程検討会議採択の侵略犯罪関連規定──同意要件普遍化による安全保障理事会からの独立性確保と選別性極大化──」『国際法外交雑誌』一〇九巻四号（二〇一一年）一─三三頁参照。

(21) 第一二一条四項に基づいてローマ規程の改正が締約国の八分の七の受諾を得て改正された場合でも、改正に反対の締約国は即時にローマ規程を廃棄できることを定めている第一二一条六項に照らせば、第一二一条四項と五項が重畳的（cumulative）に適用される余地はない。四項による改正に反対な締約国が仮に五項第二文で保護されているという解釈をとるとすると、六項は全く余計（superfluous）だということになるからである。See Andreas Zimmermann "Amending the Amendment Provisions of the Rome Statute: The Kampala Compromise on the Crime of Aggression and the Law of Treaties", *Journal of International Criminal Justice*, Vol. 10, No. 1 (2012), pp. 209–227.

(22) このような主張につき、真山・前掲注(20)四頁参照。

(23) なお、カンパラ会議で採択された改正文書は、改正の根拠規定に関する対立の表面化を回避するためか、改正文書は「規程第五条二項に従って採択され」、「規程第一二一条五項に従って効力を発生する」と定めるが、第五条二項は改正の根拠にはなり得ない（Zimmermann, *op.cit.*, pp. 2–4）。

カンパラ会議における改正文書の採択直後に行われた日本代表団のステートメントにおいて筆者はこの点を指摘した経緯がある。

(24) このようないわゆる「積極解釈」乃至その背景となる考え方を解説したものとして、See Claus

Kress and Leonine von Holtzendorff "The Kampala Compromise on the Crime of Aggression", *Journal of International Criminal Justice*, Vol. 8, No. 5（2010）, pp. 1197–1198； Stefan Barriga and Leena Grover, "A Historical Breakthrough on the Crime of Aggression", *American Journal of International Law*, Vol. 105, No. 3（2011）, pp. 523–526.

（25） Mauro Politi "THE ICC and the Crime of Aggression－A Dream That Came through and the Reality Ahead" *Journal of International Criminal Justice*, Vol. 10, No. 1（2012）, pp. 278–281.

（26） カンパラ会議に至る準備協議の過程において日本政府が表明し、同会議においても筆者が日本代表団の名において行ったステートメントにおいても改めて表明したこのような考え方と基本的に同様の考え方を述べた学者の見解として、See Zimmermann, *op.cit.*, pp. 217–220.

（27） このような共通の解釈の策定の必要性については、いわゆる「積極解釈」の立場に立つ論者によっても指摘されていることが注目される（Politi, *op.cit.*, p. 9）。

（28） 二〇一二年に批准又は受諾した国は、リヒテンシュタイン、サモア及びトリニダード・トバゴ。二〇一三年に批准又は受諾した国は、ルクセンブルグ、エストニア、ドイツ、ボツワナ、キプロス、スロベニア、アンドラ、ウルグァイ、ベルギー及びクロアチア。

＊ 本稿は、筆者が純粋に個人的資格において執筆したものであり、その中に表明されたいかなる見解も日本国政府の立場、また、筆者がかつて所属していた外務省やその後所属するに至った内閣法制局の立場を反映するものではない。

6　紛争処理と外交実務

（二〇〇九年）

一　はじめに――外交実務で「国際法を使う」ということ――

主権国家の並立という水平的な基本構造を特色とし、したがって、中央権力も存在しない等、国内社会に比しあらゆる面で制度化が遅れている国際社会も社会のひとつではある。その意味で、「社会あるところ、法あり（*ubi societas, ibi jus*）」というローマ法諺は国際社会にも妥当する。啓蒙主義や市民革命等を通ずる長い歴史の中で欧米諸国において醸成されてきた自由、民主主義、基本的人権の尊重、法の支配等の基本的価値は、元来は国内社会を念頭に置いて発達してきたものだが、幾多の悲惨な戦争も経て、いまや地域を越えた人類共通の普遍的価値に昇華されつつある。このような流れの中で、「国際社会における法の支配」の推進の必要性も強調されるようになってきている。もっとも、上述のような国際社会が内包する基本的限界に照らし、「国際社会における法の支配」という概念自体、国内法モデルをそのまま当てはめることができる状況とは程遠く、また、論者により、それにより想定している具体的内容が区々であることも指摘される[1]。

プロシャの「鉄血宰相」ビスマルクが岩倉遣欧使節に当時の国際法の実態につきシニカルな認識を披瀝した[2]一九世紀後半と比較しても、二一世紀の今日、外交における「むきだしの力」の実効性が逓減の方向を辿っていることは疑いを容れない。その反面として、大国といえども自らの外交上の主張に説得力を持たせるためには、国際法に依拠した正当化の努力を尽くすことが不可欠となってきている。

筆者は、今後一層重要性を増す国際法関連実務の分野は、国際法上の義務の履行を確保するための現実的な方法としての中立・公平な第三者機関を介し定められたルールに準拠する紛争処理制度の活用に係る事務であると考えている。本稿では、外交実務において「国際法を使う」という視点[3]から、このような紛争処理制度の積極的な活用の意義につき略述したい。

二　国際紛争の平和的解決を目指して

1　紛争の「処理」と「解決」

最終的には「戦争」に訴えて国際紛争の解決を図る選択肢も否定されていなかった近代国際法の時代においても、紛争は可能な限り平和的な方法で解決することが望ましいという認識は当然にあり、そのための方法にも工夫が積み重ねられてきた。「戦争」と呼ぶか否かを問わず武力行使一般を禁止する国連憲章の成立に特徴づけられる現代国際法の下でも、これら伝統的な諸手段の意義は存続している。国連憲章は、国際紛争を平和的に解決すべき一般的義務を定める三三条において、当事者が求めるべき解決の手段として「交渉、審査、仲介、調停、仲裁裁判、司法的解決」[4]等を明示的に挙げている。

これらの諸手段相互の関係について、国際法学の観点から、宮野洋一中央大学教授は、まず、原理的な問題として、国際紛争の「処理（settlement）」（紛争に対する働きかけ全般、すなわち、紛争当事者による外交交渉、審査、仲介、調停、裁判を包摂する）と「解決（resolution）」（紛争当事者が一定の納得を得て、それ以上紛争行為を遂行しない状態、現実の紛争の解消をいう）を区別すべき旨主張される。強制執行の制度が一定程度の高い実効性をもって機能している国内社会と異なり、このような前提条件を満たしていない国際社会においては、裁判の判決が得られても紛争が「解決」されることは当然視できない。このことを重視する立場から、「調停よりも裁判、そして義務的裁判の拡大強化という、裁判にむかっての単線的思考」である国際紛争処理の体系に関する「単線構造的思考」を批判し、「調停と裁判が国際社会の構造上それぞれ別個の存在意義をもっており、国際紛争の性格に応じて、調停と裁判がそれぞれに発展を辿るのであり、またそのように努力すべき」だと考える「複線構造的思考」[5]の意義を改めて称揚する同教授の指摘[6]は、実務者にとっても示唆に富むものである。

2　紛争の「解決」と外交交渉

国際法学の観点からのこのような原理的な問題提起を踏まえつつ、実務の観点から考察すると、まず強調すべきことは、国際紛争を「交渉」によって平和的に「解決」することはすべての外交実務者の不変の目標であり、強い願望であるということである。他方、産業革命以来加速するグローバル化の進展等もあって、国家関係の現実はますます複雑化・多様化し、外交交渉による紛争の解決は困難さを増しつつある。思いつくままに幾つかの要因を指摘したい。

第一に、独裁者が国政を壟断できるような体制とは異なり、現代民主国家においては、国内の複雑な利害調整を図りつつ外交交渉における自国の交渉ポジションを定めること自体にますます莫大な時間、エネルギー、手続等を必要とするようになっている。

第二に、議会制民主主義の普遍化に伴う行政府の政策（外交政策を含む）に係る透明性の要請、また、これと密接な関係を有する、マスメディアの力の圧倒的な伸長が挙げられる。現代民主国家において、国民世論の支持なしに外交の成功はあり得ず、現代の外交交渉担当者は、交渉の全過程を通じて恒常的に議会への公開の説明やマスメディアによる取材の要請に晒されている。交渉の対象となる紛争に対する国民の関心が高ければ高いほど、このような場面で国内世論を意識した発言をせざるを得ず、通信技術の飛躍的発達により瞬時に世界中に伝播されるそのような発言が、自縄自縛的に交渉担当者の交渉上のマヌーバビリティを狭める傾向があることは紛れもない事実である。

以上の二点は、いわば「民主主義のコスト」ともいうべき事柄かもしれないが、このほかにも、貿易・経済紛争に特に顕著な傾向として、当事国の国内における特定業界の個別利益の方が消費者全体の一般的利益よりも構造的に政府に対して強い発言力を有するというような一国の内政の実態が交渉による解決を困難にすることも少なくない。

このような現実の中で、様々な国際紛争につき、一方で交渉による解決を目指しつつ、これと並行して、定められたルール（国際法）に準拠する中立・公平な第三者機関を介した紛争処理制度も適宜積極的に活用し、いわば「押したり引いたりする」ことは、特に欧米諸国にとり外交の日常茶飯事となっている。このような紛争処理手続の無言の圧力が、交渉による解決を促進したり、紛争を未然に防止する抑止力として機能したりするからである。もちろん、必ずしも法的規準に拘束されずに利害の調整を通じて「衡平な解決（equitable solution）」を図る「仲介、審査、調停」等の手段の特色である柔軟性の有用性も捨てがたい。他方、例えば、調停の現実の活用例は、成功例として知られる「ヤン・マイエン事件」（アイルランド・ノルウェー間の大陸棚境界画定問題・一九八一年）を含めて、戦後わずか数件を数えるに過ぎないことも事実である。このような低迷状態は、皮肉なことに、これらの手段が売り物としてきた柔軟性に起因すると考えられている。(7)

3　中立・公平な第三者機関を介した紛争処理制度（国際裁判等）の効用

管見によれば、上記2で見たような外交交渉をめぐる今日的な状況の中で、実務の観点から有用性を増しているのが、中立・公平な（より正確にいえば「中立・公平と一般に受けとめられる」に十分な仕組みを有する）第三者機関を介し、定められたルールに準拠する紛争処理を任務とする制度の活用である。これらの制度には、紛争の司法的解決を任務とする国際司法裁判所（ＩＣＪ）のような常設の国際裁判所、案件ごとに設立される仲裁裁判所のほかに、個々の多数国間条約の多くが具備するに至っている自前の紛争処理制度（いわゆる「条約内包型紛争処理制度」(8)）も含まれ、その数の著しい増殖と多様化が最近見逃せない法現象となっている。「紛争処理の強制性」（相手国の同意なく一方的に紛争を付託することにより相手国が当該紛争処理手続のゲームのルールに応じることを強制できる度合い）、「紛争処理の拘束性」（当該紛争処理手続に従った権限のある第三者機関の結論に当事国が拘束される度合い）、「紛争処理に当たって準拠するルールの範囲」（例えば、ＩＣＪは慣習国際法及び条約を含む国際法規範一般に準拠して判断を行うことができるが、ＷＴＯの紛争処理のような「条約内包型紛争処理制度」においては、一般に、当該条約に準拠して判断が行われる）等の諸側面において、これらの制度の間には幅があり、区々であるが、本稿では、これらをひとまとめに総体として「国際裁判等」と呼ぶこととしたい。

中央権力が存在せず、実効性のある強制執行の裏付けも欠いている国際社会において、すべての国際紛争を「国際裁判等」で「解決」しようと企てることは、およそ現実的でも得策でもない。国際社会の制度化もそれなりに進展しつつはあるが、国際紛争の最終的な「解決」は、依然、交渉抜きにはあり得ない（「国際裁判等」に付託して判決等が出た場合においてすら、強制執行ができない以上、当該判決等を踏まえた当事国の満足の実現のためには何らかの交渉が不可欠である）。このような現実の中で、「国際裁判等」の有用性は、交渉と有機的に組み合わせることによって、その手続の各段階（紛争の付託の提案、現実の付託、必要な書面の提出、口頭弁論等の審理、判決等第三者機関の判断の宣告等）がその都度生み出す圧力を、交渉促進の梃子として、また、将来の紛争の種となる行為や既に発生した紛争を激化させるような行為に対する抑止力として、最大限に活用することに求められる。現代の国際社会においては、中立・公平な客観的外観を有する権限のある第三者機関による国際法に準拠した判断を全く無視して行動することは、大国にとっても容易なことではなくなりつつあり、この観点から、「国際裁判等」を通じた法宣言機能が将来の紛争の予防に果たす意義も無視できない。[9]

三　「国際裁判等」の活用と「紛争処理の強制性」

「国際裁判等」は、今日では、その管轄の事項的範囲が相当程度拡大し、ＩＣＪにおける武力紛争や領土紛争に係る裁判に見られるように、その一部は国家の安全と存立に関わるような重要な紛争にも及び得るようになってきている。とはいうものの、主権国家の「同意」を「紛争処理の強制性」と「紛争処理の拘束性」の大前提としているという基本（国家主権の留保）には変化はない。この中で、特に「紛争処理の強制性」（管轄権）の要素は、これなしにはそもそも裁判所等の第三者機関が案件を受理し、審理し、判決等のかたちで判断を明らかにすることができない（いわゆる「門前払い」になる）のであるから、紛争処理制度の有用性の観点から死活的に重要である。

「国際裁判等」のいわば頂点に位置するＩＣＪの管轄権設定の具体的態様を例にとれば、紛争当事国が「同意」を表明する方法により、①合意付託、②フォルム・プロロガトゥム（応訴管轄）、③裁判条約・裁判条項、及び、④選択条項受諾宣言の四つの類型があるが、ＩＣＪにおける「紛争処理の強制性」は、依然「穴だらけ」といっても過言ではない。①も②も相手国の個別の同意が管轄権成立の絶対条件となるほか、①については、付託につき同意が成立しても、請求主題や訴答文書の提出方法等の詳細を定める付託取極の文言に合意するまでの交渉が通常困難を極める、④については、受諾宣言を行っている国の数が依然比較的少数にとどまっている[10]等の問題がある。それでは、国内裁判に比し明らかに弱い「強制性」（更には「拘束性」）を単に強化すれば制度の実効性が高まるかといえば、ことはそれほど単純ではない。主権国家は、どのような紛争処理制度に参加するかを自らの意思で決定し得るため、「強制性」や「拘束性」が強すぎると感じると、そのような紛争処理制度への参加自体を忌避する方向の力学が働くからである。ＩＣＪの管轄権の現状は、参加国が少ないために普遍性に欠ける紛争処理制度の実効性は高いとはいえない。ＩＣＪの管轄権の現状は、このような国際社会の現実を反映した微妙なバランスに立脚しているのである。二〇〇六年四月、ヘーグでＩＣＪ設立六〇周年記念コロキアム（筆者も日本国政府代表として出席）が行われた。同会合の管轄権の強化に関するセッションにおける議論を要約すると、ＩＣＪの管轄権の基礎の拡大を図る現実的な方策としては、特に多数国間条約に条約の解釈・適用に関する紛争のＩＣＪへの付託を義務づける裁判条項を含める努力、及び、選択条項の受諾国を拡大する努力の強化が重要であることにつき大方の意見の収斂が見られた。議論の最大の焦点となった選択条項については、同制度の有効性自体に懐疑的な一部学者の見解表明もあったが、これはむしろ例外的で、大勢としては、国際紛争の平和的解決に対するコミットメントの観点からの選択条項の象徴的意義を強調し、各国に引き続き受諾を慫慂することの必要性を説く見解が多数派であった。この文脈の中で、選択条項の受諾国の拡大のためには、各国の不安、なかんずく他国から訴訟の「不意打ち」を受ける懸念を払拭することが重要であることを指摘し、制度の本旨と矛盾しない限度で宣言に一定の合理的な留保を付することはやむを得ない旨の見解を表明する者が多く、「合理的な留保」のモデル案文とメニューを策定する国際的な作業を試みてはどうかとの報告者（マイケル・ウッズ英国外務省法律顧問）の提案に賛同する意見も少なくなかった。[11]

この一方で、例えば、国連海洋法条約が、まがりなりにも[12]「強制性」のある紛争処理制度を具備するに至ったこと、また、ＷＴＯの紛争処理制度がＧＡＴＴ時代のそれに比し格段に強化され、事実上の義務的管轄を実現するに至ったこと等、「条約内包型紛争処理制度」の枠内では、紛争処理の「強制性」・「拘束性」の強化の方向で注目に値する現象も見られる。

このような流れの中で、各国が「強制性」の強い（管轄権の義務的性格が強い）紛争処理制度を選好する傾向、より具体的には、ある紛争処理制度に本来は馴染む紛争を、管轄権が設定しやすいという専ら戦術的な理由で別の紛争処理機関に付託するという、いわゆる「法廷あさり（forum shopping）」等の弊害も指摘されるようになっている。[13]

四　日本と「国際裁判等」

ここで、日本と「国際裁判等」との関わりを、歴史的に概観してみる[14]ことを通じて、将来への展望の出発点としたい。

1　近代国家形成期（明治期）の日本と仲裁裁判

一九世紀中葉から二〇世紀初頭にかけての近代国家形成期において、日本国政府は、二つの国際紛争を仲裁裁判によって解決しようとした。このような積極的姿勢の背景には、欧米で成立し発達してきた近代国際法体系を積極的かつ肯定的に受容する姿勢を対外的に表明することにより欧米諸国から近代国家（文明国）として認められたいとの開国直後の明治政府の願望が透けて見える。

最初の事案が明治維新直後の「マリア・ルース号事件」である。一八七二年に横浜に入港中のペルー船籍の同船から虐待を逃れて脱走した中国人労働者を日本の官憲が保護し、奴隷契約は公序良俗に反するとして日本の裁判所が契約を無効と宣告したことにペルーが反発し、紛争になった。両国政府は、ロシア皇帝アレクサンドル二世を仲裁人とする仲裁裁判にこの紛争を付託した。一八七五年、日本の主張を全面的に支持する判決が下され、両当事国が判決に服して紛争を解決した。

次の事案は、「家屋税事件」である。開国の際に日本は列強に対して外国人居留地における永代借地権を認めた。不平等条約の改正に伴い外国人居留地の制度は廃止されたが、この借地権は存続した。そこで、日本国政府が土地ではなく、借地上の家屋に課税をしたところ、これを条約違反とした英、仏、独との間で紛争になった。本件は、一九〇二年に日本の提案で常設仲裁裁判所（ＰＣＡ）に付託されたが、一九〇五年、仲裁裁判官の二対一の多数決で、日本が敗訴した。

2　戦間期における常設国際司法裁判所と日本

第一次大戦で直接の甚大な被害を蒙ることなく戦勝国の一員となった日本は、いわゆる「五大国」の一角を占めるに至った立場から、国際連盟の下に成立した常設国際司法裁判所（ＰＣＩＪ）に積極的に関与した。日本は、大国による恒常的な裁判官席の確保を中心に、ＰＣＩＪの組織・運営に積極的な姿勢で臨む一方、大国側と中小国側との主張が対立して激しい論議の的となった管轄権問題につき強制管轄権の制度化に一貫して反対する等、裁判所の機能自体に関しては、国際関係における大国側の優越的立場に依拠した現実的対応路線をとった。「ウィンブルドン号事件」（一九二三年判決）及び「メーメル領域規程解釈事件」（一九三二年判決）においてベルサイユ条約の主要連合国である英、仏、伊とともに共同原告として訴訟に加わったことはあったが、これらはいずれも欧州における「ベルサイユ体制」の維持に係る細目の争いであり、日本の関与の実態は形式的なものにとどまった。

3　国際司法裁判所と日本

枢軸国側に属していた日本は、第二次大戦後、国連の「主要な司法機関」（国連憲章九二条）として生まれたＩＣＪの設立過程には関与できなかった。しかし、国連加盟を認められる一九五六年に先立つ一九五四年にＩＣＪ規程当事国となることを認められる等、日本は積極的な姿勢でＩＣＪに関与していった。日本国政府が国連加盟後間もない一九五八年に選択条項受諾宣言を寄託したことも、強制管轄権の制度化に強く反対し続けていたＰＣＩＪ時代の対応とは好対照を成す。日本がつとにこの宣言を行っていることは、国際社会における「法の支配」を重視する日本の明確な意思表示であるとともに、自国が国際法を遵守する国であるという自信の表明でもある。選択条項受諾国が限られているという現実の中で、日本国政府は、合意付託によりＩＣＪに司法的解決を求めることを試みたことがある。戦後間もなく、豪州との間のアラフラ海の真珠貝の採捕をめぐる紛争の合意付託を提案し、豪州も同意したが、付託取極の案文交渉中に別途の交渉により問題が解決し、裁判には至らなかった。また、日本国政府は、ニュージーランド（漁業水域問題）、韓国（竹島問題）、ソ連（北方領土問題）の各政府にも紛争のＩＣＪへの合意付託を提案したことがあるが、相手国政府が同意しなかった。

他国による日本提訴という逆の方向については、アレハンドロ・トレド大統領時代のペルー政府が、同大統領の前任者で政敵であったアルベルト・フジモリ元大統領（日本国籍を有し、辞任後日本に居住）が在任中に人道に反する重大犯罪を犯したとして、繰り返し日本国政府に犯罪人引渡しを求め、応じぬならＩＣＪへの提訴も辞さずと公言していた事案がある[15]。ペルー政府が二〇〇三年七月、唐突に選択条項受諾宣言を行ったこともあり、日本国政府としても万一の事態に備えていたが、二〇〇五年一一月、フジモリ元大統領が突然自らの意思で日本を出国しチリに向かったことにより、日本・ペルー間の問題自体が消滅し、裁判とはならなかった。

なお、一九九五年に国連総会等が核兵器の使用の国際法上の合法性についてＩＣＪに勧告的意見を求めた際、日本国政府は、唯一の被爆国の立場から、法廷において意見陳述を行った。

4　ＧＡＴＴ・ＷＴＯの紛争処理制度と日本

ＧＡＴＴの紛争処理制度は、調停的な性格も色濃く帯びていたが、ＧＡＴＴのＷＴＯへの発展的解消をもたらしたウルグアイ・ラウンド（ＵＲ）交渉の結果、ＷＴＯの紛争処理手続は、手続の司法化を大幅に進め、事実上の強制管轄権も実現し、裁判に極めて近い準司法手続に発展するに至った。他の「条約内包型紛争処理制度」と比較しても、パネル（紛争処理小委員会）を中心とする手続の詳細さ、上訴審の制度化、案件数、実効性等の点で際立っており、最も実効的、かつ、重要な国際紛争処理制度の一つであるとの評価もある(16)。

貿易立国の日本にとって多角的自由貿易体制は死活的な重要性を有するが、同体制の実効性に欠かせない紛争処理制度への日本の関与ぶりは歴史的に変遷してきた。ＵＲ交渉が始まる一九八〇年代後半までは、事実上の強制管轄権が実現する以前のＧＡＴＴの紛争処理手続の下で可能な限りパネル手続を逃れようとの消極的な対応（皮革輸入制限措置に係るパネル等、結果的に逃れられなかった事案はあったが、数は限られていた）に終始していた時期である。ＵＲ交渉の開始後、他国のＧＡＴＴ違反の措置はまず紛争処理手続で叩いておこうとの米国の交渉戦略もあり、日本を標的とした紛争付託要求も激増した。これら一連の事案で日本は連戦連敗であったが、一九八九年の日本のＳＰＦ加工材関税に係るパネル（カナダが付託国）では日本の主張が全面的に認められた。これに勇気づけられた日本国政府は、ＥＣの部品アンチ・ダンピング規制を巡る紛争で初めての紛争付託を行い、一九九〇年、日本の主張を全面的に認めたパネル報告書が採択された。本件が分水嶺となり、以後、日本国政府は強化されたＷＴＯの紛争処理制度の下で他国の貿易制限的措置を対象に積極的に紛争付託を行うようになり、現在に至っている。

単純化を恐れずにいえば、日本を当事国とする計二八件のパネル案件（GATT時代を含む）のうち、「守り」の場合は全体の一割程度でしか日本の主張が認められていないのに対し、「攻め」の場合は九割近い率で認められている。『国際裁判等』においては、一般に、専守防衛は割に合わない」というのが筆者を含む実務者がGATT・WTOの紛争処理の経験を通じて学んだ教訓である。

5　国連海洋法条約の紛争処理制度と日本

海洋国家日本にとり、国連海洋法条約の解釈・適用に関する紛争を扱う紛争処理制度の重要性は大きい。日本国政府は、この枠組みの中で、ここ一〇年程の間に「守り」と「攻め」の双方を経験した。まず、一九九九年、豪州・ニュージーランド（NZ）が日本のミナミマグロの漁獲が資源状況を危殆に曝している等として国連海洋法条約に基づき仲裁裁判に提訴するとともに、漁獲差止めの暫定措置を国際海洋法裁判所（ITLOS）に求めた。暫定措置については豪・NZの主張が認められたが、本案を争う仲裁裁判においては、本件はミナミマグロの保護に関する条約（CCSBT）の解釈・適用に関する紛争であって国連海洋法条約の解釈・適用に関する紛争ではなく、仲裁裁判所に管轄権はないとする日本の先決的抗弁に軍配が上がり、日本の逆転勝訴となった[17]。暫定措置はその時点で取り消されはしたが、豪・NZも政策目標の一部を達成したというべく、本案を付託した仲裁裁判所の管轄権につき「一応の（*prima facie*）」の根拠があることをITLOSが認めれば、暫定措置についてはITLOSに管轄権が発生するという国連海洋法条約の紛争処理の仕組みを巧妙に使った相手方の戦術等から日本側としても学ぶところが多かった。

二〇〇七年には、日本国政府がロシアの排他的経済水域（ＥＥＺ）で拿捕された日本漁船の速やかな釈放（「豊進丸」及び「富丸」に係る二件の釈放要求を独立に付託）を求めてＩＴＬＯＳに提訴した（筆者が日本国政府代理人として、また、ヴォーン・ロウ・オックスフォード大学教授及び濵本正太郎神戸大学教授〔当時〕が弁護人として弁論）。違法操業の有無や拿捕の合法性を争うのではなく、保証金の支払を条件とする拿捕漁船の速やかな釈放義務の履行要求に絞った簡易手続につき国連海洋法条約が特別にＩＴＬＯＳに強制管轄権を認めていることを活用した訴訟である。「豊進丸」については、拿捕後一カ月以上経過しても保証金額の提示すら行う気配を示さなかったロシア当局が提訴後慌てて金額を提示した時点で提訴の目的は半ば達成され、判決の焦点は、ＩＴＬＯＳが認定する保証金額がどこまで下がるかという点に絞られていた。結果は、ロシアの提示額の約四割を「合理的な」保証金の額と認定する日本側全面勝利の判決であった。「富丸」については、そもそも提訴のタイミングが、日本国内の事情により遅きに失したきらいは否めず、結果としてロシアによる船体没収手続が完了しているという理由で「門前払い」となった。しかし、判決は、傍論部分で、「速やかな釈放」についての特別の救済制度の存在に照らせば、拿捕国による船体没収は、一般論として、不当に性急に行ってはならないと判示する等、将来の再発防止のための抑止力となる内容であった。双方の判決を合わせて日本の実質的勝訴であったことは疑いない。本件は、日本が国際裁判所に他国を提訴した戦後初めての事案であったが、日本国政府の再三の申入れにもかかわらずロシアによる拿捕日本漁船の長期拘置が繰り返されていた状況の中で、理不尽な他国の行為に対しては、要すれば法的手段に訴えても、断固たる対応を行うとの日本国政府の意思を国際社会に明確に発信できたことが最大の収穫であったと、筆者としては考えている。

五　むすびに代えて

国際法学の観点からは、近時の国際紛争処理制度の増殖・多様化の弊害として、既述の「法廷あさり」や、裁判による解決の真正の意思を欠いたまま法的論点を分割して自国に都合のよい部分のみ裁判に付託する傾向（例えば権利の仮保全という制度の本来の目的を逸脱した暫定措置の独立手続としての利用）等が裁判を国際政治過程に巻き込み裁判の権威を失墜させかねないとの懸念が表明されている。また、より原理的な観点から、紛争処理フォーラムの多元化が一般国際法の断片化（fragmentation）をもたらし、国際法の解釈・適用の統一性を阻害する危険性等も盛んに論じられている[18]。

このような観点からは、本稿の論旨は、裁判の政治利用の勧めにほかならないとのお叱りを受けるかもしれない。それにもかかわらず、筆者としては、グローバルな関心と存在感を維持する国家として、今後も必然的に国際社会の様々な事態に関与し続けることになる日本にとって、「国際裁判等」の一層の活用も自らの外交ツールに加えて外交の幅と奥行きを広げることは極めて重要だと考える。この分野では依然として欧米諸国に一歩も二歩も遅れをとっている日本がこのような方針で臨むことは、日本自身にとってのみならず国際紛争処理制度の健全な発展のためにも、弊害に比して利点の方が遥かに大きいと考えるからである。

（1）二〇〇七年四月、ロザリン・ヒギンズ国際司法裁判所長（当時）の日本国政府招待による訪日の機会に、東京の国際連合大学で行われた同所長の講演及び「国際社会における法の支配と市民生活」と題するパネルディスカッションを収録した横田洋三訳編『国際社会における法の支配と市民生活』（国際書院、二〇〇八年）参照。

（2）久米邦武編『特命全権大使米欧回覧実記(58)』（博聞社、一八七八年）三六九―三七一頁。

（3）この視点について、小松一郎「外交実務で『国際法を使う』ということ」法学新報一一六巻三・四号（二〇〇九年）二四九―二四七頁参照。同論文においては、紛争処理に係る事務について論ずる紙幅の余裕がなく、本稿は、いわば、その補足として執筆した。

（4）これらの手段の列挙は、「友好関係宣言」（一九七〇年国連総会決議二六二五）のような国際的宣言で繰り返し踏襲される等、いわば定番化している。それぞれの手段の意味については、例えば、杉原高嶺『国際法学講義』（有斐閣、二〇〇八年）五四七―五九七頁参照。

（5）「単線（複線）構造論」という呼称の由来は、高野雄一「外交関係条約と司法的紛争解決条約」皆川洸先生還暦記念『紛争の平和的解決と国際法』（北樹出版、一九八一年）三三九―三四一頁。

（6）宮野洋一「国際法学と紛争処理の体系」国際法学会編『紛争の解決（日本と国際法の一〇〇年(9)』（三省堂、二〇〇一年）第二章、二八―五三頁。

（7）杉原・前掲注(4)三五四―三五五頁。

（8）古賀衛「海洋法条約の紛争解決手続――条約内包型紛争解決制度の評価について」法学新報一〇四巻一〇・一一号（一九九八年）一九三―二一七頁。

(9) 一部の「条約内包型紛争処理制度」においては、紛争の付託国が条約違反と主張する相手国の措置や行為が係争中に撤廃・終了等により消滅しても、司法的解決の場合と異なり「争訟性の要件の消滅(mootness)の法理」が適用されないことがある(WTOの紛争処理では慣行上同法理は適用されず、欧州人権裁判所やEC裁判所でも同法理の適用を認めなかった例がある)。条約違反を確認することが、違反の再発を防止し、将来に向けた条約の遵守を確保するために重要との基本認識がその背景にある。この点につき、岩沢雄司「WTO紛争処理の国際法上の意義と特質」国際法学会編・前掲注(6)第九章、二二九—二三〇頁参照。

また、法的拘束力のない勧告的意見の活用も法宣言機能の文脈で検討に値する。

(10) 本稿執筆時点で、選択条項受諾宣言を行っているのは、ICJ加盟国一九二カ国中六七カ国で、このうち、G8や安保理常任理事国といった主要国は、日本のほかは、英国、カナダ、ドイツのみである(ドイツの宣言は、二〇〇八年四月)。

(11) 日本国政府は、二〇〇七年、それまでの宣言(一九五八年)に替えて、当該紛争の付託のみを目的として受諾宣言を行った場合又は受諾日から一二カ月未満に紛争を付託した場合にはそのような紛争を義務的管轄権の対象から除外する新たな留保を付す宣言を寄託した。英国等多くの国も「不意打ち提訴」に備えて同様な留保を行っている。

(12) 国連海洋法条約の解釈・適用に関する紛争につき義務的裁判手続を定める関連規定は、妥協の産物であり、著しく複雑な構造となっている。①裁判機関は選択制で、当事国の選択が異なる場合には仲裁裁判所が管轄裁判所となる、②暫定措置は、管轄裁判所に「一応の(*prima facie*)」管轄権ありと認められることを前提に国際海洋法裁判所(ITLOS)に求めることができる、③排他的経済水域における主権的権利の行使(例えば、外国漁船に対する漁獲割当)等に係る紛争は裁判義務から自動的に除外される、④更に、海洋の境界画定等に係る紛争を裁判義務の選択的例外とすることを宣言することも認められる等がその特色である。ちなみに、日本は、近隣国との海洋境界が未画定であることに起因する問題を抱えているが、中国、韓国は、各々二〇〇六年に、境界画定、海洋の科学的調査等に関する紛争につき選択的除外宣言を行った。

(13) 「法廷あさり」については、例えば、Yuval Shany, *The Competing Jurisdictions of International Courts and Tribunals* (Oxford University Press, 2003) pp. 128-154 参照。

(14) より詳細な論述につき、牧田幸一「国際裁判と日本」国際法学会編・前掲注(6)第一〇章、二四三–二六九頁参照。

(15) 日本の逃亡犯罪人引渡法は、条約に別段の定めがない限り日本国民を他国に引き渡すことを禁じている。他方、ペルー政府は、人道上の重大犯罪の容疑者が所在する国は、「不処罰（impunity）」を防止するため、自国で処罰のため当局に事件を付託するか、他国に引き渡すか、いずれかを選択する（いわゆる"*aut dedere aut punire*"）慣習国際法上の義務を負うと主張していた。このような義務が慣習国際法上確立しているかについては、少なからぬ異論があろう。

(16) 岩沢・前掲注(9)論文二四二頁（注12）。

(17) 詳細については、山田中正ほか「『みなみまぐろ』事件仲裁裁判所判決について」ジュリ一一九七号（二〇〇一年）五九–六六頁参照。

(18) 例えば、奥脇直也「現代国際法と国際裁判の法機能 —— 国際社会の法制度化と国際法の断片化」法教二八一号（二〇〇四年）二九–三七頁。

＊ 本稿は、筆者が純粋に個人的資格において執筆したものであり、その中に表明されたいかなる見解も筆者が所属する組織の立場を反映するものではない。

7　GATTの紛争処理手続と「一方的措置」

（一九九〇年）

一　はしがき

「関税と貿易に関する一般協定」（GATT）は、一九三〇年代の大不況時代にはびこった保護主義就中特恵制度を中心とする排他的・差別的ブロック経済化の弊害に対する反省を踏まえて自由、無差別、互恵主義を中心とする多角的な国際貿易ルールの法体系として戦後の世界貿易の拡大を支えて来たと認識されている。GATTは、ブレトン＝ウッズ機構（IMF・世銀）と共に第二次世界大戦後の世界の経済秩序を支えるべき柱の一つとしての包括的な世界貿易機構（ITO）の設立を目指したハヴァナ憲章が当面米国議会の承認を得られる見通しが立たず日の目を見られない状況の中で、次善の暫定的措置として、主要貿易国間で、(イ)それまでに行って来た関税の相互引下げの交渉の結果を締約国すべてが最恵国として均霑する関税譲許（tariff concession）というかたちで法的拘束力のあるものとすると共に、(ロ)そのような関税譲許が各締約国が維持し又は新たに導入する輸入数量制限その他の非関税措置により実質的に骨抜きとされることを防止するための最低限の規則を定め、(ハ)紛争処理の仕組みを設けるという限定された目的のために作成された条約である。このように、GATTは、その生立ちから、そもそも暫定的かつ限定的な目的のために作成された上に、法的にも本来想定されていた正規の発効手続を経ることができず、原加盟国による暫定適用議定書の締結という変則的な基盤の上に一九四八年発足した。しかし、GATTは、発足後四〇年以上を経た今日に至るまで、ラウンドと呼ばれる数次の多角的貿易交渉を通ずる改善と発展的変貌を経つつ、多角的自由貿易体制の枠組として、かけがえのない機能を果たし、現実にその間に世界貿易は飛躍的な発展を遂げて来た。GATTがその生立ちに内在する暫定的、限定的性格にも拘らず現実に戦後の世界貿易秩序の中心的枠組として機能してきた理由については様々な角度からの分析に値するが、前述のとおり発足当時からGATTの根源的要素とされている紛争処理の仕組みが、種々の批判を受けながらも総体としては有効に機能してきたことが大きな要素の一つとして指摘される。平等な主権国家の併立という基本構造の中で、法執行を担保する強制力をもった機構の欠如を特色とする国際社会において一定のルールの体系が定着するためには、そのようなルールをめぐる紛争を処理する仕組みが有効に機能していることが不可欠だからである。このような認識を背景として、GATTのルールの体系の改善を大きな目的とする多角的貿易交渉(ラウンド)において紛争処理制度の改善は従来から重要な項目となってきた。二一世紀の国際貿易のルールづくりを目指すウルグァイ・ラウンドでも紛争処理制度の改善が重要な交渉項目の一つとなっており、一九八八年一二月のモントリオールのおける中間レビューの「早期成果」の目玉として紛争処理制度の改善に関する合意が成立した(3)。右合意に至る過程で最も激しい論議の対象となった問題の一つが締約国団の許可を得ない一方的な譲許その他のGATT上の義務の適用の停止——GATT交渉者の間では一般に「一方的措置」(unilateral measures)」と略称される——は認められない旨を明記するかどうかの問題である。他国の不公正貿易慣行等を理由とする報復措置について定める米国包括貿易法の規定に縛りをかけたい我が国やECを中心とする多数の諸国の強い要求にも拘らず米国はこのような記述の合意への挿入にあくまでも反対し、激しい論戦の末結局中間レビューにおける合意にはこのような記述は盛りこまれなかった。我が国やEC等が本件を極めて重視したのは、米国による「一方的措置」の蔓延がGATTの紛争処理制度の信頼性を損ね、ひいてはGATT体制自体を浸食しかねないことに強い危機感を抱いているからである。この問題は、ウルグァイ・ラウンド後半の交渉に持ち越されているが、本稿においては、専ら国際法の観点から「一方的措置」の問題の分析を試みることとしたい。以下、まずGATTという条約との関係における「一方的措置」の法的評価を試みた上で、一般国際法上の違法性阻却事由と「一方的措置」との関係につき国家責任論の観点から考察する。

二　条約としてのＧＡＴＴと「一方的措置」

１　ＧＡＴＴの紛争処理手続総説

ＧＡＴＴ自体には「ＧＡＴＴ上の紛争」や「ＧＡＴＴの紛争処理手続」と定義したり、これらに明示的に言及した規定は存在しない。紛争処理という概念を広くとらえるならば、ＧＡＴＴには種々の貿易制限的措置に関連して締約国の間の二国間又は多数国間の協議を義務付けた規定や締約国間の特定の利害の対立を調整するための手続を定めた規定が三〇以上存在するので、これらの規定すべてをＧＡＴＴの紛争処理に関する規定と観念することもできる。(4) 他方、ＧＡＴＴの紛争処理手続という場合、通常想定されているのは、協定に関連するあらゆる事項に関する締約国間の協議について定める第二二条及び協定上の利益の無効化又は侵害に対する対処について定める第二三条、特に後者の規定である。広い意味での紛争処理に関連する他の規定に基づいて何らかの処理が行われた場合でもそのような処理について第二二条又は第二三条を援用して改めて争うことができるという意味において、両条はＧＡＴＴの紛争処理において特別の重要性を有していると言える。更に、基本的に当事国間の協議を定めているに留まる第二二条及び第二三条一項に比し、第二三条二項は第三者（締約国団）の関与する紛争処理（third party settlement of disputes）を定めるという意味で特に重要である。そこで、本稿ではＧＡＴＴ第二三条二項の手続の概要及び運用の実態に焦点を絞って概観することとする。[5]

2　ＧＡＴＴ第二三条二項に基づく紛争処理手続の概要と運用の実態

(1)　第二三条の中心概念――ＧＡＴＴ上の利益の無効化又は侵害

ＧＡＴＴ第二三条は、同条に付された標題にも示されているように、ある締約国のＧＡＴＴ上の利益の「無効化又は侵害（nullification or impairement）」により締約国間の利益のバランスが損われた場合に、バランスを回復する規定だと観念されている。[6] ここで、同条の中心的概念とされているのは、ＧＡＴＴ上の利益の「無効化又は侵害」という概念であり、ＧＡＴＴ上の義務違反という純粋に法的な概念ではない（なお、「無効化」と「侵害」は特に区別して観念されている訳ではなく、「無効化又は侵害」という一体化した概念として観念されている）。より正確に言えば、同条はＧＡＴＴ上の利益の「無効化又は侵害」という概念をパラメーターとして機能する構造となっており、ＧＡＴＴ上の義務違反の存在は、ＧＡＴＴ上の利益の「無効化又は侵害」の存在を裏付ける要素の中の一つという位置付けになっている。すなわち、ＧＡＴＴ第二三条一項は、締約国がＧＡＴＴ上の利益の無効化又は侵害につき満足し得る調整を行うため、関係があると認める他の締約国に対して協議の申立て又は提案をすることができ、当該他の締約国はその申立て又は提案に好意的な考慮を払うべき旨定めている。（これを「二三条一項協議」と呼ぶ）が、そのようなＧＡＴＴ上の利益の無効化又は侵害は次の三つの場合に生起し得るとされている。

(a) 他の締約国がこの協定に基づく義務の履行を怠った結果として

(b) 他の締約国が、この協定の規定に抵触するかどうかを問わず、何らかの措置を適用した結果として

(c) その他何らかの状態が存在する結果として

GATT第二二条も紛争当事国間の協議について定めているが、同条に基づく協議はGATTの運用に関するあらゆる事項を対象とできるのに対し、「二三条一項協議」の場合は、右記の(a)、(b)又は(c)のいずれかに基づくGATT上の利益の無効化又は侵害に係る問題のみが主題となり得る（換言すれば、右以外を主題とする協議の申入れに対して「好意的な考慮」を払わなくても第二三条一項の義務違反の問題は生じない）。

GATT第二三条二項は、基本的に「二三条一項協議」が満足し得る調整を関係諸国間にもたらさなかった場合[7]に問題を紛争の第三者である締約国団に付託し得ることを定めている。前述のとおり、当事国間の協議から第三者を介在させた紛争処理への移行という意味で第二三条一項の手続から同条二項の手続への移行は重要な質的変化を伴うが、同条二項の手続もGATT上の利益の無効化又は侵害の概念をパラメーターとして機能する構造となっていることに変りはない。第二三条二項の規定上、付託された紛争の処理のために勧告（recommendation）や決定（ruling）を行う主体は集合体と

しての締約国団（CONTRACTING PARTIES）である。現にGATT発足の初期においては、第二三条二項に基づく紛争の処理は締約国団会議（GATT総会）で直接審査の上勧告や決定を行っていた。その後、運用上の慣行として、第二三条二項に基づく紛争処理に当たっては、まず締約国団の意思決定を補佐する任務を負った紛争処理小委員会（パネル）を設置し[8]、パネルが紛争の事実関係、GATT条文の解釈を含む法的側面等を詳細に検討の上締約国団が当該紛争に関して行うべき勧告や決定を含む報告書を作成してそのような報告書の採択というかたちで締約国団の意思決定を求めるという手続が定着している[9]。

(2)　GATT上の義務違反とGATT上の利益の無効化又は侵害

既に見た運用上の慣行を前提とすると、紛争を第二三条二項に基づいて締約国団に付託した締約国は、自国に有利な内容の締約国団の勧告又は決定を得るためには、まずパネルの審査において自国のGATTの利益が第二三条一項に定める(a)、(b)又は(c)のいずれかの理由により無効化又は侵害されていることを立証しなければならない。このようなGATT上の利益の無効化又は侵害の存在を立証する責任は、紛争を締約国団に付託した国（すなわち、自国のGATT上の利益が無効化又は侵害されたと主張する国）が負担する。他方、パネルによる審査を中心とするGATT第二三条二項の運用上の慣行として、無効化又は侵害の申立てが第二三条一項の(a)に定める理由（他の締約国がこの協定に基づく義務の履行を怠った結果として）に基づくものである場合においては、当該他の締約国によるGATT

上の義務の不履行が立証されれば、右により申立てを行った締約国のGATT上の利益の第一義的な無効化（*prima facie* nullification）の存在を認めるという原則が定着している。この原則は、一九六二年に採択された「ウルグァイによるGATT第二三条二項援用に関するパネル」の報告書[10]以来確立した慣行とされている。本件紛争は、ウルグァイが我が国を含む先進一五カ国の種々の措置がGATTに違反して同国のGATT上の利益を無効化又は侵害しているとして第二三条二項を援用した事例であるが、同報告書の該当部分は次のように述べている。

……第二三条二項の規定を適用するに当たって、締約国団は、同規定を援用した国の見解によれば一般協定上当該国に帰属するいかなる利益が無効化又は侵害されたとするのか及びそのような見解を裏付ける理由について知る必要がある。一般協定の規定に対する明白な違反が存在する場合、又は換言すれば、一定の措置が締約国によりGATTの規定と抵触して実施されており、かつ、GATTがその下に適用されている関連議定書の規定により許容されない場合には、そのような行為は、第一義的に（*prima facie*）無効化又は侵害の事例を構成し、当然に（*ipso facto*）当該事態が譲許その他の義務の停止の許可を正当化するほど重大であるか否かの検討を必要とする。[11]

東京ラウンドの合意の一環として一九七九年に採択された「了解事項」の附属書第五項は、右原則がGATTの確立した慣行となっていることを確認した上で、「このことは、規則に反することが他の締約国に悪影響を及ぼすとの推定（presumption）が原則として存在することを意味しており、この場合には、その点について反証する（rebut）ことは、申立てを受けた締約国の責任である[12]」と述べている。

この点に関連し、締約国のある措置がGATT違反と認定された場合において、なおかつ当該措置が中立国のGATT上の利益を無効化又は侵害してはいないことを反証することは可能かという点について一九八四年五月一六日の理事会で採択された「皮革の輸入に関連する日本国の措置に関するパネル」の報告書[13]が部分的に触れている。本件紛争は、米国が我が国の皮革に関する輸入数量制限（輸入割当）についてGATT第二三条二項を援用した事例であるが、我が国は、米国の主張に対する反論として我が国の皮革輸入枠は従来より現実には未達となっていることから明らかなとおり、十分な割当枠が設定されているので、輸入割当が存在していても米国の貿易利益は無効化・侵害されていない旨主張した。我が国の主張に対してパネル報告書は、我が国の輸入割当は輸入制限の一般的廃止に関するGATT第一一条の規定に違反し、したがって米国のGATT上の利益の第一義的な無効化・侵害を構成するとした上で次のとおり述べている。

……パネルは、数量制限の存在はそれが現実に貿易量に及ぼした影響を理由としてのみならず、他の理由、例えばそれが取引の費用を増大させ及び不確実性を創出することによって投資計画に影響を及ぼし得ること等を理由として、無効化又は侵害を惹起すると推定されるべきである（should be presumed）ことを強調したいと考えた[14]。

右パネル報告書は、GATTに違反する措置である輸入割当の存在は一般にその存在自体によりG

ATT上の利益の無効化・侵害の存在を推定させると結論付けることによって、GATTに違反する措置であってもGATT上の利益を無効化・侵害してはいない旨の実態論に基づく反証の可能性如何という論点に部分的に答えてはいるものの、その結論は輸入割当という特定の形態の措置についての判断に留まっているとも言い得る。これに対し、一九八七年九月に締約国団により採択された「輸入された石油及び石油製品に対する合衆国の税に関するパネル」の報告書[15]においては、この論点が改めて正面から論じられた。本件紛争は、米国が環境保護のための資金をプールするための基金（スーパー・ファンド）の設立を目的とした法律において、財源として石油及び石油製品に対する新税を設け、米国産品に比し輸入品に対して高率の税率を定めて賦課したことにつき、そのような差別的な内国税の適用は内国民待遇を規定するGATT第三条に違反するとしてカナダ、EEC及びメキシコが第二三条二項を援用した事例である。このような三国の主張に対して米国は、税率について内外無差別でない新税がGATT第三条に違反することについては争うことなく、新税の国内産品に対する税率と輸入品に対する税率の格差は極めて微小であるので、右格差によって三国の貿易利益は無効化・侵害されていないということを反論の柱とした。本件に関するパネル報告書は、この論点について次のとおり述べている。

……本件においてパネルに提起された問題は、一般協定と合致しない措置が同協定に基づく利益の無効化又は侵害を発生させるという推定（presumption）は絶対的な（absolute）な推定であるのか又は反証が可能な（rebuttable）推定であるのか、及び、仮に後者である場合において、第三条二項第一文に合致しないある措置が貿易に何らかの影響を与えていないこと又は無視し得る程度の（insignificant）影響しか与えていないことを示す（demonstrate）ことが十分な反証であるかというものである。……（中略）……一九七九年の紛争処理に関する了解事項は、一般協定に合致しない措置につき勧告又は決定を行う締約国団の権能との関係では当該措置の与える悪影響や反証の可能性については言及していない。同了解は、代償的な行為（compensatory action）の許可との関係においてのみそれらの点に言及している。このことは、パネルの見解によれば、一般協定に合致しない措置の影響は締約国団による無効化又は侵害の認定に無関係であるという結論を支持している。……（中略）……パネルは、前述の事例等の検討の結果、違法な措置が無効化又は侵害を発生させるという推定（presumption）が反証を許すものであるか否かについて締約国団が明示的に決定したことはないものの、この推定は、実際上は反証できない推定（irrefutable presumption）として機能してきたと結論した。[16]

このように、GATT違反と認定された措置については、申立国のGATT上の利益の無効化又は侵害を発生させるとの推定を受け、そのような推定は実際上反証できないものとして扱われている。[17]

(3) GATT上の義務違反が存在しない場合のGATT上の利益の無効化又は侵害

GATT第二三条一項の規定は、GATT上の利益の無効化又は侵害が生起し得る場合として(a)、(b)又は(c)の三つの場合がある旨規定しており、GATT上の義務違反が存在する(a)の場合以外にも無効化又は侵害を生起する場合があることが想定されている。これらの場合とは、大きく分けて何らかの措置の適用による場合（第二三条一項(b)）と措置以外の何らかの状態が存在する場合（同項(c)）の二つの場合である。これらの理由に基づく無効化又は侵害について既述の「ウルグァイによるGATT第二三条二項援用に関するパネル」の報告書は、前記(1)で引用した部分[18]に引き続き次のように述べている。

……GATTの規定の違反が存在しない場合においても第一義的な無効化又は侵害が発生し得ることは排除されないが、そのような場合には第二三条を援用する締約国に当該援用の根拠を示す（demonstrate）責任がある。したがって、同条の下で判断が行われるためには当該締約国による詳細な資料提出（submission）が不可欠である[19]。

GATT発足以来これまでの四〇年以上に亘る紛争処理手続の運用の歴史上、第二三条一項(c)（何らかの状態の存在）を理由として第二三条二項が援用されたことは一度もない[20]。第二三条一項(c)にいう「何らかの状態」とは、GATT起草当時には、世界的な不況や他の締約国における極端に劣悪な労働条件（いわゆる「ソーシャル・ダンピング」）等が念頭に置かれていたとされている[21]が、その後のGATTにおける議論においては、このようなマクロ経済上の問題や労働者の権利等の問題は他の然るべき国際フォーラムで取り扱われるべきであるとの考え方が主流となっており、そのような理由で仮に第二三条二項を援用してもGATT上の利益の無効化又は侵害が認定される可能性は今やほとんどないと考えられる。

これに対して、ＧＡＴＴに違反してはいないある措置が他の締約国のＧＡＴＴ上の利益を無効化又は侵害したと認定された事例（第二三条一項(b)の場合）は、例外的であるが存在する。具体例として、一九八五年の「一部の地中海諸国から柑橘の輸入に対するＥＣによる関税上の取扱いに関するパネル」の報告書[22]は、次のとおり述べている。なお、本パネル報告書は、その結論を不満とするＥＣの反対により未だ採択されていないが、次に引用する部分はＧＡＴＴに違反しない措置による無効化・侵害についての第二三条二項に基づく手続の運用上の慣行及びその背後にある考え方を適確に要約していると考えられる。

……パネルは、本問題について検討するに当たって、第二三条一項(b)についてこれ迄に締約国が行った二つの決定を先例とすることができないか否かにつき決定した。これら二つの決定とは、それぞれ一九五〇年四月三日及び一九五二年一〇月三一日に締約国団により採択された「豪州による硫安に対する補助金に関する作業部会の報告書」（*BISD* Vol. II/188–196）及び「西独によるいわしの輸入の取扱いに関するパネルの報告書」（*BISD* IS/53–59）である。これらの二つの事例においては、ＧＡＴＴ上の利益の無効化又は侵害（その中の一つについては第一義的な無効化又は侵害）が次の三つの条件の存在の結果として認定された。

(a) 関税譲許が交渉されたこと、

(b) 一般協定に違反しない措置であって関税譲許の対象である産品と当該産品と直接代替関係にあ

る他の産品との間の競争関係を覆す（upset）ものがその後導入されたこと、及び

(c) 当該措置が、関税譲許の交渉中に、当該譲許を獲得した締約国にとって合理的に予見可能なものではなかったこと[23]

このような考え方の背景には、GATTに違反しない措置が他国のGATT上の利益を無効化又は侵害していると認定されるのは、関税譲許の交渉時の交渉当事国間の利益のバランスが、交渉時には合理的には予見できなかったような措置（例えば補助金）の事後的な導入によって、当該譲許を交渉で獲得した国（交渉においては当然、当該譲許の代償として他の何らかの譲許を提供したと考えられる）にとって明白に不利に傾いた場合という極めて限定された場合に限って認められてきているという認識がある。[24]

(4) 締約国団による勧告又は決定及びその実施

GATT第二三条二項は、同項の規定に基づいて締約国がある紛争を締約国団に付託した場合に締約国団は当該紛争について勧告（recommendation）又は決定（ruling）を行わなければならないことを定めている。勧告と決定の違いについては、「決定」は事実又は法解釈についての争いがある場合にのみ必要となるのに対して「勧告」は問題の満足のゆく調整のためいかなる場合でも行い得るものとされている。[25]既に見たように、締約国団の勧告又は決定はある締約国のGATT上の利益の無効化

又は侵害があるか否かを基準として行われる。利益の無効化又は侵害が認定された場合はそれにより損われた利益のバランスを回復するような何らかの勧告又は決定が行われることとなる。無効化又は侵害がＧＡＴＴ上の義務に合致しない措置の存在を理由としている場合（既述のとおりこれが大部分の場合である）には当該ＧＡＴＴに違反する措置の撤廃が勧告される[26]。これは、実際の運用としては、そのようなＧＡＴＴに違反する措置の撤廃の勧告を含むパネル報告書を締約国団が採択する（理事会又は総会において行う）という態様で行われる。

ＧＡＴＴに違反しない措置を理由とする無効化又は侵害の場合には、締約国団の勧告の内容は必ずしも当該措置の撤廃に限られず、当該措置により損われた利益のバランスを回復するための他の方途が勧告の内容となることもある。

以上、第二三条二項に基づき締約国団に付託された紛争につき締約国団による勧告又は決定が行われるまでのメカニズムを概観したが、紛争処理手続の実効性の観点からは、そのような勧告・決定の実施が如何に確保されるかが特に重要である。この問題についてＧＡＴＴ自体は詳細な規定を置いていない。第二三条二項は、締約国団に付託された紛争についての締約国団の勧告・決定への言及に引き続いて「締約国団は、事態が重大であるためそのような措置が正当とされると認めるときは、締約国に対し、この協定に基づく譲許その他の義務でその事態にかんがみて適当であると決定するものの他の締約国に対する適用の停止を許可することができる[27]」旨定めているが、締約国団の勧告・決定と締約国団による譲許その他の義務の適用の停止との関係については規定していない。

この両者の関係をどのように把えるかは、GATTの紛争処理手続における締約国団による譲許その他の義務の適用の停止の許可の基本的性格をどのように理解すべきかに直接かかわってくる。そこで、GATTの規定を補足してその運用上の指針を定めている関連の諸決定を中心にこの点を検討することとする。これらの決定に反映されている基本的考え方は、締約国団の勧告・決定の実施については、まず締約国団がこれを継続的に監視すると共に実施確保のための努力を行うということである。関連の決定の該当部分は次のとおり規定する。

……締約国団は、勧告又は決定を行った問題を監視する。問題を付託した締約国は、締約国団による勧告が妥当な期間内に実施されなかった場合には、締約国団に対し適切な解決を図るための適当な努力を行うことを求めることができる[28]。

……理事会は、締約国団の勧告に従ってとられた措置を定期的に審理（review）する。勧告を受けた締約国は、妥当な期間内に同国がとった措置又は締約国団の勧告又は決定を実施していない理由を報告する。問題を締約国団に付託した締約国は、締約国団に対して「了解事項」第二二項に定める適切な解決を図るための適当な努力を行うことを求めることができる[29]。

ここで想定されているのは、締約国団の勧告・決定の実施状況を理事会及び総会において継続的に討議の対象とし実施を求めること等によって勧告・決定を受けた締約国に道義的圧力をかけることである。純粋に法的な観点よりすれば、このような圧力は強制力を伴うものではないので、とかく軽視されるのみならずこのような圧力に依拠した仕組みそのものが紛争処理制度の実効性の欠如の表われと批判されがちであるが、現実にはＧＡＴＴ締約国団のような特定の共通の目的のために成立しその限りにおいて同質性の高い集団の中における同輩の圧力（peer pressure）の効果は決して無視できない。このことは、例外的な事例[30]を除いて、締約国団の勧告・決定はほとんど実施されてきていることに如実に表われている[31]。

次に、このような圧力にも拘らず締約国団の勧告・決定が実施されない場合の方途についての関連決定の規定振りは、次のとおりである。

……締約国団の第一の目的は、合意される解決が得られなかった場合には、通常、一般協定に合致しないとされた措置の撤廃を確保することである。代償措置（compensation）に関する規定は、一般協定に合致しないとされた措置を直ちに撤廃することが実行可能でない場合に限り、一般協定に合致しない当該措置を撤廃するまでの間一時的に援用すべきである。代償措置に関する規定を援用する国が一般協定第二三条の規定に基づいてとる最終的な措置は、締約国団の許可を条件として、他の締約国に対する譲許その他の義務の適用を差別的に（on a discriminatory basis）停止することである[32]。

……前記の状況の下における締約国団の追加的行動は、締約国団が当該状況の中で適当と判断するところに従って、他の産品に係る代償的調整（compensatory adjustment）又は第二三条二項に定める譲許その他の義務の適用の停止の許可を含むことができる[33]。

このように、第二三条二項の定める締約国団による譲許その他の義務の適用の停止の許可は、利益の無効化・侵害により損われた利益のバランスの回復のためにとられるべき行動を示した勧告・決定が実施されない場合に、中立国の損われた利益を他の方途によって補填するための代償的措置の一つとして位置付けられている。このような代償的措置としては、貿易拡大的な方途と貿易縮小的な方途がある。前者は、例えばある締約国（被中立国）がGATTに違反するとの認定を受け撤廃を勧告された貿易上の措置を何らかの理由で直ちに撤廃しない場合に、当該措置によって損われる中立国の貿易上の利益を補填するため、被中立国が中立国の輸出利益のある他の産品についての関税を引き下げる等のことを想定している。これに対して、後者は、同様の場合に中立国が被中立国の輸出利益のある産品について差別的に関税を引き上げたり、輸入数量制限を課すこと等である。代償という用語の語感からは前者のみを指すかに誤解されがちであるが、右に引用した一九七九年の「了解事項」第四項の文言に照らせば、同項にいう代償措置は後者を含んでいることは明白である。むしろ、前者の意味での代償措置は、後者と異なってGATTの規定自体には明示されていない。それにも拘らず、関係の決定において前者の意味での代償措置への言及が行われているのは、世界貿易の拡大を使命とするGATTとしては本来貿易縮小的措置より貿易拡大的措置を選好するとの考え方に基づくものである。他方、前者の意味での代償措置が現実に締約国団により講じられた実績はこれ迄にない。これに対し、代償措置として締約国団により譲許その他の義務の適用の停止が許可された例は、良く知られているように四〇年間を超えるGATTの歴史の中で一回だけ存在する。締約国団は、一九五二年一一月八日の決定により、米国の酪農品に対する輸入制限によりGATT上の利益を無効化・侵害されたと認められたオランダに対し、「一九五三歴年の期間中アメリカ合衆国よりの小麦粉の輸入につき六万トンの上限を課すことをオランダ政府に可能にする限度において同国の一般協定上の義務の合衆国への適用を停止する」[34]ことを許可した。本件決定によって米国に対する適用の停止を許可されたオランダのGATT上の義務は、数量制限の一般的廃止に関する第一一条一項に基づく義務及び一般最恵国待遇に関する第一条一項に基づく義務である。

3　締約国団による譲許その他の義務の適用の停止の許可の基本的性格と「一方的措置」

以上、GATT第二三条二項に基づく紛争処理手続の機能についてGATTの規定の解釈に留まらずその運用の実態に即して分析を試みた。右を踏まえて、GATTの紛争処理手続における締約国団による譲許その他の義務の適用停止の許可の基本的性格について考察すると共に、それとの関係において条約としてのGATTに照らした「一方的措置」の法的評価を試みたい。

GATT第二三条二項に基づく締約国団による譲許その他の義務の適用の停止の許可の性格については、GATTの起草過程においても種々議論され、(イ)国際法的には「報復（retorsion）」という性格を有する、[35](ロ)私法上の契約不履行に対する損害賠償に類似する、(ハ)「制裁（sanction）」ではなく懲罰的（punitive）な性格は有しない等種種の発言が行われたことが記録に残っているが、GATTの前身とも言うべきハヴァナ憲章の対応する規定においては代償的（compensatory）措置の語が明示的に使用されていたことが注目される。[36]この代償的措置という語は、GATT第二三条の規定にはそのまま受け継がれなかったが、前記の2(4)で既に見たように一九七九年の「了解事項」等の関連の決定に起草当時の考え方がそのまま反映していると考えられる。無論、ある制度に定められる特定の措置が複数の性格を併せ持つということも十分にあり得ることである。特に、「履行確保(enforcement)」、「制裁(sanction)」、「懲罰(punishment)」、「代償(compensation)」等の概念にはそもそも当事国の主観に属する要素も含まれており、同一の措置についてある国が国際法上の義務の履行確保のためと認識するのに対し、かかる措置の対象となった国が当該措置は懲罰的な意図の下にとられたと受け取ることもあり得る。以上に照らし、本件については次のようなことが言えるのではないかと考えられる。

第一に、既にくり返し述べたようにGATT第二三条二項に定める締約国による譲許その他の義務の適用の停止は、基本的には無効化又は侵害によって損われたGATT上の利益のバランスを回復するための代償措置の性格を有すると言うべきであるが、更に仔細に見ると、この代償措置の性格は、認定された無効化・侵害の理由がGATTに違反する措置の存在であるかそれ以外の理由であるかによって異なる。すなわち、GATTに違反する措置の存在以外の理由による無効化・侵害に対応して譲許その他の義務の適用の停止の許可が仮に行われたとすればそれは、それ自体で損われた利益のバランス回復のための最終的解決であって、締約国団の許可を得て紛争の申立国により被申立国に対して譲許その他の義務の適用の停止が行われればそれによって両国間の紛争は最終的に解決したとされる。この考え方は、GATTに違反する措置の存在以外の理由による無効化・侵害が締約国団によって認定された古典的事例である既述の「豪州による硫安に対する補助金に関する作業部会」の報告書中の次の記述に端的に表われている。[37]

……この勧告を行うに当たって作業部会は、特に重要な一つの点について注意を喚起したいと考える。作業部会の見解によれば、第二三条には締約国に対して豪州政府が硫安に適用しているような消費補助金を撤回又は削減することを強いる権限を締約国団に対して与える何らの規定も含まれておらず、作業部会によるこの勧告も右と反対の意味を有すると解釈されてはならない。第二三条の下における締約国団の最終的な権限は、影響を受けた締約国に対して適当な譲許その他の権利の適用の停止を許可することである。補助金によって生じている二つの競合する産品間の競争関係の不平等性を除去するための補助金支出の調整が勧告されている唯一の理由は、この特定の事例については、そのような行為（補助金支出の調整）が両当事国にとって満足のゆく問題の調整をもたらす最良の見通しをもたらすからである。[38]

これに対し、無効化・侵害の原因としてGATTに違反する措置の存在が認定されている場合における譲許その他の義務の適用の停止の許可は、それ自体が損われた利益のバランス回復のための解決ではなく、あくまでも最終的に達成されるべきGATTに違反する措置の撤回が実現される迄の一時的な代償と観念される。[39]このことから、GATTに違反する措置の存在を理由とする無効化・侵害の場合における譲許その他の義務の適用停止の許可には、GATTに違反する措置をGATTに整合化させるという条約上の義務の「履行確保」のための措置という要素も含まれており、また、本来直ちに撤廃すべきＧＡＴＴ違反の措置を何らかの理由で直ちには撤廃しないことに対する「懲罰」的意味合いも完全に否定することはできないと考えられる。

他方、第二に指摘さるべきは、ＧＡＴＴに違反する措置の存在を理由とする無効化・侵害の場合を含め、いずれにせよ第二三条二項に基づく締約国団による譲許その他の義務の適用停止の許可の性格として「制裁」乃至「懲罰」を中心的要素として重視することは適当ではないということである。前述のように、ＧＡＴＴに違反する措置に基づく無効化・侵害の場合には、譲許その他の義務の適用停止の許可には懲罰的な要素を完全には否定できないかもしれない。許可を得て義務の適用停止を行う国（ＧＡＴＴ上の利益の無効化・侵害を蒙っている申立国）の主観の問題としては特にそうである。しかし、「制裁」乃至「懲罰」の概念は、本質的には共同体が法秩序の破壊者に対して加える行為になじむものであり、また、むしろ一定の法的義務違反に対する最終的帰結の性格を有するものであって一時的・暫定的な性格を特色とするものではない[40]。「制裁」乃至「懲罰」としての基本的性格が想定されているのであれば、申立国による申請を受けた締約国団が当該申立国だけに譲許その他の義務の適用停止を許可するという構造ではなく、国連憲章第七章の下における強制措置のように締約国団の決定に基づき被申立国以外の全締約国が必要な措置をとるという構造がより目的に合致していた筈である。

次に、本稿でいう「一方的措置」は、はしがきの中で言及したように、ＧＡＴＴ締約国による他の締約国に対する締約国団の事前の許可のない関税譲許その他のＧＡＴＴ上の義務の適用の一方的な停止をいい、次のようなものは含まない。

第一に、ある国が何らかの理由で他の国に対して貿易上の制限的な措置をとったとしても両国間にGATT関係がなければ当然のことながら条約としてのGATTとの抵触の問題はそもそも発生する余地がない。したがって、第三五条（不適用条項）の援用による場合を含め両国間にGATT関係がない場合は当然GATT上の義務との抵触の問題はない。

第二に、GATT締約国が他の締約国に対して一方的に貿易上の制限的な措置をとる場合であってもそれが第二三条二項に基づく締約国団の許可を云々する以前にそもそもGATT上の義務と抵触しない場合もある。そのような措置が経済効果の上では貿易制限的であってもGATT上禁止されていない又はGATT上正当なものとして明文で認められている場合がそれである。非譲許関税の一方的引上げ（但し、差別的な引上げであれば一般最恵国待遇付与義務に反する。）は前者の例である。後者の例としては、ダンピング防止税及び相殺関税（第六条）、国際収支擁護のための輸入制限（第一二条、第一八条）、いわゆる「セーフ・ガード」としての緊急輸入制限（第一九条）、一般的例外（第二〇条）又は安全保障上の例外（第二一条）の要件を満たす輸入制限、いわゆる「ウェイバー」が認められた輸入制限（第二五条）、一定の手続に従った譲許の修正・撤回（第二八条）等が挙げられる。

このように定義された「一方的措置」が条約としてのGATTと相容れず、その限りで仮にそのような措置がとられれば国際法上の義務違反を構成することは明白である。

三　国家責任論から見た「一方的措置」

1　国際違法行為と違法性阻却事由

二で考察したように本稿でいう「一方的措置」は、条約としてのＧＡＴＴと抵触し、その限りにおいて国際違法行為を構成する。他方、近時国際法における法執行の担保の制度的裏付けの欠如に起因する問題を強調し、他国による国際法上の義務の遵守を確保する手段として国家が自国の負っている国際法上の義務の履行を一方的に停止し得る場合があるとして、そのような場合をなるべく広く理論付けようとの試みも見られる(41)。このような主張の正当性については、主として国家責任論特に国際違法行為の違法性阻却事由という観点から検討を要すると考えられる。本稿においては、国連国際法委員会（以下ＩＬＣという）において作業が続けられている国家責任に関する条文草案をめぐる議論をも参照しつつこの問題についての一考察を試みたい。

良く知られているとおり、国家責任に関するＩＬＣ条文草案は、全体として三部から成るものとして構想されており、そのうち「国家責任の淵源」に関する第一部（特別報告者は、Ago 国際司法裁判所判事（当時））については、一九八〇年の第三二会期に第一読会を一応完了し、一応草案として確定したかたちとなっている。また、「国家責任の内容、形態及び程度」に関する第二部及び「履行及び紛争解決」に関する第三部については、一九八五年の第三七会期において第二部の第一条から第五条までにつき第一読会を一応完了したかたちになっているが、残余についてはＩＬＣによる検討を了しておらず、[42] Ago の後を引き継いで第二部及び第三部の特別報告者を務めてきた Riphagen のＩＬＣ委員選挙落選による特別報告者の交代もあって今後の作業の進展については必ずしも予断を許さない。しかし、第一読会を一応了した同草案第一部は、その第五章（第二九条から第三五条まで）において国家による国際違法行為の違法性が阻却され、国家責任が発生しない種々の場合についての基本的規定を置いており、更に、依然作業が継続中の第二部においては、他国による国際違法行為への反応として認められる国家による一方的な行為の内容、形態及び程度に関する条文案が審議され、その過程でかなりの議論が行われているので、この問題を考えるに当たってのある種の手懸りにはなり得るものと考えられる。

ところで、国家責任に関するＩＬＣ条文草案第一部の第五章は第二九条から第三四条までの各条において違法性阻却事由を列挙しているが、本稿において「一方的措置」との関係で検討すべきは、第三〇条に定める国際違法行為に対する「対抗措置（countermeasures）」の概念であると考えられる。同草案に列挙されている対抗措置以外の違法性阻却事由すなわち(イ)同意（第二九条）、(ロ)不可抗力及び偶発事態（第三一条）、(ハ)遭難（第三二条）、(ニ)緊急状態（第三三条）及び(ホ)自衛（第三四条）は、純粋に理論的な観点からは「一方的措置」の問題と全く無関係とは言い切れないかもしれないが、ここでとりたてて検討を加える実益は認められない（例えば、あるＧＡＴＴ締約国が他の締約国による「一方的措置」の発動に同意を与えるようなことは実際問題として想定し難いし、仮に同意を与えたとすれば現実には問題自体が生じない。また、はしがきに述べたような本稿の問題意識に照らせば、その他の違法性阻却事由も「一方的措置」との関係で現実的な意味を有し得るような状況は通常考えにくい)。したがって、ここでは、対抗措置以外の違法性阻却事由との関係についての検討は割愛する。

2 対抗措置

国家責任に関するＩＬＣ条文草案第一部第三〇条は次のとおり定める。

「第三〇条　国際違法行為に対する対抗措置
　一国の行為であって、他に特段の事情がなければ当該国の他の国に対する国際法上の義務と合致しないものの違法性は、当該行為が当該他の国による国際違法行為の結果として国際法の下で正当とされる措置を構成する場合には阻却される。(43)」

本条を手懸りとして、本稿の問題意識に照らして対抗措置についての基本的論点を挙げれば次のとおりである。

第一に、一九七八年の米仏間の航空協定に関する仲裁判断(44)、一九八〇年の在テヘラン米外交官・領事官人質事件に関する国際司法裁判所判決(45)及び一九八〇年に第一読会を了した国家責任に関するＩＬＣ条文草案第一部第三〇条において「対抗措置」という共通の語が使用されていることを主たる根拠として挙げつつ、対抗措置の概念は、国家が平時において他国の国際違法行為に対する反応として法執行の目的で一時的に国際法上の義務からの離脱を認められる根拠を提供する概念として既に一般国際法上確立している乃至確立しつつあるとする説がある[46]。しかし、国家責任に関するＩＬＣ条文草案第二部の審議においてReuter（米仏間の航空協定に関する仲裁裁判の裁判官の一人であった。）が述べているように[47]、米仏航空協定に関する仲裁判断との関係でいえば、対抗措置という語は復仇という語の使用を意図的に避けるために米国が申述書の中で用いたのを仲裁判断でも使用したに過ぎないというのが実態のようである[48]。在テヘラン米外交官等人質事件に関する国際司法裁判所判決における対抗措置という語の使用についても、それ自体に大きな意味を与え得る材料は見当たらない。また、ＩＬＣ条文草案第一部第三〇条について言えば、そもそも同条の条文自体において対抗措置という語が使用されている訳ではなく、標題に使用されているに過ぎないが、それも元々特別報告者Agoの原案では「制裁（sanction）」という語が使用されていたのをＩＬＣにおける審議の過程で、「制裁」という語は一般に権能のある国際機関の決定に基づいてとられる措置という狭い意味で使用されるので同条が想定している措置が右に限られるかのような誤解を避けるべしとの一部の委員の意見を受けて右を「対抗措置」という語で代替したものである[49]。このように、対抗措置自体が復仇等の伝統的な国際法上の違法性阻却事由とは別個の独自の理論的背景や国家実行に裏付けられた実定法上の概念であるとは言い難く[50]、何が違法性阻却事由としての対抗措置に該当し得るかについては伝統的な国際法上の概念による裏付けを要すると考えられる。

第二に、ＩＬＣ条文草案第一部第三〇条は、他の国による国際違法行為に対する反応としての一国の行為が「国際法の下で正当とされる措置を構成する場合（傍点筆者）」について定めているが、ここでいう国際法は条約と慣習国際法の双方より成ると考えられるので、同条では対抗措置が違法性阻却する根拠としてはそれが条約に求められる場合と慣習国際法に求められる場合の両方の場合が想定されていると考えられる。(51)これらそれぞれの場合は本来理論的には別個の問題と考えられるので、両者を一括して単一の概念でくくって単一の条文で規定しようとすること自体が批判に値するが、(52)まず、違法性阻却の根拠が条約に求められる場合についてＧＡＴＴ上の義務違反の違法性阻却を念頭に置きつつ具体例に即して述べる。

既述のように、ＩＬＣにおける第三〇条の審議経過を見ると国連憲章第七章の強制措置として安全保障理事会が行う決定に基づく国連加盟国の措置が対抗措置の典型例の一つとして想定されている。(53)例えば、安全保障理事会があるＧＡＴＴ締約国（Ａ国）による国際違法行為を平和に対する脅威等と認定し、国連憲章第四一条に基づいてＡ国に対する一定の産品の輸出禁止を決定したと仮定すると、国連加盟国たる他のＧＡＴＴ締約国（Ｂ国）は国連憲章上右決定に従う義務を負うが、右決定に従ってＢ国が当該産品のＡ国に対する輸出を禁止することとＢ国のＡ国に対するＧＡＴＴ上の義務との抵触の問題については、国連憲章上の義務の優先を定める憲章第一〇三条とＧＡＴＴ第二一条(c)の規定により国連憲章側及びＧＡＴＴ側双方において整理される。(54)逆に、右の例でＢ国のＡ国に対する措置が国連総会又は安全保障理事会の勧告等国連憲章上法的拘束力のないものに従ったものである場合にはB国のA国に対するGATT上の義務との抵触の問題を生じ、ILC条文草案第一部第三〇条の対抗措置の要件を満たさない[55]。

次に、GATT第二三条二項に基づく締約国団による許可を得た譲許その他の義務の適用の停止は、本稿二3で見たように国連憲章第四一条に基づく安全保障理事会の決定に従った非軍事的強制措置のようないわゆる「制裁」とは性格を異にしている。しかし、右が他の締約国によるGATTに違反する措置を原因とする無効化・侵害を理由として締約国団により許可される場合には、右はまさに「他の国による国際違法行為の結果として国際法の下で正当とされる措置を構成する場合」に当たると考えられるので、ILC条文草案第一部第三〇条の対抗措置に該当すると考えられる。

ところで、違法性阻却の根拠が条約でなく慣習国際法に求められる場合については、ILC条文草案第一部の審議経過及び注釈を見ると第三〇条の対抗措置として想定されていたのは、専ら武力行使を伴わない復仇であった[56]。これに対し、同草案第一部の特別報告者であったAgoを引き継いで第二部及び第三部の特別報告者となったRiphagenは、「国家責任の内容、形態及び程度」に関する同草案第二部の第八条及び第九条において、相互主義（reciprocity）による対抗措置と復仇による対抗措置をそれぞれ書き分け、その発動の要件にも差異を設けている[57]。国家責任論との関係における「一方的措置」の法的評価の問題は、せんじつめれば、GATTのようにその条約自体の枠組の中に自前の紛争処理手続を備えた条約上の義務に違反する措置をかかる手続によることなく一方的にとることが何らかの慣習国際法上の違法性阻却事由により正当化され得るかという点に帰着すると考えられる。

そこで、3以下において、「一方的措置」との関係を念頭に置きつつ相互主義と復仇について順次検討することとする。

第三に、ILC条文草案第一部第三〇条にいう対抗措置は、「他の国による国際違法行為」の存在を前提としているので、GATT第二三条二項に基づく締約国団の許可を得た譲許その他の義務の適用の停止であってもGATTに違反する措置の存在以外を原因とする無効化・侵害を理由とするものはここでいう対抗措置には該当しない。更に、本稿でいう「一方的措置」との関係については、前述のとおりGATTのようにその条約自体の枠組の中に自前の紛争処理手続を備えた条約上の義務に違反する措置を一方的にとることを何らかの慣習国際法上の違法性阻却事由により正当化し得るかという点が追って検討すべき焦点であるが、「一方的措置」の対象とされる国が国際違法行為を犯していない場合には、この点について検討するまでもなくそもそも「一方的措置」が対抗措置として国際法上正当化される余地は全くない。この点はごく当然のことと思われるが、それにも拘らず、例えば米国は、知的所有権保護やサービス貿易等未だ国際的な法規範が確立していない分野における他国の行為によって自国の利益が侵害された場合にはGATTの紛争処理手続を援用することなく、包括貿易法の関連規定に基づき「一方的措置」をとることが可能との立場をとっている(58)。

3　相互主義

Riphagen がILCに提示した条文草案第二部の第八条及び第九条の規定振りは次のとおりである

（なお、これらの条文についてはＩＬＣにおける審議の上起草委員会に送られたが未だ起草委員会がこれら条文をどのように扱うかについての結論は出ていない[59]）。

「第八条

国際違法行為により被害を受けた国（injured State）は、第一一条から第一三条までの規定に従うことを条件として、国際違法行為を犯した国に対する義務の履行を相互主義により停止することができる（entitled）。但し、当該義務が違反の対象となった義務に対応する（correspond）か又は直接に関連したものである（directly connected）場合に限る。

第九条

1　国際違法行為により被害を受けた国は、第一〇条から第一三条までの規定に従うことを条件として、国際違法行為を犯した国に対する義務の履行を復仇により停止することができる。

2　前項の権利の行使は、その効果において、犯された国際違法行為の重大さの程度を明白に超えるものであってはならない（Shall not be manifestly disproportionate）[60]。」

右記の第八条及び第九条に引用されている第一〇条から第一三条までの規定は、それぞれ、(イ)第九条に定める復仇による措置は援用可能な紛争の平和的処理に関する手続を尽した後でなければとることができない（第一〇条）、(ロ)国際違法行為によって被害を受けた国は、多数国間条約が規定する義務であって、締約国全体の利益に係るもの又は私人の保護に係るものの履行を停止することは認められない（第一一条二）、(ハ)多数国間条約の義務違反が行われた場合において、当該条約がそのような義務の履行を確保するための集団的決定の手続を規定しているときは、被害を受けた国はそのような集団的決定が行われない限り自らの義務の履行を停止することは認められない（第一一条二）、(ニ)外交官及び領事官の特権・免除に係る義務並びに一般国際法上の強行法規に基づく義務は、第八条又は第九条に基づく履行の停止の対象とはならない（第一二条）、(ホ)多数国間条約の目的自体を破壊するような明白な条約の義務違反に対しては、第一〇条及び第一一条は基本的に適用されない（第一三条）との趣旨を定めている。[61]

Riphagen は、国家責任に関するＩＬＣ条文草案第二部及び第三部に関する自らの構想を説明した特別報告書において対抗措置を相互主義によるものと復仇によるものとに区別すべき理由及び根拠につき詳細に論述している。[62] しかし、卒直なところ右論旨は単純明快とは言えず、また、自らが仲裁裁判官団の長を務めた一九七八年の米仏航空協定に関する仲裁判断[63]の結論に過度に依拠して右との整合性を確保するために前述のような複雑すぎる条文案を起草する結果になっている感がある。紙数の限界から網羅的な検討を行う余裕はないが、特に本稿のテーマと関係が深いと思われる主要論文に絞って以下批判的な検討を加えたい。

第一に、相互主義が違法性阻却事由として実定国際法上の法規又は法制度の中に確立していることの根拠について疑問がある。一般に相互主義とは、「複数の諸国が、同一又は等価の権利・利益の許与とか義務・負担の引受けを保障し合い、相互の間に待遇の均衡を維持する関係に立つこと[64]」をいう。国際関係においては、いずれの国の政府も通常自らが外国政府又はその国民に同等の待遇を約束しない限り当該外国から自ら又は自らの国民に対するいかなる待遇についての約束も得られないことを経験上熟知しており、(65) その意味で相互主義は国際関係を律する重要な一般的原則ということができる。しかし、その実定法上の位置付けについて言えば、相手方の義務違反によるものであろうと事情変更等その他の理由によるものであろうと相手方が履行しなかった義務と同一のものを相手国が履行しなかった分だけ履行しないことが認められるということは国際法に内包された一般原則であって、等価（equivalent）の義務不履行はそもそも適法であり違法性阻却の問題ですらないとする説(66)も無い訳ではないが、次のような考え方が一般的と考えられる。

……この原則は、観念的には国家の主権平等の原則に基づくものであるが、国内法の場合とは異なり、実定国際法上の法規または法制度としてなお十分には成熟していない。したがって、相互主義は、しばしば国際法規を定立しまたは適用する際に援用されるのであり、いわば実定国際法が依拠する支柱としてその外に立って、独自に機能する場合が少なくない。(67)（傍点筆者）

この点についての Riphagen 自身の記述は、「一国による一定の義務の履行が他の国による同一の又は他の義務の履行を条件とするという意味での相互主義は、これらの義務が交渉され又は締約される際に当事国により設定され得る法的な連結（legal link）である(68)（傍点筆者）」、「そのような〔reciprocal primary rights and obligations の〕関係が存在するか否か、また、存在するとしてどの程度まで存在するかは、成立をめぐる状況に照らした第一次的法律関係（primary legal relationship）の解釈の問題である[69]（傍点筆者）」等と述べるのみであり、相互主義が違法性阻却事由として特段の条約上の規定の根拠なしに実定国際法上の法規として確立していることを実証的に示し得ているとは思われない。また、Riphagen のいう相互主義の前提としての *quid pro quo* 乃至 *do ut des* の権利・義務の連結関係についても Riphagen の記述は、「少なくとも条約関係においては常に与えられるために与える（*do ut des*）という要素がある[70]（傍点筆者）」等きわめて抽象的なものに留まっており、条文草案第八条の文言も曖昧である。Riphagen の体系によれば、このような権利・義務の連結関係があるか否かによって相互主義による対抗措置が発動できるか後述の復仇による対抗措置しか発動できないかが決定され、かつ、相互主義による対抗措置の場合には復仇による場合と異なり援用可能な紛争の平和的処理手続を事前に尽くすという制約が課されないという極めて実質的な差異が生ずるのであるから、そのような権利・義務の連結関係の存在につきよほど明確な客観的基準がないと右体系は現実問題として機能し得ない。

第二に、Riphagen の条文草案においては、復仇により対抗措置については原因行為たる国際違法行為による法益侵害の程度と対抗措置による法益侵害の程度の関係の比例性（proportionality）について明文の規定（第九条二項）を置きながら、相互主義による対抗措置については何らの規定も置いていない。この点について Riphagen は、相互主義による対抗措置に関する第八条の注釈の中で「比例性及び暫定性は、相互主義による措置に固有（inherent）な要素である[71]」及び「仮に特定の事態、特定の時点において相互の義務の履行と不履行との関係が完全に均等（equal）でなくとも相互主義に基づく措置が正当化されることはあり得る」[72]と述べているが、特にその根拠は示していない。右に照らしても、相互主義による対抗措置と復仇による対抗措置の区別は疑わしい。

第三に、Riphagen の条文草案の背景にある条約違反を理由とする対抗措置に関する国家責任論の文脈での違法性阻却の法理と条約法の法理との関係についての基本的考え方についても疑問がある。Riphagen は、復仇と条約法に関するウィーン条約第六〇条に基づく重大な条約違反（material breach）を理由とする条約の終了又は運用停止のための措置との目的及び機能の差異を強調する。[73]そして、復仇は権利の保全のための自助（self-help）を目的とする対抗措置であって通常なら国際違法行為を構成する行為の違法性が阻却される場合であり、基本的には法規範の履行確保（enforcement）の段階に属すると主張する。[74]これに対し、条約の重大な違反を理由とする条約法条約第六〇条に基づく条約の終了又は運用停止の措置については、それ自体もともと条約に違反する措置ではなく、また、条約の終了又は運用停止によって条約違反を行った国の条約に基づく第一次的義務（primary obligations）も終了又は停止されると解すべきことを挙げてそのような措置は法規範の履行確保の段階ではなく法規範の生成（変更及び終了を含む）の段階に属するとされる。[75]その上で条約法という国家責任に関する規則とは全く別個の国際法上の規則に基づく措置に対して国際法上復仇に課される諸制約を同様に課すことは正当化されないとして、国家責任に関する条文草案には同草案の規定は条約法条約に基づく条約の終了・運用停止等に関する問題には影響を与えない旨の規定を置く必要があるとする。[76]その結果としてＩＬＣ条文草案第二部第一六条にその旨の規定を置く（この規定はウィーン条約法条約第七三条に対応し条約法の法理と国家責任の法理が相互に影響を与えないことを確認するために必要であるとされる[77]。しかし、条約法条約第六〇条の規定を専ら条約法の法理であって国家責任の法理とは全く別個のものであるとして、条約違反の帰結の問題は純粋に条約法の世界の中で取り扱おうとする Riphagen の前提には疑問がある[78]。一般国際法の観点からは、国際義務違反を構成する行為から生ずる国家責任は当該義務の淵源が慣習法であるか条約であるかにより影響を受けないのであるから、両者につき異なる国家責任のレジームを想定することは正当化されない[79]。このような考え方に従えば、条約法条約第六〇条の規定及び同条に基づいて条約を終了又は運用停止させるために従わねばならない同条約第六五条から第六九条までの手続は、一般国際法上他の国による重大な条約違反という国際違法行為に対する反応として通常なら国際法違反となる条約の一方的な終了・運用停止の違法性が阻却される場合において、国家責任に関する国際法上の規則に基づく制約を加えて条約法の観点からそのような措置が満たすべき付帯的制約（collateral constraints）[80]を定めたものと考えるべきであろう[81]。条約上の義務違反の帰結の問題を純粋に条約法の世界の中だけの問題と考えるかどうかは、条約法条約第六〇条が対象とする重大な違反には至らない程度の条約上の義務違反が行われた場合に被害国は当該条約自体の効力に影響を与えることなく当該義務違反に対応する条約上の義務の不履行を行い得るかという論点に大いに関係して来る[82]。この点は、本稿でいう「一方的措置」と直接関連する論点である。条約法条約にはこの点に関する明示の規定はないが、多くの学説はそのような義務の不履行が正当化される可能性を肯定し[83]、国家実行もこれを裏付けている[84]。他方、その法的根拠を *in-*

adempleti non est adimplendum 乃至 *exceptio non adimpleti contractus* という契約法上の相互主義の概念のアナロジーに基づく条約法に関する慣習国際法上の原則に求め得るとすることは[85]、そのような原則の実定国際法上の裏付けについての説得力に疑問があるのみならず、このような場合についての国家責任に関する規則に基づく諸制約の適用の有無を曖昧にするという観点からも不適当であると考える。多くの学説もこのような条約違反に対する対抗措置を復仇の法理によって説明している[86]。

以上、ＧＡＴＴという条約に違反する「一方的措置」が国家責任論の観点から相互主義によって正当化されることがあり得るかを検討したが、結論は否定的であった。次に、復仇との関係を検討することとする。

4　復　仇

国際法上の復仇は、歴史的にはローマ法の *lex talionis* に淵源を有し、近代国際法上、中世後期及び近世初期以来実施されていた私的復仇（private reprisal）、すなわち私人がある外国共同体の構成員に対する私的債権の実施のために自らの属する国家から許可を得て同国に所在する当該外国共同体の他の構成員の財産に対する強制執行を行うこと、からこのような私的債権の存在を前提としない国家間の公的復仇（public reprisal）へと発展していったとされる[87]。国連憲章により武力の行使が原則的に禁止される以前においては、他国の国際法違反に対して最終的には武力の行使も含み得る復仇によって自国の国際法上の法益を保全することが認められていたことから、復仇という語には武力復仇

（armed reprisal）への連想が不可避的に伴いがちであり、それが今日復仇という語自体に抜き難いマイナス・イメージをもたらしている[88]。

しかし、今日においても、一国が他の国による国際違法行為に対して一定の条件の下に武力の行使以外の手段による復仇により国際法上の義務から離脱し得ることは広く認められており[89]、既述のとおりＩＬＣの国家責任に関する条約草案第一部第三〇条の対抗措置に関する条文の注釈を見ても、同条にいう対抗措置が国連憲章に基づく強制措置を除けば主として武力行使を伴わない復仇（non-forcible reprisal）を念頭に置いたものであったことが分かる[90]。

万国国際法学会（Institut de Droit International）は、一九三四年の会期において平時における復仇に関する決議を行った[91]。同決議の第五条は、紛争処理に関する事前の約束が存在する場合の復仇の援用への制約について定めているが、この問題については追って5で触れることとし、平時における復仇の従うべき一般条件を定めた第六条の内容をまず見ることとする。第六条は、次のとおり定める。

「復仇の実施に当たっては、国家は次の規則に従わなければならない。

（1）あらかじめ、違法な行為を行った国に対し当該行為の中止及び必要な補償を行うことを求めること、

（2）違法とされる行為の重大性及び蒙った被害の大きさと相手国に課す制約とを比例させる（proportinner）こと、

(3) 復仇の影響をそれが向けられている国に限定し、可能な限り、私人及び第三国の権利を尊重すること、

(4) 人道に関する法（lois de l'humanité）及び一般的良心（conscience publique）の要求に背馳するようないかなる過酷な措置をとることも慎むこと、

(5) 当初に定められた復仇の目的を逸脱しないこと、及び

(6) 相当な満足が得られ次第直ちに復仇を停止すること[92]」

これらの条件は、復仇の服すべき制約として基本的に現在においても妥当する。[93] 但し、(4)については、復仇により国際法上の強行法規に背馳するような措置をとることは認められないと読み替えるべきであろう。[94] この趣旨は、Riphagen もＩＬＣ条文草案第二部第一二条の規定に定めている。[95]

なお、復仇の法理に関する国際判例として最も著名なのは、一九二八年のアフリカ南部のポルトガル植民地における損害に対するドイツの責任を問うたナウリラー事件に関する仲裁判断[96]である。同仲裁判断は、(イ)ドイツによる復仇の前提条件としてのポルトガルによる国際法上の義務違反は認定されなかったこと及び(ロ)ドイツの行為に先立って正式な対ポルトガル申入れが行われなかったことを理由としてドイツの行為は復仇の要件を満たしていなかったとすると共に、(ハ)原因たる違法行為との均衡を失した復仇は違法であるとの判断を示している。[97] 同仲裁判断は、武力復仇に関するものであるが、同仲裁判断に述べられたこれらの基本的な条件は武力行使を伴わない復仇にも当てはまるものである

と考えられている。

以上、武力を伴わない復仇の要件について見てきたが、本稿でいう「一方的措置」との関係で最も関連のある重要な要件は比例性（proportionality）の要件と考えられる。その上で、既述のとおり本稿のテーマとの関連での最大の論点は、仮にある「一方的措置」が比例性の要件を含め右に見た復仇の要件を満たしている場合であっても、二で概観したような紛争処理手続を含んだ条約であるＧＡＴＴに違反するそのような措置を紛争処理手続を援用することなく復仇としてとることがそもそも認められる余地があるのかという点に他ならない。この点を最後に検討する。

5　紛争処理手続の存在と復仇

一般国際法上国家は紛争を平和的に解決する一般的義務を負っており、この原則は国連憲章第二条3項にも明文化されている。右にも拘らず国家が一定の条件の下に他の国の国際違法行為に対して復仇をもって対抗し得る場合があることについては異論は見当たらない。ここで検討すべき問題は、特定の紛争を一定の具体的紛争処理手続で処理するための特別の法的枠組が存在する場合にそのような紛争処理手続を経ることなく直ちに復仇に訴えることが国際法上認められるかという点である。この点に関し、前出の一九三四年の万国国際法学会の平時における復仇に関する決議の第五条は次のとおり定めている。

「復仇は、武力の行使を伴わないものであっても、法の遵守が平和的解決の手続により効果的に確保され得る場合には禁止される。したがって、特に次のような場合には復仇は禁止されるものと解釈される。

(1) 違法という非難を受けている行為が、当事国の間で効力のある法により、暫定措置(mesures provisoires)又は保全のための(conservatoires)措置を請求により命ずることについても同様に権限を有する裁判官又は仲裁裁判官の義務的な管轄(compétence obligatoire)に属しており、かつ、違法行為の非難を受けている国がその管轄を逃がれようとしたり、その機能を遅滞させようと試みていない場合

(2) 平和的解決の手続が前項に述べたような条件の下で進行中である場合(復仇がそのような手続の開始に先立って既に合法的に行われていた場合についてはこの限りではない。但し、問題を提起された紛争解決機関による停止の決定に従うことを条件とする。)[98]」

次に、関連の判例に眼を転ずると、まず欧州共同体裁判所には、EEC設立条約(ローマ条約)の義務違反をめぐる復仇の合法性について複数の判例が蓄積されている。その最初の事例である一九六四年のEEC対ルクセンブルグ及びベルギーの訴訟においては、これら二カ国がローマ条約第一二条の規定に違反して他のEEC加盟国よりの脱脂粉乳の輸入に対し特別関税を課したことの合法性が争われた。両国は、(イ)共同体が牛乳の共同市場の組織化を怠っていることはローマ条約に違反すること

及び(ハ)条約の締約国は他の締約国による条約違反に対抗して一定の条約上の義務の履行を控える権利があることを理由に両国の措置は合法であると主張したが、裁判所は両国の主張を斥けた。その後の同様の事例においても、共同体裁判所は、共同体法に基づく紛争処理手続援用の可能性を理由に慣習国際法に基づく対抗措置は排除される旨判示している[99]。

次に、一九七八年の米仏航空協定に関する仲裁裁判は、国際的な紛争処理機関がこの問題について判断を下した最初の事例である。本件は、米仏航空協定の条文の解釈（特定の中継地点における機体の変更（change of gauge）の可否）をめぐって米仏間に争いがあり、仏政府による自国の解釈に基づく措置を不満とした米国政府が、米仏間で仲裁裁判への付託に関する交渉が進行していた間に米仏航空協定の下で認められているエール・フランスの米仏間の航行便の一部の運航停止命令を出した（実際には実施されず）ことの合法性が協定に関する紛争処理につき定めた同協定第一〇条との関係も含め争われた事例である。仲裁裁判において仏は、(イ)米国の行為はそもそも復仇の要件を満たしていないと主張すると共に、(ロ)仮に復仇の要件が満たされていたとしても条約の運用の一部停止のような措置は他に条約の遵守を確保する手段が全くない場合に限られるが、米仏航空協定第一〇条が「協定又はその附属書の解釈又は適用に関するいかなる紛争も相互の協議によって解決をみない場合にはＩＣＡＯ理事会に勧告的報告のために付託されなければならない（shall be referred for an advisory report）」と規定していることに照らせば本件はそのような場合に当たらない旨主張した。この仏の主張の(ロ)の点に対して米国は、仏のような主張は、直ちに保全のための暫定措置を示す権限を有する真の国際的な司法機関が成立するというような事態にならない限り現行の慣習国際法を激的に変更することを意味するので到底受け容れられず、そのような結論は条約違反を犯す国を一方的に利する不合理な結果をもたらすと反論した。この点について仲裁判断は次のとおり判示している。

……このような対抗措置の合法性は、他の観点からも検討されなければならない。法解釈に関する紛争がある場合においてそのような紛争を解決することのできる仲裁又は司法の仕組みが存在するときにそのような対抗措置が一般に認められるかについては疑問が呈せられ得よう。多くの法律家は、仲裁又は司法の手続が現に進行中の間においては、対抗措置の援用はたとえそれが比例の原則（proportionality rule）によって限定されたものであっても禁止されると考えて来た。そのような主張は、共感を呼ぶものではあるが、更に詳細な検討を要する。この手続が義務の履行確保（enforcement）をある程度保障する制度的な枠組の一部を成す場合には、対抗措置の正当性は疑いなく消滅するが、これは仲裁又は司法の手続の存在自体に基づくというよりはそのような枠組の存在に基づくものである。[100]（傍点筆者）

……他方、紛争が裁判に係る以前における状況は、当該紛争が係争中（*sub judice*）となっている期間と同一には論じられない。紛争が裁判所に係属していない間、特に手続の開始のために当時国間の合意が必要な場合には、交渉の期間は終了しておらず前述の規則が依然適用される。当事国が仲裁又は司法の手続を援用することに原則としては合意している場合だけにこれは遺憾な解決のように見えるかもしれない。しかし、今日の国際法の下で国家はそのような状況の下で対抗措置を放棄してはいないことを認めなければならない。事実、この解決は、国家による仲裁又は司法の紛争解決手続の受諾を促進するという意味で望ましいとも言い得る。(101)

右に引用した米仏航空協定に関する仲裁判断の意義を強調して、紛争について仲裁又は司法の手続が開始されるまでの間は対抗措置の発動には何らの手続的制約もないとする立場もある。(102) しかし、同仲裁判断の結論をそこまで一般化できるかは疑問である。少なくとも、本稿のテーマである「一方的措置」との関連で同仲裁判断を論ずるに当たっては次の諸点を考慮する必要があると考えられる。

第一に、本件仲裁判断の結論は、米仏航空協定の紛争処理規定を前提としたものであって、これを異なる内容の紛争処理規定を有する他の条約にそのまま当てはめようとすることは適当ではない。米仏航空協定の第一〇条は、いわゆる「バミューダI型」航空協定に共通の紛争処理規定で、相互の協議によって解決できなかった紛争を勧告的報告のためICAO理事会に付託することを定めているに過ぎない。国際民間航空条約（シカゴ条約）上同条約自体の違反については集団的決定に基づく制裁も含めた手続が設けられているが（第一八章）、右手続はシカゴ条約の下で締結された二国間の航空協定に係る紛争には適用がなく、米仏航空協定の紛争処理条項に基づいて紛争がICAO理事会に付託されても特に実効性のある紛争処理は期待できない体制になっている。それだからこそ、米国は仏に対し本件紛争をICAOの枠組とは別個の仲裁裁判に付託することを提案した訳であるが、米仏航空協定第一〇条上そのような仲裁裁判に応ずることは締約国の義務とはなっていないことに注意する必要がある。

これに対してGATT第二三条二項の紛争処理手続は、二で概観したように米仏航空協定に関する仲裁判断のいう「義務の履行確保をある程度保障する制度的な枠組」を構成しており、しかも同手続は事実上義務的なものとなっていることが指摘される。まず、既に見たように同手続上、他の締約国によるGATTに違反する措置に対しては、そのような措置の撤廃を求める締約国団の勧告又は決定の実施を促進するための道義的圧力の仕組みが現実に機能して来ていることに加え、最終的には締約国団の許可を得て譲許その他の義務の援用を停止する可能性も制度化されている。また、第二三条二項の手続は必ずしも義務的ではないとのあり得る批判については、GATT自体の規定の文言からは必ずしも自明とは言えないものの、同規定の運用について確立した慣例によれば、他の締約国の要求にも拘らず第二三条二項の手続を拒否し続けることは事実上不可能である。特に、ウルグァイ・ラウンド中間レビューの成果として成立した紛争処理手続の改善に関する合意において、協議要請からパネル設置の決定、パネルの審査期間、パネル報告の提出から理事会による採択までの期間等につき手続の拘束化、迅速化の方向で大幅な改善が行われたこと[103]が考慮されなければならない。

第二に、米仏航空協定のような二国間条約に関する紛争とGATTのような集団的紛争処理の仕組みを内包する多数国間条約に関する紛争を同一に論ずることも適当ではない。二国間条約においては、ある条項の解決がどうなるかは基本的には当事国二国のみに影響を与える問題であって、第三国に与える影響は余り無い。これに対して、多数国間条約においては、ある条項に締約国たるA国とB国との間である解釈が与えられることは、B国と第三の締約国たるC国との法的関係、更にはC国と

D国との法的関係にも影響を及ぼし得る。このような多数国間条約について個々の締約国の一方的な判断に基づく復仇を認めると、締約国相互の法的関係が混乱して条約の機能を危殆に曝す惧れがある。米仏航空協定に関する仲裁裁判の裁判長でもあった Riphagen が、国家責任に関するＩＬＣ条文草案第二部第一一条二項として、多数国間条約の義務違反が行われた場合において当該条約がそのような義務の履行を確保するための集団的決定の手続を規定しているときは被害を受けた国はそのような決定が行われない限り自らの条約上の義務の履行を停止することは認められない旨の規定を提案していることは[104]、このような考え方を反映するものである[105]。

以上に照らし、ＧＡＴＴの紛争処理手続の法的枠組と運用の実態を併わせた総合的な評価を基にこの問題を考察した結論として、ＧＡＴＴ第二三条二項の手続を経ることなく「一方的措置」をとることは、当該措置の対象国が第二三条二項の手続の進行を不当に妨げているような場合を除けば、ＧＡＴＴという条約に照らして違法であるのみならず、一般国際法の観点からも正当化され得ないと考えられる[106]。最後に、同様の結論を支持する有力な学者の説を引用して結びに代えたい。

……紛争処理の特別の手続の規定を有する条約の文脈の中で経済的な紛争が発生する場合、平和的な手続の使用の前に復仇を一方的に援用することは認められない。したがって、それが通商条約における仲裁条項であろうと、漁業や河川を律する条約の下に設けられた委員会の下での手続であろうと、ＩＣＡＯ、ＩＴＵやＵＰＵ条約の下での紛争条項であろうと、ＧＡＴＴ、ＥＦＴＡ又は種々の商品協定における異議申立ての手続であろうと、欧州共同体における裁判所による司法手続であろうと、これらの手続を事前に尽くすことは、いかなる復仇の権利にも先立つ前提条件とみなされなければならない[107]。

四　あとがき

GATT第二三条は、基本的にはハヴァナ憲章の紛争処理規定を受け継いだものであるが、ハヴァナ憲章の起草者たちは同憲章の紛争処理規定の下で「一方的措置」のようなものが認められるとは全く想像すらしていなかったと思われる。ハヴァナ憲章の起草者の一人である米国人Clair Wilcox の次の言葉は、そのことを雄弁に物語っている。

……この規定により我々は国際経済関係に新たな原則を導入した。我々は、世界の諸国に対して自らの報復する（retaliate）力を制限する権利を国際的な機構に委ねることを求めた。我々は、報復（retaliation）を飼いならし、規律し、境界の中に封じこめようとしたのである。報復を国際的な統制の下に置くことにより我々はその拡散と増殖に歯止めをかけると共にそれを経済戦争の武器から国際秩序の道具に変換せんと努めたのである[108]。

（1）　本稿を通じて「条約」という語は、日本国憲法第七三条三項の狭義の条約ではなく、広義の条約すなわち「条約法に関するウィーン条約」にいう条約と同義に用いている。
（2）　Jackson, J. H. and Davey, W. J., *Legal Problems of International Economic Relations, 2nd Edi-*

tion (1986), pp. 2-4; McGovern, E., *International Trade Regulation, 2nd Edition* (1986), pp. 3-4.

(3) 紛争処理手続改善に関する合意は、一九八八年一二月のモントリオールにおける中間レビュー閣僚会合の期間中に実質的に成立したが、他の交渉項目の中農業、繊維等四分野において合意が成立しなかったため、翌八九年四月に改めて行われたジュネーヴ会合まで実際には凍結されていた。

(4) Jackson, J. H., *World Trade and the Law of GATT* (1969), pp. 164-165.

(5) GATTの諸手続については、協定の規定自体の検討のみではなくその運用の細則に関する諸決定や慣行を総合的に検討しないと運用の実態を正確に把握し難い面がある。第二三条二項の手続の叙述については、Jackson, *op.cit.*, pp. 163-189 が古典的ともいうべきまとまった文献であるが、出版年がやや古く、その後の進展につき補足する必要がある。同書の出版以降に紛争処理手続との関係で行われたまとまった主要決定には、東京ラウンドの成果の一つである一九七九年一一月二八日採択の「通報、協議、紛争処理及び監視に関する了解事項」(*Basic Instruments and Selected Documents* (*BISD*) 26S/210, 以下「了解事項」という)、一九八二年一一月二九日採択の「閣僚宣言」(*BISD*29S/13, 以下「閣僚宣言」という)及びウルグァイ・ラウンド中間レビューの成果として一九八九年四月一二日に採択された「紛争処理規則及び手続の改善」(GATT Document C/W/585 (1989)) 等がある。

(6) 第二三条一項の規定によれば、協定上の利益の無効化又は侵害と並んで「この協定の目的の達成が妨げられている」ことについての調整も想定されている。しかし、これまでに協定の目的達成の阻害が第二三条一項に基づいて提起された事例は四件のみであり、かつ、それらのいずれも第二三条二項の手続までは進まなかった。この点につき、Plank, R., "An Unofficial Description of How a GATT Panel Works and Dose Not", *Journal of International Arbitration* (1987), p. 57 参照。

(7) 第二三条一項に基づく協議を行った場合には、改めて「二三条一項協議」を経ることなく第二三条二項の手続に移行し得ることが慣行上確立している。

（8） 当事国を含めた多くの締約国代表により構成される作業部会（working party）を設置する方法もあるが（「了解事項」の附属書第一項参照）、議論が散漫になり勝ちなこともあり、近時は三名又は五名（最近は三名が一般的）の私人の資格のパネリストにより構成されるパネルを設置することが一般的である。
（9）「了解事項」（*BISD* 26S/210, GATT Document L/4907）附属書参照。
（10） *BISD* 11S/95（GATT Document L/1923）.
（11） *Ibid.*, para. 15. 原文英語、邦語訳筆者。
（12） *BISD* 26S/210（GATT Document L/4907）ANNEX para. 5. 原文英語、邦語訳筆者。
（13） *BISD* 31S/94（GATT Document L/5623）.
（14） *Ibid.*, para. 55. 原文英語、邦語訳筆者。
（15） *BISD* 34S/136（GATT Document L/6175）.
（16） *Ibid.*, para. 5·1·3—para. 5·1·7. 原文英語、邦語訳筆者。
（17） Jackson, *op.cit.*, pp. 181–182 の記述はこの点で古い。
（18） *Supra* note 10.
（19） *Ibid.*, para. 15. 原文英語、邦語訳筆者。
（20） Plank, *op.cit.*, p. 58.
（21） Jackson, *op.cit.*, p. 168.
（22） GATT Document L/5776.
（23） *Ibid.*, para. 4.26.
（24） ＥＥＣが前掲注(22)のパネル報告書の採択を拒否しているのは、同報告書が第二三条一項（b）による無効化・侵害を関税譲許が行われている場合のみでなく譲許されていない関税にも拡大する結論を出したことを理由としている（GATT Document C/M/187（1985））。

（25） *BISD* 11S/99（GATT Document L/1923） at para.12.

（26）「了解事項」（*BISD* 26S/210）附属書第四項。

（27） 外務省条約局「主要条約集（昭和六〇年版）」一四三九頁。

（28）「了解事項」（*BISD* 26S/210）第二三項。原文英語、邦語訳筆者。

（29）「閣僚宣言」（*BISD* 29S/13）(viii)項。原文英語、邦語訳筆者。

（30） 最近の例では、米国は自国の措置がＧＡＴＴに違反するとされた二案件（輸入石油・石油製品に対する差別的課税、通関手数料）についての締約国団の勧告を実施していない。

（31） 山手治之「ＥＣ法におけるガットの地位」太寿堂鼎先生還暦記念『国際法の新展開』（東信堂、一九八九年）一一〇頁。

（32）「了解事項」（*BISD* 26S/210）附属書第四項。原文英語、邦語訳筆者。

（33）「閣僚宣言」（*BISD* 29S/13）(ix)項。原文英語、邦語訳筆者。

（34） *BISD* 1S/33（GATT Document L/61）. 原文英語、邦語訳筆者。

（35）「報復（retorsion）」とは、一国が他の国の非友好的な行為に対する反応として非友好的だが国際法に違反しない行為でむくいることを言い、通常なら国際違法行為となる行為を他の国の国際違法行為に対する反応として行うことにより違法性が阻却されることを内容とする「復仇（reprisal）」（本稿三で検討する。）と区別される。両者の関係について Colbert, E. S., *Retaliation in International Law* (1948), pp. 2-3, foot note 1 参照。

（36） Jackson, *op.cit.*, pp. 169-170.

（37） *BISD* IIS/195（Document GATT/CP. 4/39）.

（38） *Ibid.*, para. 16. 原文英語、邦語訳筆者。

（39） 前掲注(32)。

（40） Walker, D. M., *The Oxford Companion to Law*（1980）, pp. 1017–1019, pp. 1101–1102.

（41） 例えば、Zoller, E., *Peacetime Unilateral Remedies, An Analysis of Countermeasures*（1984）.

（42） *Yearbook of the International Law Commission*（*YILC*）（1986）, Vol. Ⅱ, part Two, p. 35.

（43） *YILC*（1979）, Volume Ⅱ, Part Two, p. 115. 原文英語、邦語訳筆者。

（44） United Nations, *Reports of International Arbitral Awards*, vol. XVIII（Sales No. E/F 80. V. 7）. なお、米仏航空協定に関する仲裁判断については、5で詳述する。

（45） International Court of Justice, *Reports of Judgements, Advisory Opinions and Orders*（Judgement of 24 May 1980）.

（46） Zoller, *op.cit.*, pp. 137–138.

Owen, R. B. and Damrosch, L. F., "The International Legal Status of Foreign Gorernment Deposits in Overseas Branches of U. S. Banks", *University of Illinois Law Review*（1982）, n. 1, p. 309 は countermeasures doctrine という語すら使用している。なお、Damrosch 女史は、元米国国務省法律顧問補で米仏航空協定に関する仲裁裁判の米側副代理人であった。

（47） *YILC*（1983）, Vol. Ⅰ, p. 102 at Para. 23.

（48） *Supra* note 45, pp. 27–28 at para. 53.

（49） *YILC*（1979）, Vol. Ⅰ, pp. 55–63.

（50） Elagab, O. Y., *The Legality of Non-Forcible Counter-Measures in Intenational Law*（1988）, pp. 2–4.

（51） 条約に通常なら条約上の義務に反するある行為を特定の状況の下では行うことができる旨の明文の規定がある場合は理論的にはそのような行為について同意があらかじめ与えられている場合と観念

できると考えられる。
（52） 同様の批判として、Malanczuk, P., "Countermeasures and Self-Defence as Circumstances Precluding Wrongfulness in the International Law Commission's Draft Articles of State Responsibility", *United Nations Codification of State Responsibility*, edited by Spinedi and Simma（1987）, pp. 284–285.
（53） *Supra* note 49.
（54） Riphagen, W., *Preliminary report on the content, forms and degrees of international responsibility*（*Part 2 of the draft articles on State responsibility*）（UN Document A/CN. 4/330）, pp. 124–125 at para. 83.
（55） *YILC*（1979）Vol. Ⅰ, pp. 56–57, Schwebel の発言。但し、この点について、Njenga 等の一部委員は異論を表明している。
（56） *Ibid.*, pp. 55–56；*YILC*（1979）, Vol. Ⅱ, Part Two, pp. 115–122.
（57） Riphagen, W., *Sixth report on the content, forms and degrees of international responsibility*（*Part 2 of the draft artciles*）（UN Document A/CN. 4/389）, pp. 10–11.
（58） 米国は、ブラジルにおいて薬品及び化学製品に関する知的所有権の保護が不充分なことにより米国のこれら産品の対伯輸出が阻害されているとして一九八八年一〇月に一定の伯産品の輸入に対し一〇〇パーセントの報復関税を課した。ブラジルは、右措置をＧＡＴＴ違反として直ちに第二三条二項を援用し、一九八八年三月の理事会でパネル設置が決定された。本件パネルの結論は未だ出ていない。
（59） *Supra* note 42.
（60） Riphagen, *Fifth report*（UN Document A/CN. 4/380）, p. 3. 原文英語、邦語訳筆者。
（61） *Ibid.*, pp. 3–4.
（62） Riphagen, *Fourth report*（UN Document A/CN. 4/366 and Add. 1）, pp. 8–24, *Sixth report*（UN

Document A/CN. 4/389), pp. 10–15.

(63) *Supra* note 44.

(64) 山本草二「国際経済法における相互主義の機能変化」横田先生鳩寿祝賀『国際関係法の課題』(有斐閣、一九八八年)二四五頁。

(65) McNair, *Law of Treaties* (1961), p. 573. foot note 2.

(66) Zoller, *op.cit.*, p. 16, p. 51, p. 53; Schwebel, S. M., "The Compliance Process and the Future of International Law", *A. S. I. L. Proceeding* (1981), p. 184.

(67) 山本・前掲書二四五頁。

(68) UN Document A/CN. 4/366 and Add. 1 at para. 96.

(69) UN Document A/CN. 4/389, p. 11.

(70) UN Document A/CN. 4/366 and Add. 1 at para. 96.

(71) UN Document A/CN. 4/389, p. 11.

(72) *Ibid.*.

(73) UN Document A/CN. 4/366 and Add. 1 at para. 92.

(74) *Ibid.* at paras. 92, 94.

(75) *Ibid.* at paras. 92, 93, 94, 95.

(76) *Ibid.* at para. 98.

(77) *Ibid.* at para. 98; UN Document A/CN. 4/389, p. 15.

(78) Riphagenのこのようなアプローチを批判した見解として例えばMazzeschi, R. P., "Termination and Suspension of Treaties for Breach in the ILC Works on State Responsibility", *United Nations' Codification of State Responsibility*, edited by Spinedi and Simma (1987), pp. 57–94.

(79) 国家責任に関するＩＬＣ条文草案第一部第一七条（*YILC*（1979）, Vol. Ⅱ, Part Two, p. 92）。

(80) Mazzeschi, *op.cit.*, p. 73.

(81) 付帯的制約の考え方につき Elagab, *op.cit.*, pp. 96–135.

(82) 条約法条約起草の過程のＩＬＣ第一八会期における条文草案第五七条（現第六〇条）の注釈（UN Document A/6309/Rev. 1, *YILC*（1966）, Vol. Ⅱ, pp. 254–255 at para 6）は、重大な条約違反を理由とする条約の終了又は運用停止について、「この行動をとる権利は、復仇のいかなる権利とも独立に条約法の下に発生する（原文英語、邦語訳及び傍点筆者）」と述べている。しかし、この記述は、条約法条約に明文で定める重大な条約違反の帰結に関する規定は、そのような重大な違反に至らざる条約違反の場合の復仇の権利を否定するものではないとの趣旨に主眼があると考えられ、右記述と本文に述べたような考え方が矛盾すると考える必要は必ずしもないように思われる。

(83) Elagab, *op.cit.*, pp. 136–140 はこのような主要学説を掲げている。

(84) Whiteman, M. M., *Digest of International Law*, Vol. 14, pp. 473–477；Sinha, B. P., *Unilateral Denunciation of Treaties Because of Prior Violations of Obligations by Other Party*（1966）, pp. 104–193.

(85) Zoller, *op.cit.*, pp. 16–19.
Sinclair, I., *The Vienna Convention on the Law of Treaties*, 2nd edition（1984）, pp. 188–189.

(86) Oppenheim, L., *International Law, A Treaties, Vol. ii*（1906, 7th edition by Lauterpacht 1952）, pp. 139–140.
Rousseau, Ch., *Principes généraux du droit international public, vol. i*（1944）, p. 371.
McNair, *op.cit.*, p. 573.
David, A., *The Strategy of Treaty Termination, Lawful Breaches and Retaliations*（1975）, p. 258.

(87) Colbert, *op.cit.*, pp.9–103；Elagab, *op.cit.*, pp. 6–36.

(88) *YILC* (1979), Vol. I, p. 59 at para. 6.

(89) Elagab, *op.cit.*, pp. 1–5.

(90) *Supra* note 56.

(91) *Annuaire de l'Institut de Droit International* (1934), pp. 708–711.

(92) *Ibid.*, p. 710. 原文仏語、邦語訳筆者。

(93) Elagab, *op.cit.*, pp. 35–36.

(94) *Ibid.*, pp. 96–99.

(95) *Supra* note 61.

(96) United Nations, *Reports of International Arbitral Awards*, vol.II, p. 1013.

(97) 波多野里望・東寿太郎編著『国際判例研究・国家責任』(三省堂、一九九〇年)二二六―二三三頁。

(98) *Supra* note 91, p.709. 原文仏語、邦語訳筆者。

(99) Elagab, *op.cit.*, pp. 166–167.

(100) *Supra* note 44 at para. 94.

(101) *Ibid.* at para. 95.

(102) Zoller, *op.cit.*, pp. 118–138.

(103) GATT Document C/W/585 (1989).

(104) Riphagen, *Fourth Report* (UN Document A/CN. 4/366 and Add. 1), pp. 16–17.

(105) このような考え方に対するILC審議における McCaffrey の異論について *YILC* (1985), Vol. I, p. 99 at paras. 21–23 参照。

(106) 学説上、他国によるある条約上の義務違反を理由として復仇により異なる条約上の一定の義務を履行しないことが認められる可能性は否定されていない。例えば、McNair, *op.cit.*, p.571は、両者の条約の間に密接な相互依存関係が存在することを条件としてそのような可能性を認めているし、条約法条約のＩＬＣ審議の過程でもそのような議論が行われている（例えば、*YILC* (1963), Vol. I, p.121 at para. 79)。そこで、あるＧＡＴＴ締約国（Ａ国）が他の締約国（Ｂ国）によるＧＡＴＴ以外の他の条約上の義務違反を理由に復仇を援用してＢ国に対してＧＡＴＴ締約国団の許可を得ることなく譲許その他の義務の適用を停止することが認められ得るかという問題があり得る。この問題については、本稿二で見たようにＧＡＴＴ第二三条二項の援用の根拠が他の締約国によるＧＡＴＴ違反に限定されている訳ではないことに照らしても、Ａ国による復仇の援用の理由がＢ国によるＧＡＴＴ違反であるかＧＡＴＴ以外の条約上の義務違反であるかによって結論を異にする理由はなく、ＧＡＴＴの紛争処理手続を経ない復仇の援用はいずれの場合にも認められないと考えるべきである。

(107) Bowett, D.,"Economic Coercion and Reprisal by States", *The Virginia Journal of International Law*, vol.13 (1), 1972, p.11. 原文英語、邦語訳筆者。

(108) Document E/PC/T/A/PV/6, p.4. 原文英語、邦語訳筆者。

＊ 本稿は、筆者が純粋に個人的資格において執筆したものであり、その中に表明されたいかなる見解も筆者の所属する機関の立場を反映するものではない。

第三部　その他

8　欧州統合の進展と日本〔講演〕

（二〇〇四年）

一　はじめに

外務省の小松でございます。きょうは、欧州統合のお話をさせて頂きます。お手元に、『最近のEU情勢』（後掲図1～図14参照）と、『欧州局の改組』（後掲図15、図16参照）という二つのペーパーをお配りしております。欧州の統合がいまどのように進んでいるか、をお話ししたあと、今年の八月一日に行いました外務省の機構改革の中で、欧州局も小ぶりですが改組しました。私どもの考えでは、最近のEUの情勢に合わせて、より組織を効率的なものにするために変えたつもりです。EU情勢をお話したあとに、この機構改革にも触れさせて頂きたいと思い、お配りしました。

二　滔々たる欧州拡大の潮流

欧州においては、ご承知の通り、いま非常に大きな潮流が動いています。統合の地理的な拡大と統合の中身の深化が滔々と進んでいます。

お手元の『最近のEU情勢』というペーパー（図1）をご覧頂きますと、そこに概念別に種別してありますが、横軸が「地理的な拡大」です。一九五八年のEU六カ国から始まって、七三年にイギリス、アイルランド、デンマークの三カ国が加わり、それからご覧の通り、どんどん拡大していきました。ただいま韮澤専務理事が述べられましたように、この五月一日には一〇カ国が加盟しまして、一五カ国から一挙に二五カ国になりました。

1　拡大の特色の一つ――旧社会主義国の加盟

しかも、今回の拡大の一つの大きな特色は、旧社会主義諸国が加盟したことです。ポーランド、チェコ、スロバキア、ハンガリーといった「旧コメコン諸国」と、エストニア、ラトビア、リトアニアという、以前はソ連の中にあったバルト三国が入りました。それにマルタ、キプロス、スロベニアが加わりました。

この「地理的な拡大」は、ここで終わるのではなく、二〇〇七年を目標として、ブルガリアとルー

図1　最近のEU情勢

2004年10月5日　外務省欧州局

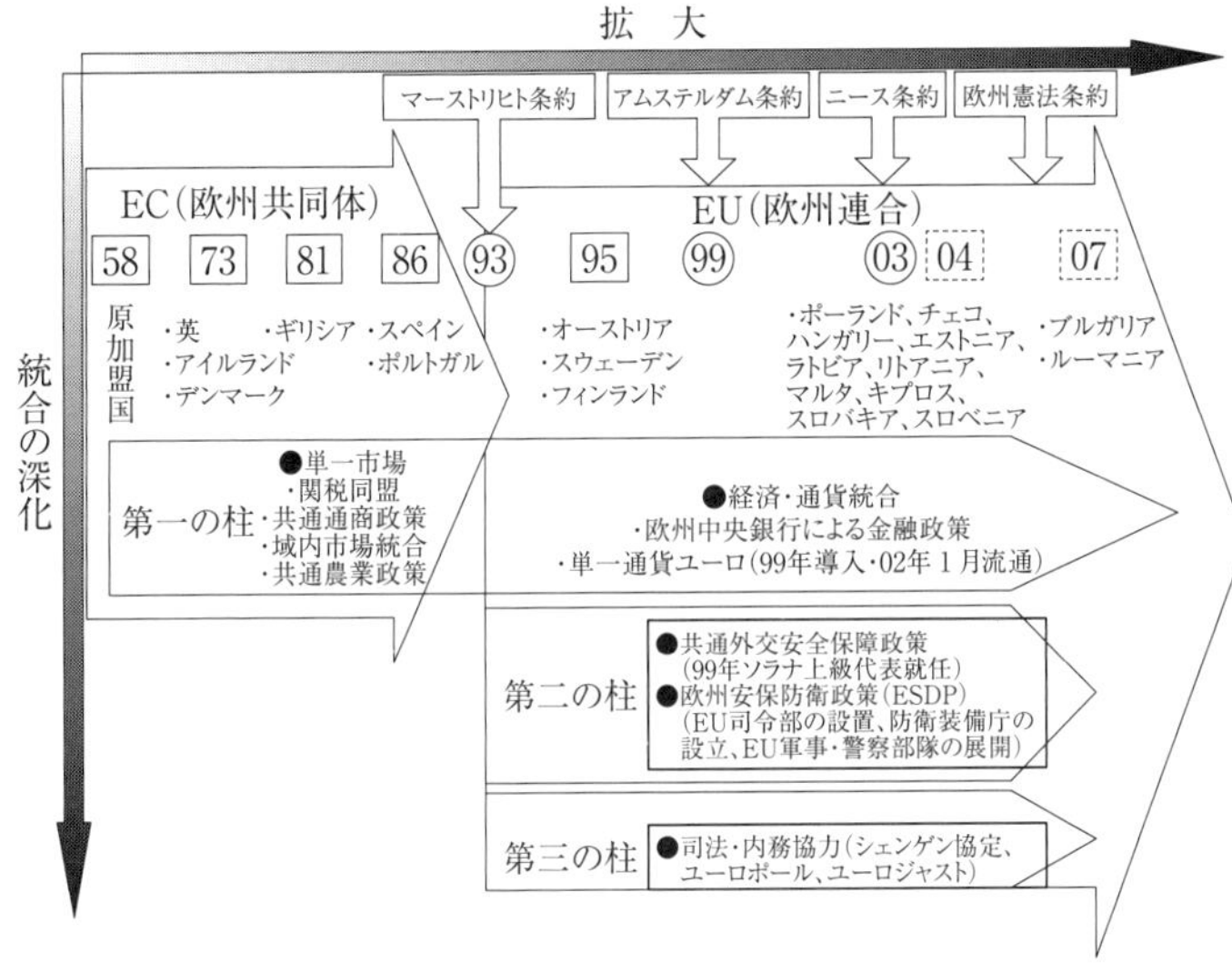

マニアが加盟交渉を行っています。

あと若干細かくなりますが、（図2）にありますクロアチアが、旧ユーゴの中で政治的な体制も経済的な条件も他のところに比べて相対的に進んでいますので、クロアチアは本年六月に加盟候補国として認められました。もっとも、交渉を開始するということは決まっていますが、しかし、いつ加盟を目標にするかというところまでは決まっていません。

2　注目されるトルコの加盟問題

それから、「地理的拡大」の観点から言いますと、今年非常に注目されますのはトルコの問題です。ダーダネルス、ボスポラス海峡を越えて通常は伝統的な意

図2　EU拡大

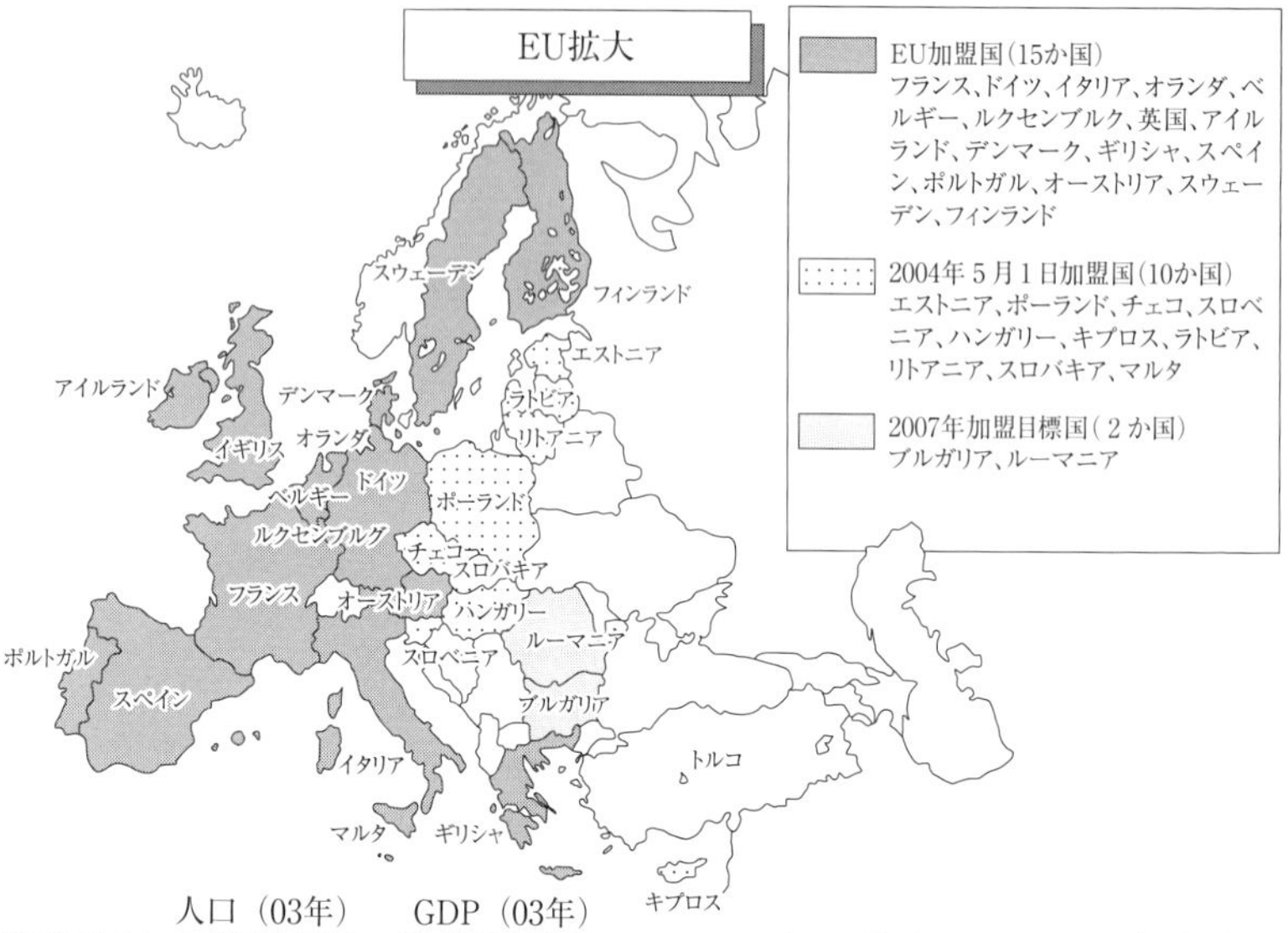

	人口（03年）	GDP（03年）
EU15か国	3億7974万人	10兆5130億ドル
EU25か国	4億5390万人	11兆0040億ドル
日本	1億2710万人	4兆3020億ドル
米国	2億9104万人	10兆9850億ドル

トルコ及びクロアチアはEU加盟候補国（交渉未開始）

マケドニアは04年3月加盟申請

出典　GDP：IMF World Economic Outlook Database
人口：世銀 World Development Indicators

味におけるヨーロッパとは認識されていないトルコとの間で加盟交渉を開始するかどうかが、本年末までに決定されるか否かが焦点になっています。

さらに言いますと、一〇月六日に欧州委員会がトルコとの加盟交渉を開始するかどうかについて勧告します。それを受けて、最終的な決定は欧州理事会の方ですることになります。

トルコについては、宗教的に国民のほとんどがイスラム教徒であるのと、文化的にもヨーロッパとはかなり異質なものがあるということで、ヨーロッパの中でも国民レベルになりますとかなりの議論があります。

そのトルコが、なぜ「ＥＵ拡大」の俎上にのぼっているかといいますと、ＥＵとは別にＮＡＴＯ（北大西洋条約機構）があり、トルコはそのＮＡＴＯの一つの要めになっていることから、アメリカがヨーロッパにトルコを入れてやるべきだという立場をとっているからです。ＥＵの国々も、政府レベルでは、いまのところ、これに表立って反対はできないという状況です。

ところが、例えば、フランスにおいては、政府は、トルコの加盟に基本的には賛成という態度をとっていますが、シラク大統領のお膝元の与党から異論が出るなどしまして、シラク大統領は、この問題についてやや孤立する状況にあります。

このように、トルコのＥＵ加盟は複雑な問題でして、どういう結論になるかはいまは予測できない面もあります。一般的には、一〇月に欧州委員会が出す勧告は、交渉の開始の方向になるのではないかと見られています。ただ、場合によっては、いろいろな慎重な意見にも配慮して、交渉は開始するが、難しいことが起きたら中断することもあり得るということです。

欧州理事会は、その勧告を受けてトルコとの交渉を開始するということ自体は一二月に合意されるのではないかと見られます。他方、どの時期から交渉を始めるかということもありますし、いずれにしても、交渉を始めてから実際に交渉が妥結するまでには少なくとも一〇年はかかるのではないかといわれていまして、かりに交渉が開始されましても、直ちにトルコがＥＵのメンバーになるということにはなっていないというのが現状かと思います。

図3　ユーロ参加国

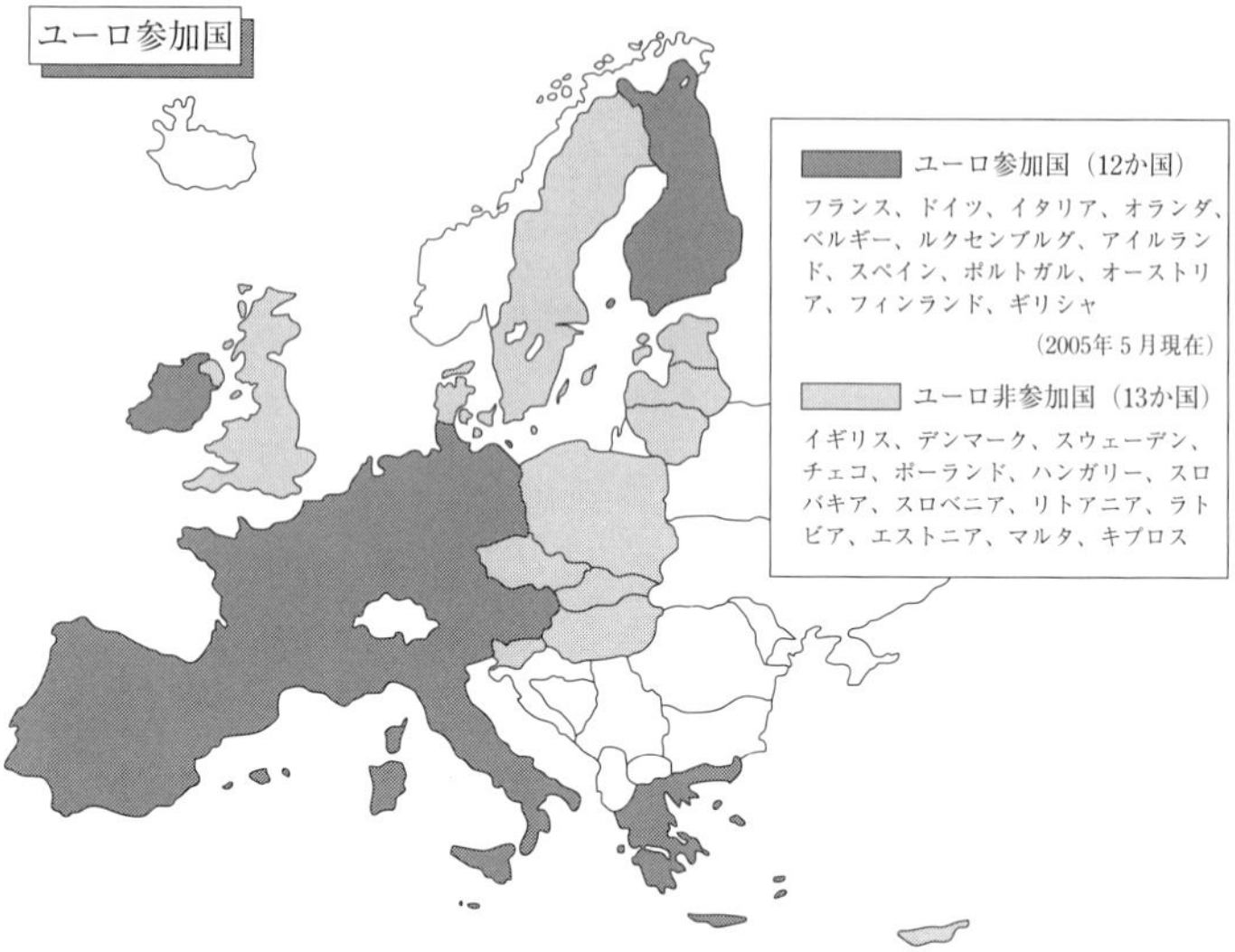

3　スイス、ノルウェー、ルーマニア、ブルガリアの加盟問題

次に、図3の地図をご覧頂きますと、ど真中に穴が開いていますのがスイスです。スイスは、ご承知のような「中立政策」をとっています。もっとも、つい最近、国連に加盟しました。国連についても、スイス政府は、早くから国連に加盟したかったのですが、国民投票で何回も否決されて実現せず、最近になってようやく国連に加盟したのです。

また、スカンジナビアの方をご覧頂きますと、ノルウェーが白く残っています。ここでは詳細にはお話しませんが、ノルウェーは、ＥＵには入っていないが、ＮＡＴＯに入っているという国の典型です。ここも政府としてはＥＵに入りたいという気持が強いのですが、一つには、北海油田などもあって、結構、経済力を自前で持っており、現在の高福祉がEUに入ることによって侵食されるのではないかという国民の不安もあって、いまのところはEUには入っていません。しかし、ノルウェーの世論もEUの拡大と統合の深化が進むにつれて、いつまでもそれでいられるのかという感じに漸次なってきていると聞いています。

あともう一つ残っているのが二〇〇七年加盟を目標にしているルーマニアとブルガリアです。「西バルカン諸国」と一般に呼ばれているところです。正確に言いますと、旧ユーゴスラビアを構成していた四つの国、つまりクロアチア、ボスニア・ヘルツェゴビナ、セルビア、マケドニアです。さらに、非常に激しい民族・宗教紛争が行われ、いまは国連監視下の自治政府が統治しており、最終的なステータスがきまっていないコソボ地域に加えて、旧ユーゴを構成していなかったアルバニアが残っています。

アルバニアは、九〇年代後半に国を挙げてネズミ講的なものに血道をあげ、経済が大混乱をして難民がどっとイタリアに出て行くということが起った国です。ということで、バルカン半島の西の部分が、いまだ不安定なところとして残っています。

EUとしては、自分たちの安定を維持する上で周辺の諸国における「グッドガバナンス」を重視していまして、あとで詳しくお話しますが、共通の外交・安全保障政策を統括しているソラナという人の名前で、二〇〇三年一二月にEUとして初めての安全保障政策に関する文書、通称「ソラナ・ペーパー」というのを出しましたが、その柱の一つとして、周辺諸国における「グッドガバナンス」を確保してＥＵに取り込んでいくことの重要性を指摘しています。こういう観点からしますと、西バルカン諸国をＥＵに組込んでいくことが、ＥＵのもう一つの大きな優先課題になっていると言えます。

ＥＵへの加盟を認めるためには、一つには、政治的な面で民主化の進展、人権の保障等のハードルをクリアーする必要があり、これは「コペンハーゲン・クライテリア」と呼ばれています。また、経済面でも、一定の水準を達成することが要求されており、西バルカン諸国は、ＥＵがまだ加盟交渉を開始するに至っていませんが、明らかに残された一つの流れです。

ちなみに、日本は、ＥＵとの協力という観点から、西バルカン諸国の安定化と民主化、市場経済化について積極的に協力しています。例えば、今年の五月に、東京において西バルカン諸国、ヨーロッパの主要諸国、アメリカ、国際機関等を招きまして西バルカンの平和定着、経済発展のための閣僚会議を主催しました。

日本にとっても、「西バルカン」というのは、地理的にも遠いところですが、こういうところに協力するということが、ＥＵが北朝鮮問題で協力をするというようなことと見合うかたちになってくるという側面もあります。

4　ベラルーシ、ロシアは？

これから先きＥＵの拡大がどこまで行くのかについては、ヨーロッパの中でも意見が一致していません。

例えば、ポーランドの隣にあるベラルーシ、その南にあるウクライナ、さらにその東にあるロシアはどうでしょう。ベラルーシは非常に権威主義的な政治体制です。ウクライナについてもそこまではありませんが、いろいろな問題があります。

この両国がＥＵ拡大の枠の中に入ってくるかどうかについては、欧州内にコンセンサスはないと思います。例えば、ウクライナですが、昨年、川口外相（当時）が訪問して外相会談を行いました。私もお伴しましたが、当時の外務大臣は、ウクライナはヨーロッパとロシアの間でどうバランスをとるかが非常に難しい国であるが、自分は少なくともＥＵへの加盟、ＮＡＴＯへの加盟がウクライナのとるべき道であると確信している、と非常にはっきり言っておられました。

これがウクライナという国全体のコンセンサスであるかどうかについては断言できない面もありますし、また、ＥＵの側でも、ウクライナやベラルーシまでいまの時点でＥＵ加盟を考えているとは、なかなか言えません。

さらにその先のロシアとなりますと、ウラル山脈の西側は、たしかにヨーロッパ的な要素がありますけれども、その東になりますと、かなりアジア的な世界でありまして、この時点で、ロシアまでをＥＵ拡大の対象に考えているというヨーロッパの国はまずないと思います。

三　欧州統合の深化をめぐって

1　第一の柱は共通事項

ところで、ＥＵの「地理的な拡大」に対して「統合の深化」ということがあります。統合の中身として、通常、「三つの柱」があります。

第一の柱は、「共同事項」と呼んでいますが、それぞれの加盟国から権限を共同体の方に委譲するというものでして、これは経済事項が中心です。歴史的には関税同盟に始まり、共通通商政策、通商ばかりではなく市場統合、共通の農業政策等ということで進んできました。これは九三年の「マーストリヒト条約」によって一応完成しています。

その先きに通貨統合（ユーロの導入）、それに伴う金融政策の統一があります。例えば「安定成長協定」というのがあります。ユーロを導入した国は財政赤字をＧＤＰの三％以内におさめるという義務がかかります。

この経済面について、依然として加盟国の権限として残っている、逆に言えば共同体に権限が委譲されていないものがあります。その主なものは、税制、社会保障、航空です。

今後、この第一の柱について市場統合を完成させるという観点からどういうところを統一しなけれ

図4　EU の拡大による人口・GDP 変化

EU 拡大により具体的に何が変わるのか。

EU 拡大後の EU の人口・GDP の変化

	人口	GDP
EU15ケ国	3億7974万人	10兆5130億ドル
	↓ 約19％増	↓ 約4.7％増
拡大 EU	4億5370万人	11兆0040億ドル
日本	1億2710万人	4兆3020億ドル
米国	2億9104万人	10兆9850億ドル

図5　EU 加盟国の一人あたり GDP

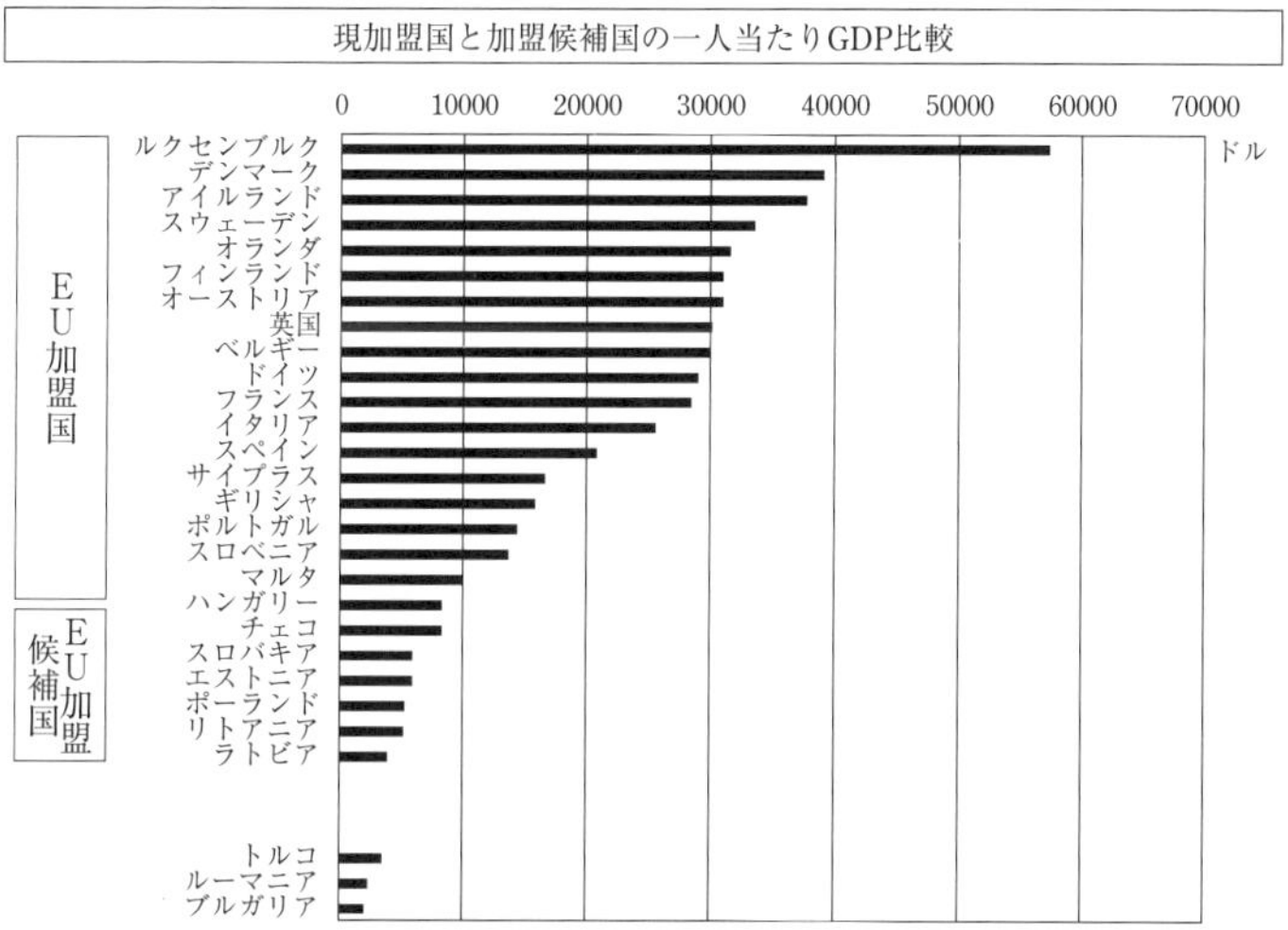

出典　IMF Report（2003）

ばならないといいますと、以上のような分野があるわけですが、このあたりについては、各国の利害がからんで、そう簡単ではないと見られているのが現状です。九三年の「マーストリヒト条約」は、経済事項を中心とした「単一の市場」、さらにその先きの経済統合を越えた欧州の統合を巾広い分野で進めようという意味で分水嶺があったと思います。ここから欧州統合の第二の柱、第三の柱が出てきています。

2　第二の柱は外交、安全保障はCFSP

第二の柱は、経済の分野ではなく外交、安全保障の政策について、EUとして「一つの声」で対外的に発言しようというものです。「コモン・フォーリン・アンド・セキュリティ・ポリシー」の略であるCFSPと呼ばれるものがマーストリヒト条約以来出てきています。このCFSPの責任者は前にふれましたソラナというスペインの元外相です。この方は、その後NATO（北大西洋条約機構）の事務総長を務め、いまはこのCFSPの上級代表になっています。

あとでもお話しますが、最近採択された「欧州憲法条約」草案が発効しますと、EUの外交政策を代表するヨーロッパとしての外務大臣のポストが生まれますが、このソラナ氏がその職に就くことになります。現在は、この地位には、ソラナ氏と欧州委員会の対外関係を担当している欧州委員のパッテという英国人の二人がいます。ですから、日本の外務大臣がお話するときにはどちらに話したらいいかは必ずしもいつも明らかではないということがあります。

図6　EUの共通安全保障政策（CFSP）

EUの共通外交安全保障政策（CFSP） 加盟各国の権限に属する「外交」と「安全保障」について、可能な限りEUとしての共通政策をとることにより、国際場裡においてEUとして統一的に行動することを目指す。

経　緯

バルカン紛争等により露呈した冷戦後の国際問題にEUとして対処するため、93年のマーストリヒト条約により設置。99年のアムステルダム条約以降、ソラナCFSP上級代表が就任。

特　徴

➤EUとしての「共通の立場」、「共同行動」、「共通戦略」等の決定がなされた場合は、加盟各国はこれに基づき行動。

➤欧州委員会が中心となる通商・経済分野と異なり、意思決定は加盟国間のコンセンサス方式（政治安全保障委員会（PSC）→総務・対外関係理事会）。

➤全会一致が原則のため、加盟国間で利害が対立する場合は、合意形成が困難（例：イラク問題等）。

図7　EUの安全保障・防衛政策（ESDP）

EUは従来の経済・通貨統合だけでなく、マーストリヒト条約で欧州共通外交・安全保障政策（CFSP）を導入する等、原則として各加盟国の主権に属する安保分野についても統合を進展。

経　緯

90年代のバルカン危機における反省

→英仏首脳会談（98年）で「欧州独自の軍事行動能力・機構の保持」共同宣言

主な対象

ESDPの対象：危機管理任務（人道支援・救援活動、平和維持任務、戦闘任務を含む平和創設）

→領土防衛については従来通りNATOが担当。

軍事能力目標

60日以内に、６万人規模の部隊を少なくとも１年間展開できる能力を整備。（EU緊急対応部隊）

実　績

●警察部隊（EUPM：European Union Police Mission）

（イ）ボスニア・ヘルツェゴビナ

04年1月1日より開始。警察力の向上と持続化が目的。

（ロ）マケドニア「プロクシマ作戦」

03年12月開始。警察行政の発展支援。

●緊急対応部隊

（イ）マケドニア「コンコルディア作戦」

03年3月開始、12月終了。NATOから継承。EU・OSCEの非武装停戦監視団を防護するとともに現地の治安維持を担当。

（ロ）コンゴ民主共和国「アルテミス作戦」

03年6月開始、9月終了。国連のマンデートの下、仏中心の派遣部隊約1500人を展開。EUが、欧州域外に展開し、かつNATOの能力を使用しない初のミッション。

「より良い世界における安全な欧州」(EU初の包括的戦略ペーパー)

⊕ソラナCFSP上級代表の下で策定。03年12月の欧州理事会で採択

⊕欧州が直面する主な脅威を①テロ、②大量破壊兵器の拡散、③地域紛争、④破綻国家、⑤組織犯罪と定義

⊕米欧関係の重要性を確認

⊕軍事力に限られない包括的手段を用いた予防的関与（preventive engagement）の重要性を強調

⊕国際機関やパートナー国（米、露、日本、中国、カナダ、インド）との協力の重要性を指摘

EUのNATO離れの回避

⊕「独立EU軍司令部」設置問題における米・英と仏・独・白の対立解決

→NATO内にEUの作戦セルを設置

次に、安全保障の面でも、NATOというアメリカも入った形での集団安全保障機構とは別の形で、EU、欧州として安全保障について独自の行動をしようという動きが、「マーストリヒト条約」以降始まっています。これは「欧州安全保障防衛政策」（ユーロピアン・セキュリティ・アンド・ディフェンス・ポリシーESDP）と呼ばれています。

3　第三の柱は司法、入国管理、警察などでの協力

第三の柱は、司法、入国管理、警察といった分野で協力を進めていこうというものです。この分野で有名なのは「シェンゲン協定」です。EUの加盟国の全てにこの協定を結ぶことが義務づけられたわけではありませんが、この協定に入りますと、パスポートなしに身分証明書でEUの中であれば自由に移動ができることになっています。

4　〝二つの速度の欧州〟になることへの懸念

このように、ヨーロッパの「地理的な拡大」と並んで内容面での「統合の深化」が同時に進んでいるのです。

ところで、常識的に考えまして、図体が大きくなりますと「統合の深化」というのは言うべくして容易ではなく、難しくなる面があり、「地理的拡大」と「統合の深化」というのは、なかなか難しい関係にあります。

そういう観点から言いますと、ＥＵは、今年の五月一日の拡大で二五カ国になりましたが、経済的な規模の面から言いますと、それほど増えているわけではありません。

今回の拡大の特色は、旧コメコン諸国やバルト三国のように旧ソ連の一部を構成していた国もあるのとかなり質の違っている国が新規に加盟したことでして、その意味では拡大以降、かなりややこしいことになっているという感じがします。その意味から言いますと、「地理的な拡大」と「内容的な統合の深化」のバランスという観点から見た最適な水準は、もしかしたらもう越えてしまっているのかもしれません。そして、これからさらに拡大がどんどん進んでいきますと、特にトルコのような、かなり異質な国が入ってくることになりますと、「統合の深化」のブレーキになるということも考えられます。すでにＥＵ加盟国が一五から二五になって、いろいろな面で、格差が拡大して、〝二つの速度の欧州〟になるのではないかという懸念は、すでに欧州の中で指摘されています。

四　ユーロの登場

１　ユーロの誕生と英国

統一市場の完成の次ぎの大きな進展として、単一通貨であるユーロが生まれました。これに欧州大陸の国は入っているわけですが、イギリス、デンマーク、スウェーデンは入っていません。きょうここには経済界の方が多いと伺っておりますので、「釈迦に説法」かもしれませんが、イギリスには日本企業が投資しています。それらの企業の方々からは、イギリスがユーロに入っていないため、為替リスクが多過ぎて困っている、早く入ってほしいという非常に強いご要望が出ています。このことはブレア首相もかなり意識しており、小泉総理とお話になるときも、自分自身は、早くユーロに入りたいと思っている、大陸とヨーロッパの景気循環のシンクロナイゼーション等の側面から条件を整うのを待っているのだということを強調しておられました。

これに対し、ブラウンというブレア首相のライバルの蔵相は慎重な見方をしていまして、イギリスはまだユーロに参加していません。

2　EUのこんどの拡大ではGDPは七%しか増えない

ところで、EUの今年の拡大によって欧州の経済はどう変わるかですが、人口では三億八千万弱から四億五千万ちょっとになり、二〇%弱の増加です。新規加盟国には貧しい国が多く、EU全体の経済規模を見ますと、こんどの拡大では七%弱ぐらいしか増えません。

日本のGDPの世界に占めます割合は一二%弱です。EUのGDPがこんどの拡大によって一五%強になりますので、日本とEUを合わせますと世界経済の三〇%弱になります。アメリカのGDPは世界全体の三〇%弱ですので、日本とアメリカを合わせますと約四〇%です。そして、日本、アメリカ、EUでは世界経済の六〇%になります。

五　欧州統合は非経済の分野まで進んでいる
――大きな試練に直面したCFSP――

さて、前述のように、関税同盟から始まり、経済面での統合を中心に進めてきた欧州統合は、九三年の「マーストリヒト条約」を一大分水嶺として、非経済の分野まで統合の領域を広げてきました。「マーストリヒト条約」で導入された一つの大きな動きは、前にもふれた「共通外交・安全保障政策」、CFSPです。これは、いまでも権限という観点から加盟国に属している外交と安全保障をなるべく欧州として「一つの声」にし、共通政策として統一的に行動して、発言力を増そうという基本的な考え方に立っています。このCFSPは、イラク問題で大きな試練に直面しました。イラクの問題をめぐっては、欧州は、ご承知の通り、真っ二つに割れたのでして、これが一つの大きな試練になりました。しかし、このCFSPの旗は降ろしているわけではなく、依然として「一つの声」で欧州の発言力を増していこうという姿勢は続いています。

私どもから見ますと、かなりやりにくいところがあります。ヨーロッパといろいろな外交上の問題について協議しますと、しばらくの間は、自分たちは部内で立場をすり合わせをしており、まだ共通ポジションは決まっていない、したがって、いま言うことはない、という期間が続きます。この部内調整は、非常に大変なプロセスですが、それが終わってあるときに共通ポジションが決まりますと、とたんに、てこでも動かない。これだけ大変な思いをして決めたんだから、もう変えられません、ということが往々にありまして、なかなかやりにくいところがあるというのが実感です。

このように、ＥＵが安全保障や防衛政策の面でも独自の立場をとっていこうというのが「マーストリヒト条約」以来出てきている動きですが、これに関連して、いろいろ難しい問題がありますのがＥＵとＮＡＴＯの関係です。冷戦時代には、安全保障の分野において圧倒的に優勢なソ連の通常兵力による陸続きの脅威がありました。その中で、抑止力という観点からアメリカを巻き込んだＮＡＴＯに依存せざるを得ませんでした。

ところが、ソ連が崩壊して、通常の意味における軍事的脅威が大幅に下がりました。特に欧州の中原に位置するフランスとか、それより東ですとドイツとか、そういう国々には、このような意識が強いのです。しかし、こんど新たに入ってきた旧ソ連圏のバルト三国やポーランド、チェコ、ハンガリーといった国々は、ソ連時代に相当の締めつけを受けました。「プラハの春」とかいろいろなことがご記憶にあると思います。そのようなこともあって、これらの国々は、アメリカが入っているＮＡＴＯがなくては自分たちの安全保障は不安である、という気持が非常に強いのです。したがって、ヨーロッパ独自の安全保障防衛政策もいいけれども、それがＮＡＴＯを形骸化するのは困るという気持を持っています。

伝統的には、イギリスはアメリカとの関係ではいまお話したような考え方に近く、アメリカとの関係を重視しています。オランダやデンマークもそれに近い。

で、ＥＵの安全保障・防衛政策をめぐっては、欧州諸国の間に、このような立場のちがいがあって、綱引きがずっと続いています。

記憶に新しいところでは、正にイラク問題をめぐって、アメリカと独仏が真向から対立していた二〇〇三年四月に、フランス、ドイツとベルギーが集まり、ＮＡＴＯとは独立し、完全に切り離したかたちでのＥＵの軍司令部というものをつくるべきだという構想を持ち出したことがありました。アメリカは、ＮＡＴＯのエロージョンということを非常に心配しまして、イギリスがその中をいろいろ取りもった結果、最終的には新たな独自の軍司令部を設けるのではなく、ＮＡＴＯの司令部の中にＥＵとの連絡をする部署をつくるということで落着したということがありました。

潮流としては、前述のような、ＥＵの独自の防衛政策を志向する仏独、それについていくベルギーに対して、欧州の中でも「アトランティスト」といわれているイギリス、オランダ、デンマーク、それから歴史的な要素もあって、これらの国々の考え方に近い、旧社会主義諸国とのちがいが表面化しました。アメリカのラムズフェルド国務長官は、「アトランティスト」を「古いヨーロッパ」に対する「新しいヨーロッパ」と呼びました。こういった考え方の違いがＥＳＤＰの背後にあります。

もっとも、ＥＳＤＰはまだ萌芽期にありまして、ＮＡＴＯの代替をするというような実体があるわけではありません。いままでの実績を見れば、ＥＳＤＰのオペレーションといっても、ボスニア・ヘルツェゴビナやマケドニヤにおける警察、治安維持関係の活動、それからマケドニアにおける「コンコルディア作戦」とかコンゴにおける作戦とかＮＡＴＯが行動しないような、ごく限られたところで行動するというところで留まっています。

六　欧州憲法条約草案をめぐる動き

1　意思決定機関は理事会となっている

さて、欧州の団体が大きくなってくるにともなって、意思決定がなかなか大変であるなどの機能不全が出てきました。そして、このようなことを背景に、意思決定のメカニズムとか機構上のストリーム・ライニングなどの必要があるという問題意識が出てきました。その帰結が「欧州憲法条約」です。

ジスカールデスタン元フランス大統領が議長を務めたコンベンションというプロセスで議論が行われました。これは、日本でいえば「憲法調査会」のようなものでして、その結論は直ちに法的拘束力を持つものではありません。

コンベンションには、すでにEUに加盟している国と新規加盟が決まっている国、それにブルガリアやルーマニアという加盟候補国も加わって議論しまして、そしてこのコンベンションで議論した結果をまとめて、ギリシャのデッサロニキというところで行った理事会に案が出されました。それが「欧州憲法条約草案」です。それをもとに政府間協議で交渉しました。

図8　欧州の将来 ―― 「欧州憲法条約」

・背景　加盟国の拡大による機能不全懸念
・04年6月の欧州理事会で合意
・主な内容
　－常設欧州理議長、EU外務大臣の新設
　－欧州委員会委員数の削減
　－人口比をより反映した票決方法（加盟国数の55%、人口の65%以上）への変更（09年11月より適用）
・10月29日の署名後、各国の批准手続き

これは非常に大部な条約でして、これを網羅的にご紹介するのは非常に難しいのですが、いくつかの論点をめぐって、政府間会合は紛糾しました。イタリアが議長国であった昨年後半に、何とか条約として採択したいという希望があったのですが、それはうまくいきませんで、今年になってアイルランドの議長国のもとで六月に合意に達したという状況です。

非常に大部なものですので、主なポイントだけをご説明します。

「欧州議会の機構」というのは、決定機関である理事会における意思決定のプロセスの効率化です。理事会とは別に「欧州議会」というのがありますが、これは日本のような主権国家の議会のような立法機関というところまではまだ行っていない、諮問機関のようなものでして、決定機関はあくまでも理事会です。外相レベルのこともありますが、最終的には首脳レベルの理事会で物事が決まります。

2　執行機関は欧州理事会

決まったことを執行する執行機関が欧州委員会です。この欧州理

事会の議長国が六カ月ごとにローテーションで交替しているのが現状です。小国が議長になると、どうしても手がまわらなくてアップアップするということもあります。六カ月ごとに替りますから、継続性がありません。

3　理事会の議長を常設にするという発想

こういうようなことから、欧州理事会の議長を常設にして、任期二年半の任期にしようというのが憲法条約の一つの発想です。この議長は、プレジデントという英語になっていますので、ときどき日本の新聞等には「欧州大統領」というように書いてありますが、実体は常設の欧州理事会の議長のことをこう呼んでいるのです。

4　二人いる外務大臣を一人にする

それから、EU外務大臣の新設ということがあります。前述のように、EUにおいては、まだ外交権は基本的には各加盟国にあり、共通外交・安保政策（CFSP）というものはありますが、ソラナさんという人が理事会の事務局の事務総長ということで、このCFSPの仕事をしています。これと執行機関である欧州委員会の方でいろいろな担当をしている欧州委員（閣僚に当たります）がおり、対外関係ではパッテンという方が担当しております。現状は、このお二人がいわば〃双頭の鷲〃になっていますので、これを統合しようというのが発想でして、欧州憲法条約では、一人のEU外務大臣を新設することが定められています。

5　欧州委員会の委員の数を削減する

また、欧州委員会の委員数が削減されます。現状は、各国が自分の国籍を持っている人を必ず委員にしてもらわなければ困るというようなことから三〇名になっています。いわゆる大国は二名の枠を持っており、もう少し小さい国でも最低一人ですので三〇名になるのです。さすがに、これでは「船頭多くして何とか」になってしまいますので、もっと少なくしようというのが憲法条約のもう一つのポイントです。

6　特定事項は多数決で

それから、欧州理事会で物事を決定するときには全会一致が原則になっていますが、特定の事項については、全会一致ではなくて多数決で決めることができるようになっています。そのときの票決方法をどうしようという問題があります。これをめぐって非常にもめたのが、昨年、憲法条約が採択できなかった原因です。現状では、「ニース条約」という条約に基づいてそれぞれの国に一定の投票数が与えられています。例えば、英仏独といったところは二九で、その次にスペインあたりが二七だったと思います。

これに対し、この憲法条約草案で想定した票決方法は、「ニース条約」で認められている投票にお

図９　日・EU関係及び日米関係との比較

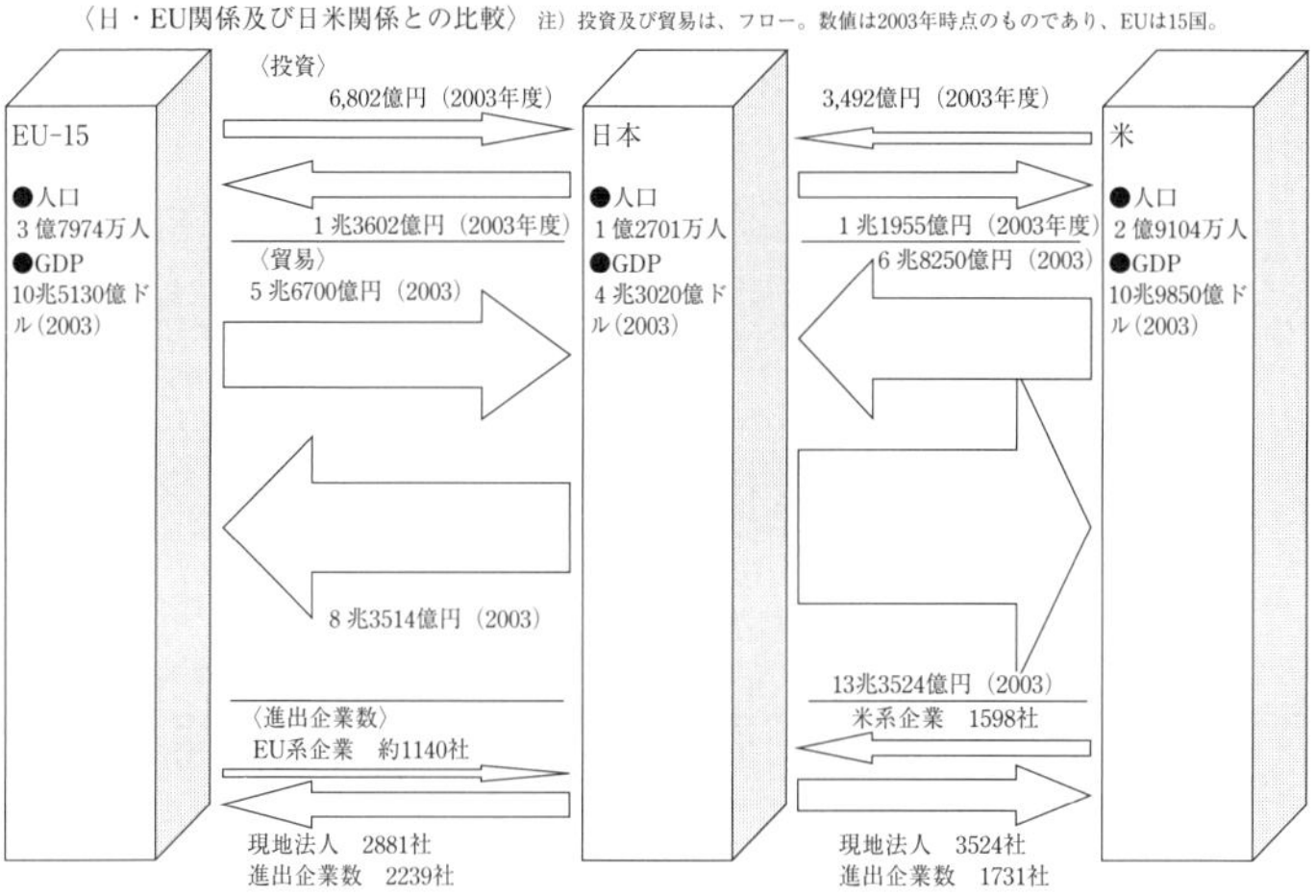

〈日・EU関係及び日米関係との比較〉 注）投資及び貿易は、フロー。数値は2003年時点のものであり、EUは15国。

ける自国の割合より相当に引下げられるということで、スペインとポーランドが強く反対して、うまくいかなかったというのが、昨年交渉が失敗した原因の一つです。

結局、大国側と中小国側が妥協した結果、多数決で物事を決める場合の票決方法として、理事会において加盟国の数が五五％、さらに賛成した国の人口を合わせるとＥＵ全体の六五％以上ということを条件とするということで、やっと話がつきました。これが実施されると憲法草案が発効して、しかも二〇〇九年一一月からということになっています。この方式のミソは、欧州連合というのは何といっても仏独が引っ張ってきたのですが、フランスとドイツの人口を合わせましても、いまのＥＵの二五の加盟国の人口の三一・三％にしかなりませんので、拒否権はないというところにあります。

7　断言できない批准の行方

このような内容の憲法条約が採択されたわけですが、まだ発効しているわけではありません。これから各国が批准しなければなりません。どのようにして批准するかは各国に任されています。各国ごとにいろいろな国内内政上の考慮があります。例えば、イギリスのブレア首相は、国民投票をすると明言しています。フランスでもそのような話があります。いろいろな話を聞きますと、これは決して容易ではないといわれています。もしかすると、国民投票で否決するかもしれないということもいわれていまして、この憲法条約がいつ発動するかについてはなかなか断言はできません。

七　外務省欧州局の改組について
——欧州全体への政策を考える「政策課」を新設——

最後にひとこと、欧州局の改組について申し上げます。いまお話ししましたように、ＣＦＳＰは依然として萌芽期にありますが、一つの大きな方向としては外交・安保政策も含めて、これからますます欧州が「一つの声」で対外的に発信することになるだろうと見られます。このような状況の中で、これまでの外務省の欧州局の組織は、地域局でありますので、それぞれの国を担当する西欧課、中・東欧課、ロシア課が並んでいました。そこで、このほかに、大きく変貌しつつある欧州全体に対する政策を、CFSPも念頭に置きつつ考える「政策課」を新設したのであります。

その新設にともない、スクラップ・アンド・ビルドで、西欧第一課と西欧第二課は西欧課に統合し、新独立国家室は「中央アジア・コーカサス室」にしました。ご清聴有難うございました。

＊　EU（欧州連合）は、二〇〇四年五月に、ポーランド、チェコなど一〇カ国を加え、二五カ国体制をスタートさせてからも順展に発展して、巨大な〝欧州合衆国〟になっており、日本にとっても目を放せない。

そこで、世界経済研究協会は、一〇月五日、東京一ツ橋の如水会館に、外務省の小松一郎欧州局長をお迎えして、このテーマに関する講演会を外務省と共催で開催した。

ただし、この講演は、本来はオフ・ザ・レコードで行われたので、これは講演の全文ではないことをおことわりしておく。

（世界経済編集部）

図10　日・米・EUの人口・GDP比較

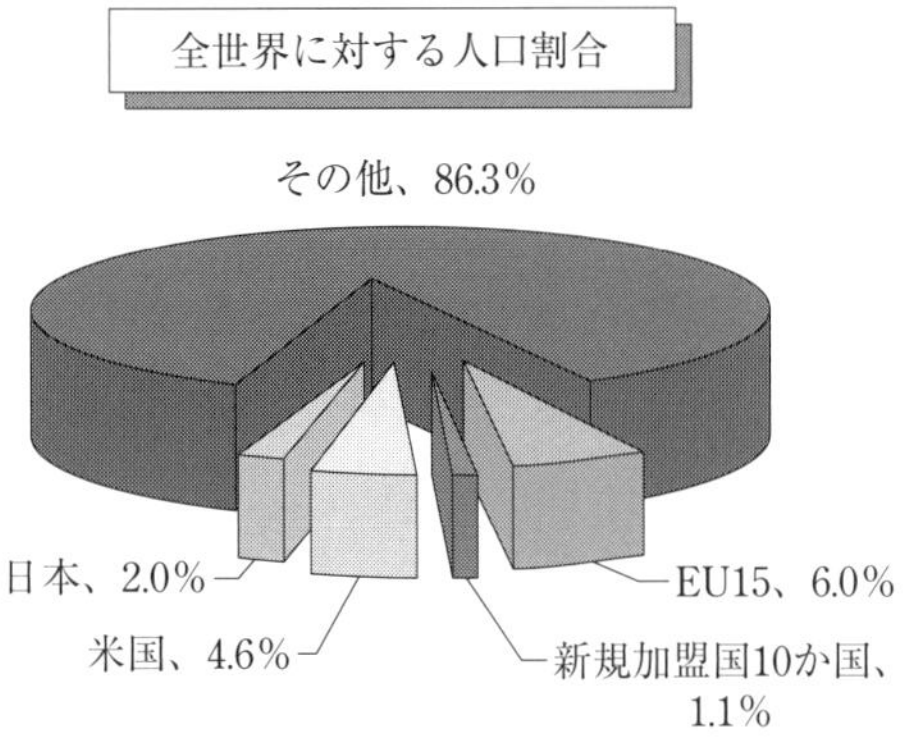

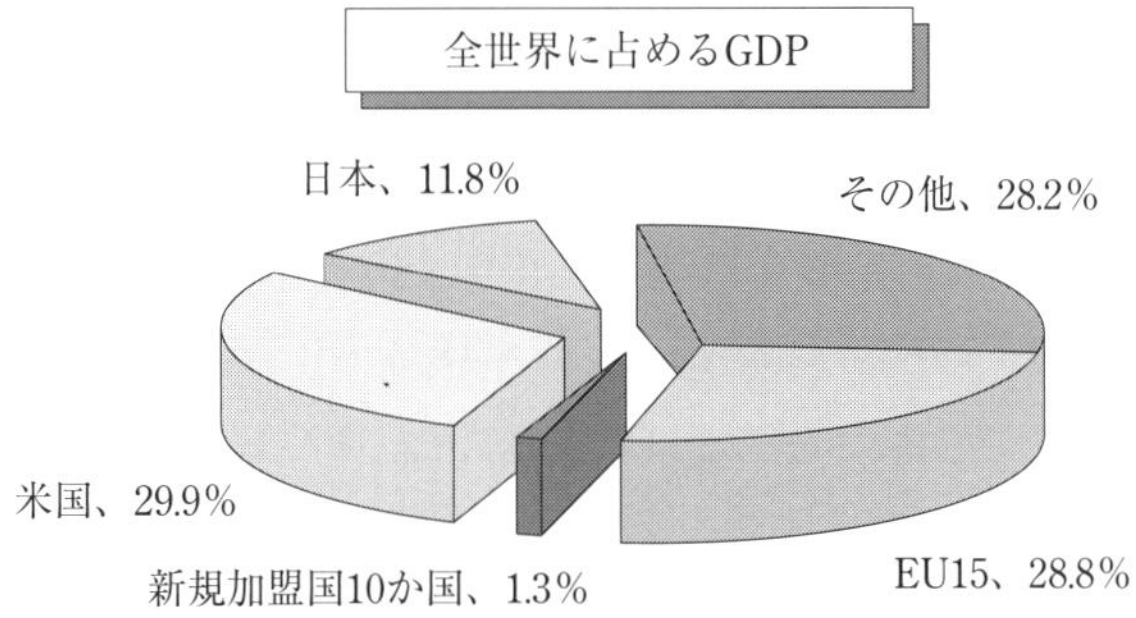

（出典：世界銀行2003年）

図11　貿易動向

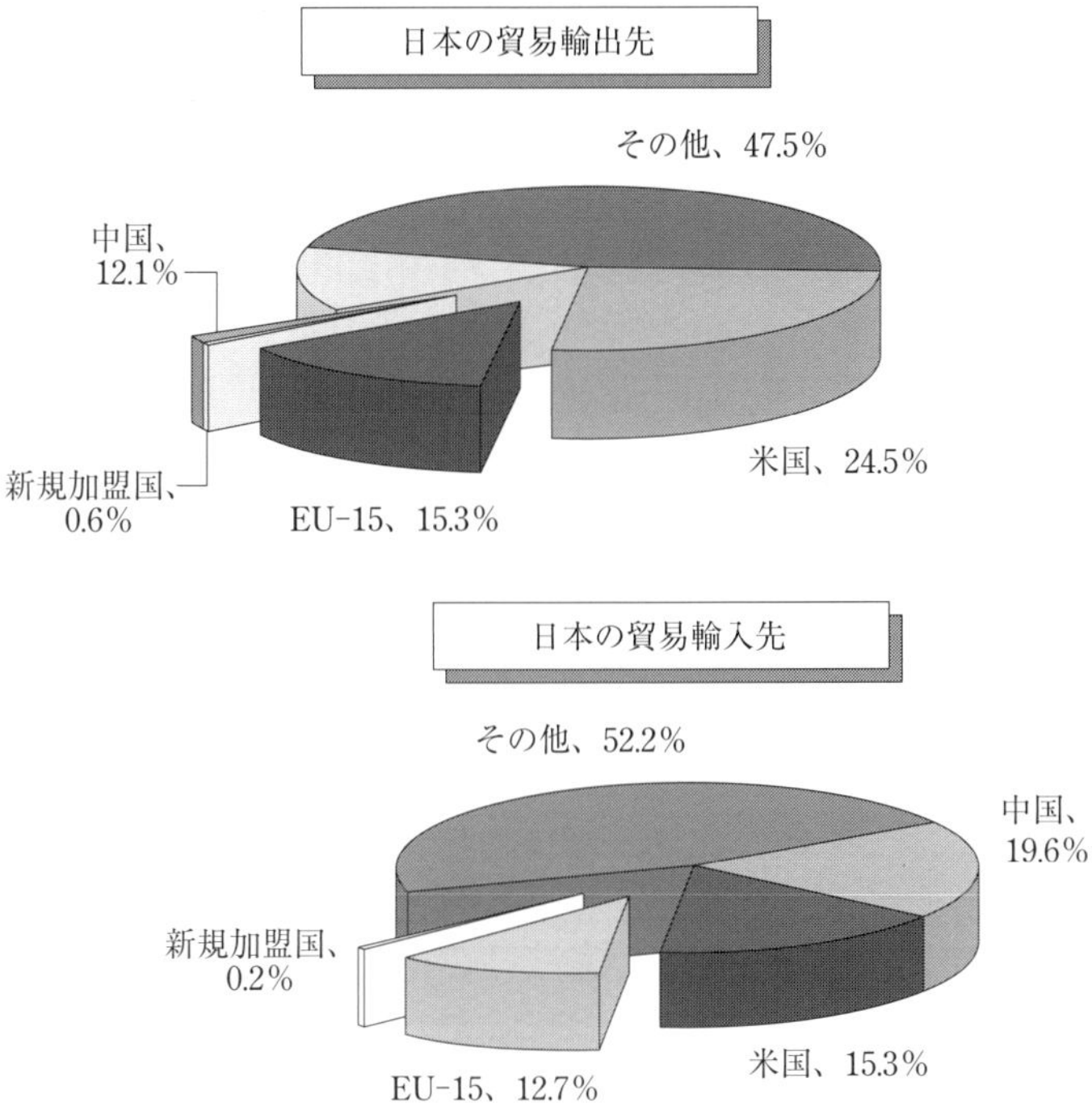

（出典：財務省統計2003年）

図12　投資動向（フロー）

日本の対外投資先

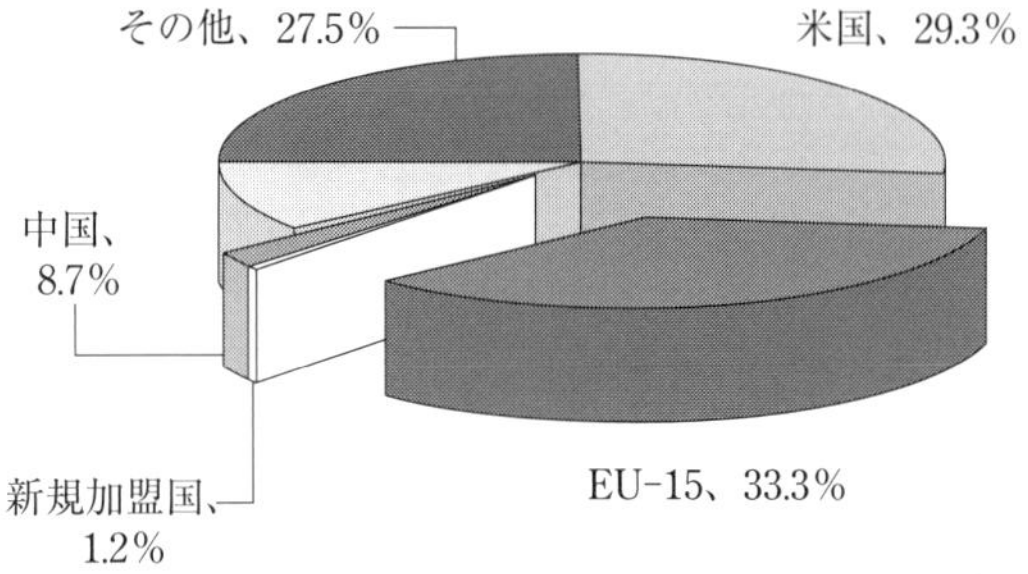

日本の対内投資受入先

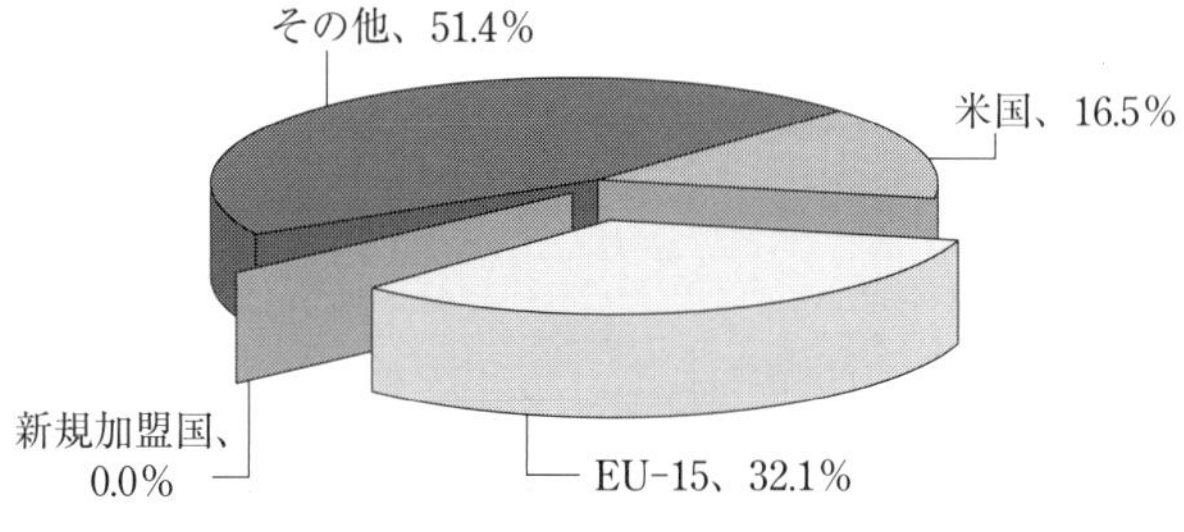

（出典：財務省統計2003年）

図13　EU の貿易動向

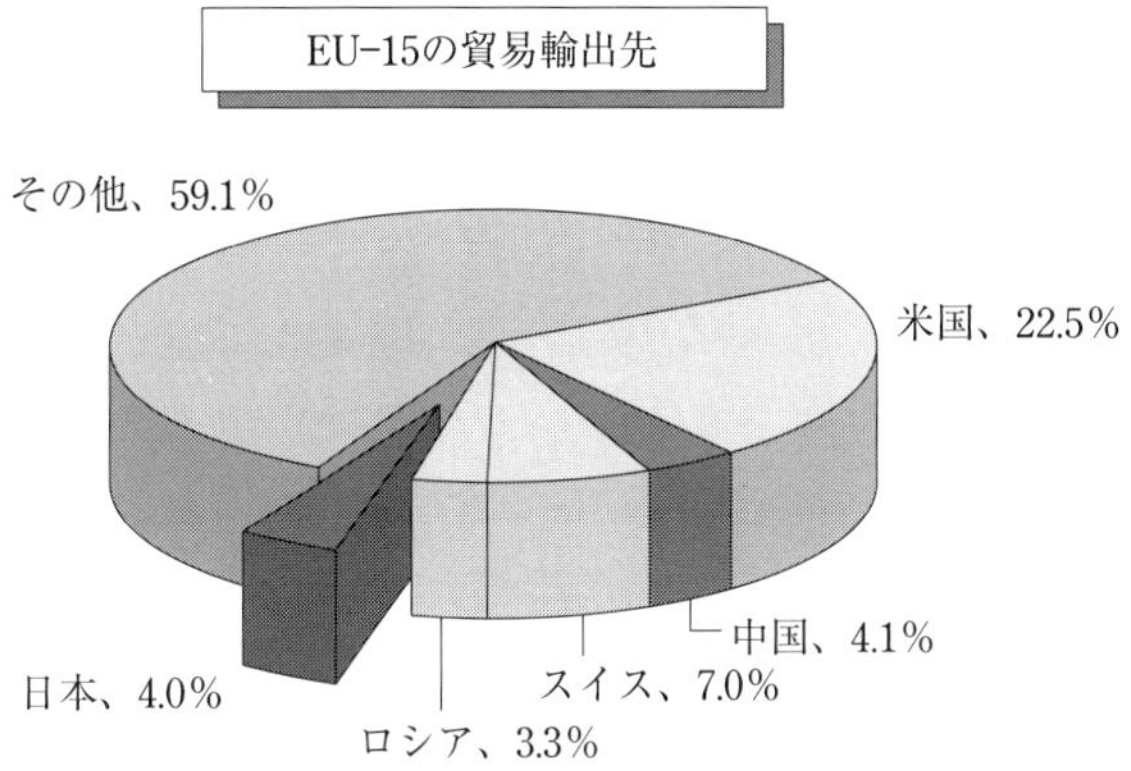

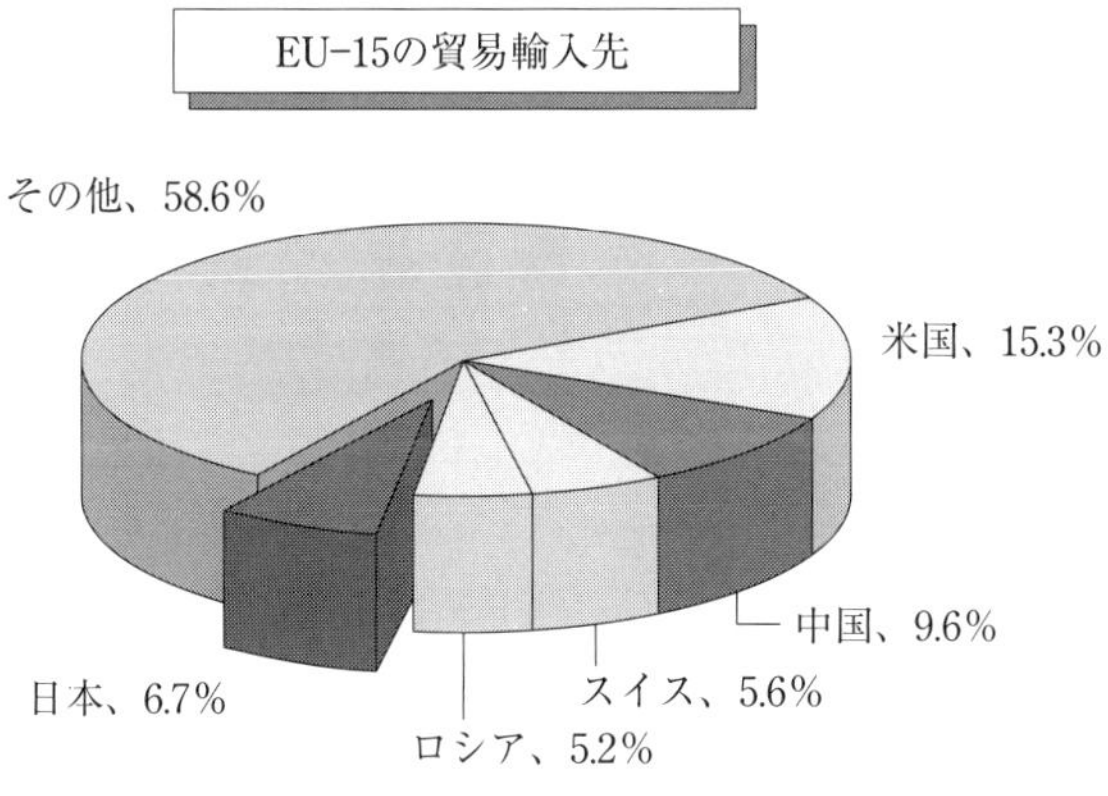

（出典：EUROSTAT2003年）

図14　中国の貿易動向

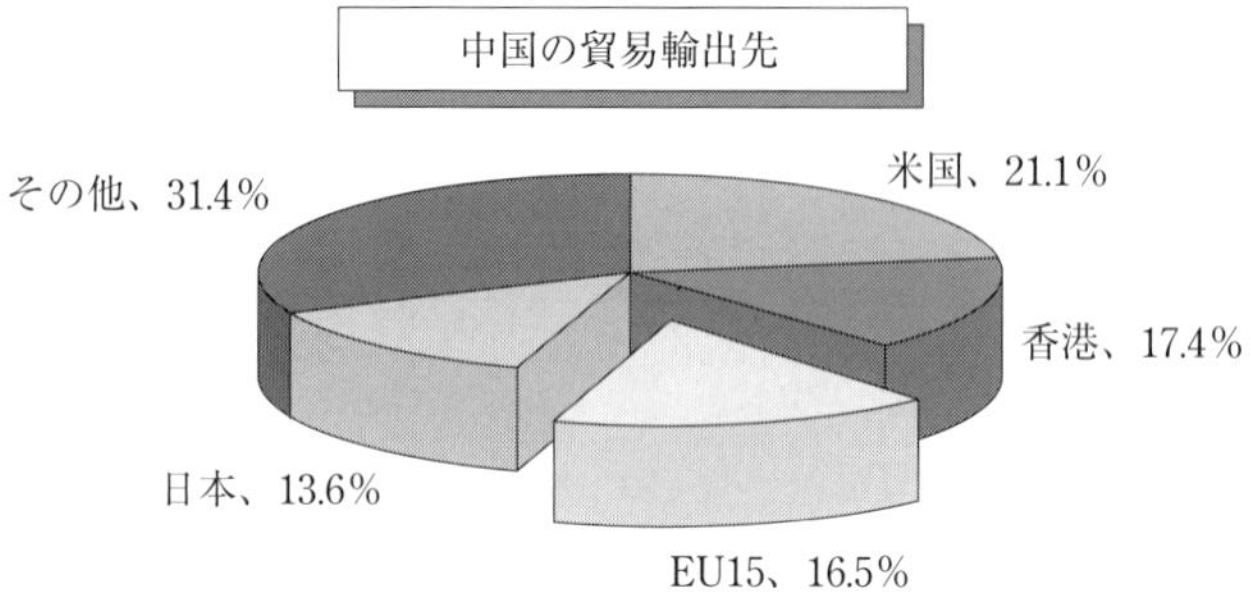

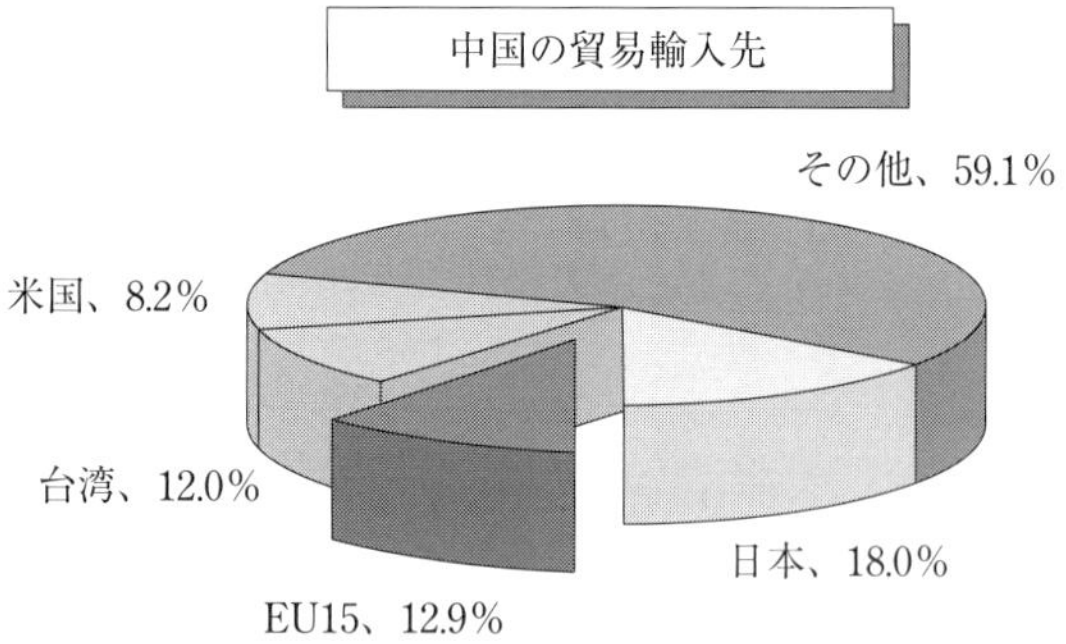

（出典：中国商務部統計）

欧州局の改組
平成16年8月外務省欧州局

図15　欧州局改組の概要

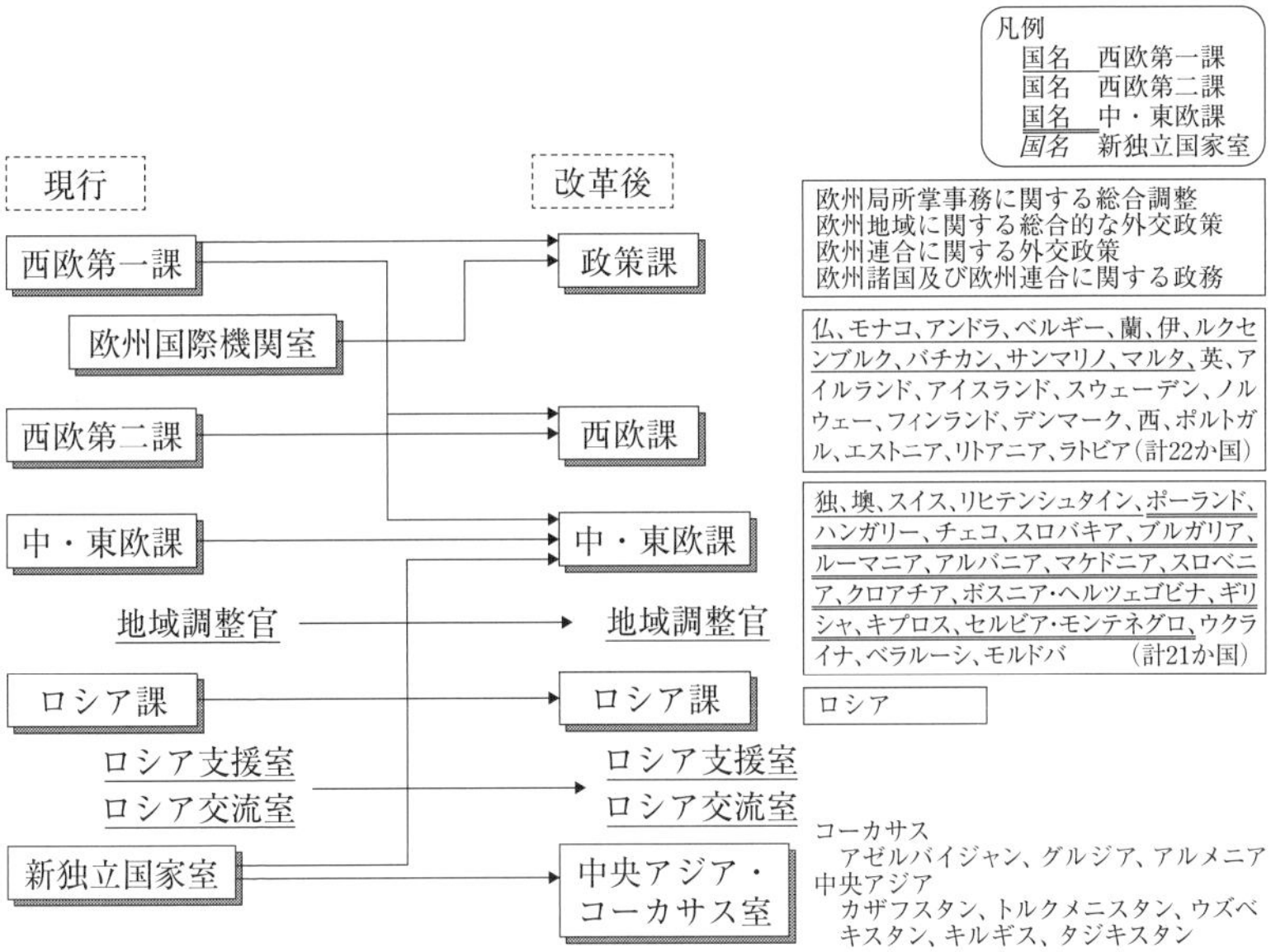
凡例
国名　西欧第一課
国名　西欧第二課
国名　中・東欧課
国名　新独立国家室
現行
改革後
西欧第一課
欧州国際機関室
西欧第二課
中・東欧課
地域調整官
ロシア課
ロシア支援室
ロシア交流室
新独立国家室
政策課
西欧課
中・東欧課
地域調整官
ロシア課
ロシア支援室
ロシア交流室
中央アジア・コーカサス室
欧州局所掌事務に関する総合調整
欧州地域に関する総合的な外交政策
欧州連合に関する外交政策
欧州諸国及び欧州連合に関する政務
仏、モナコ、アンドラ、ベルギー、蘭、伊、ルクセンブルク、バチカン、サンマリノ、マルタ、英、アイルランド、アイスランド、スウェーデン、ノルウェー、フィンランド、デンマーク、西、ポルトガル、エストニア、リトアニア、ラトビア（計22か国）
独、墺、スイス、リヒテンシュタイン、ポーランド、ハンガリー、チェコ、スロバキア、ブルガリア、ルーマニア、アルバニア、マケドニア、スロベニア、クロアチア、ボスニア・ヘルツェゴビナ、ギリシャ、キプロス、セルビア・モンテネグロ、ウクライナ、ベラルーシ、モルドバ（計21か国）
ロシア
コーカサス
アゼルバイジャン、グルジア、アルメニア
中央アジア
カザフスタン、トルクメニスタン、ウズベキスタン、キルギス、タジキスタン

図16　所掌地域分担

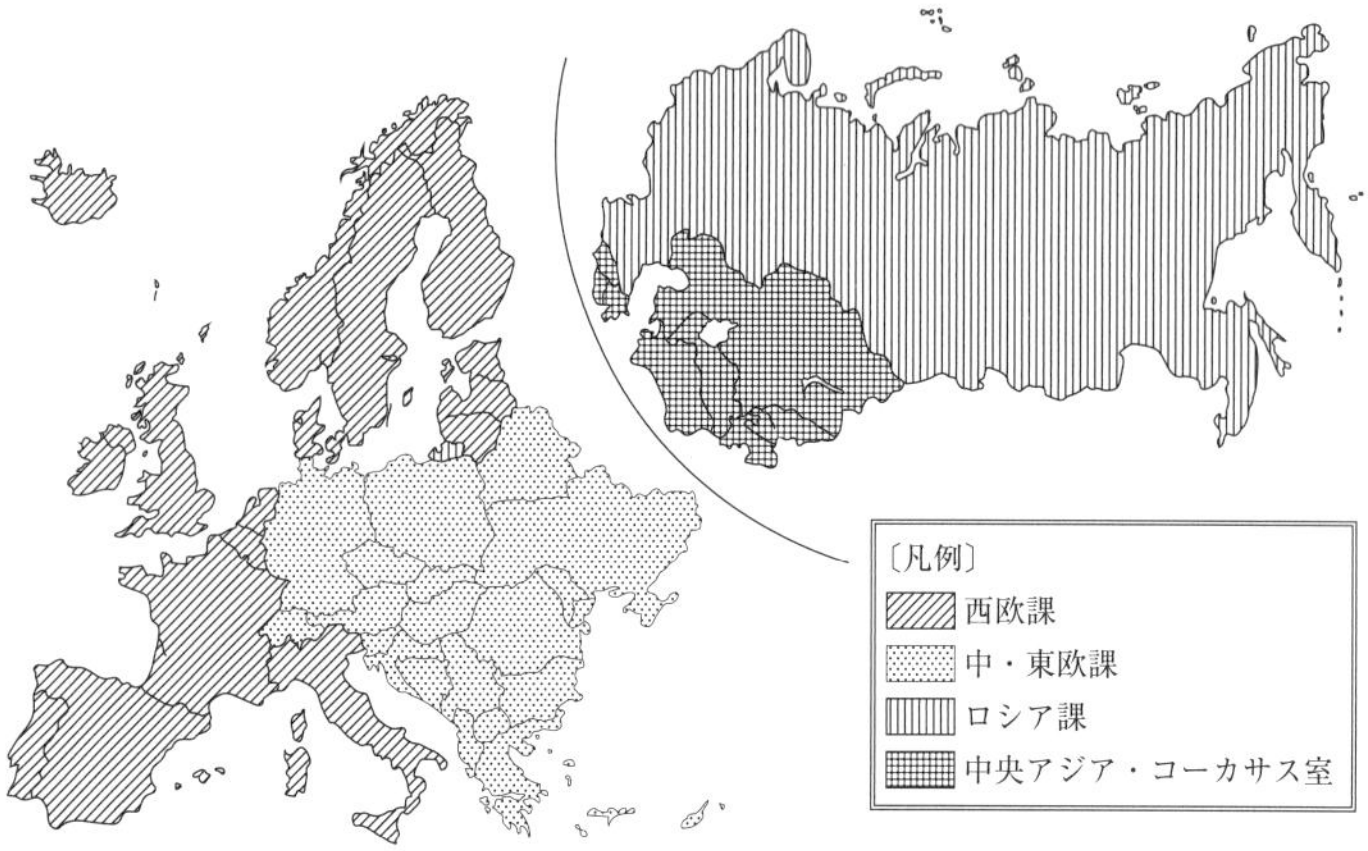
〔凡例〕
西欧課
中・東欧課
ロシア課
中央アジア・コーカサス室

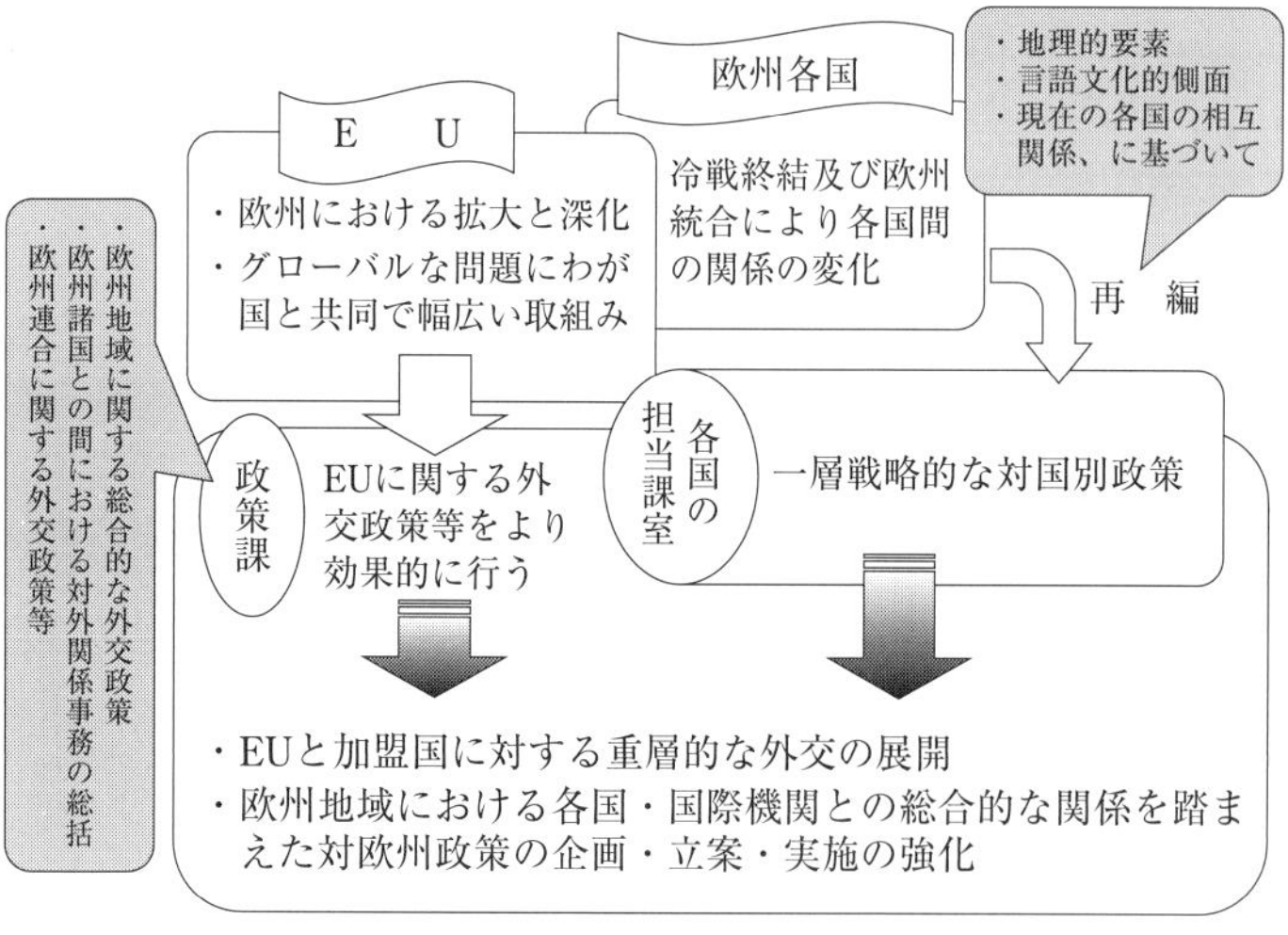
・欧州地域に関する総合的な外交政策
・欧州諸国との間における対外関係事務の総括
・欧州連合に関する外交政策等
E　U
・欧州における拡大と深化
・グローバルな問題にわが国と共同で幅広い取組み
欧州各国
冷戦終結及び欧州統合により各国間の関係の変化
・地理的要素
・言語文化的側面
・現在の各国の相互関係、に基づいて
再　編
政策課
EUに関する外交政策等をより効果的に行う
各国の担当課室
一層戦略的な対国別政策
・EUと加盟国に対する重層的な外交の展開
・欧州地域における各国・国際機関との総合的な関係を踏まえた対欧州政策の企画・立案・実施の強化

9 「中央アジア＋日本」対中央アジア政策の新展開

（二〇〇四年）

日本人にとって、いまひとつなじみの薄い中央アジア諸国。しかし、一九九七年に決定した「対シルクロード地域外交」政策を皮切りに、日本政府はこの地域に対して積極的な外交を展開している。それはなぜか。最近の動向を踏まえつつ、日本外交における中央アジア諸国の位置づけを探る

一 中央アジアとは

「中央アジア」――何とも日本人の郷愁をかきたてる響きである。広大な草原やオアシス、雪を頂く天山山脈、悠久の歴史のかなたにシルクロードを越えて日本に伝えられた「西域」の文物、タクラマカン砂漠を一列に進む駱駝の隊商、正倉院の御物、キャラバン・サライ、英雄ティムールが一代で打ち立てた大帝国の栄華とその落日……。「中央アジア」と聞いた人々の胸を去来するのは、哀愁を

帯びたシンセサイザーの旋律が忘れがたい喜多郎作曲のNHK特集番組「シルクロード」のテーマ音楽を背景にフラッシュバックのように交錯するこのようなイメージではあるまいか。

このようなロマンチックかつ歴史的なイメージと結びついた「中央アジア」は、現在の国家領域に照らしてみれば、一九九〇年代のはじめに旧ソ連邦から独立したカザフスタン、ウズベキスタン、キルギス、タジキスタンおよびトルクメニスタンの五カ国を中心に、その西にはイランをはじめとする中東諸国の一部、南にはアフガニスタン、東には中国の西部やモンゴルの一部を含むユーラシア大陸中央部の広大な地域に対応すると思われる（これを「歴史的な中央アジア」ないし「広義の中央アジア」と呼んでもよいかもしれない）。これに対して、現在多くの国の外交担当部局において「中央アジア」という場合、基本的にはこのような「広義の中央アジア」のうち旧ソ連邦からの新独立国である前記の五カ国を指すのが一般的である（これを便宜上「国際政治上の中央アジア」ないし「狭義の中央アジア」と呼ぶこととしよう）。本稿においては、特段の断りがない限り、「狭義の中央アジア」を「中央アジア」と呼ぶこととする。

中央アジア五カ国は、総面積が日本の一〇倍強の約四〇〇万平方キロ、総人口が日本の半分の約五五〇〇万人である。相互間の経済水準の格差は大きい。豊富な天然資源を武器に成長著しく一人当たり国民総所得が一七〇〇ドルを超えるカザフスタンから、約四〇〇ドル強のウズベキスタン、さらには約一九〇ドルとサブ・サハラ・アフリカ最貧国並みのタジキスタンまで並んでいる。

一九九一年一二月の旧ソ連邦崩壊に伴って、帝政ロシア以来旧ソ連邦に受け継がれてきた永年にわたる帝国主義的支配から自ら解き放って独立を勝ち取った中央アジア諸国は、その国家としての歴史の浅さ、地理的遠隔性等から、中国、韓国等の近隣のアジア諸国やＡＳＥＡＮ等の東南アジア諸国に比べると、一般の日本国民にとって必ずしも身近な存在ではない。このような地域が日本にとって有する意味はどのようなものであろうか。

中央アジア諸国は、ユーラシア大陸のほぼ中央に位置し、中国、ロシア、イランといった周辺大国に囲まれ、さらに、中東、アフガニスタン、インド、パキスタン等周辺の不安定な地域情勢の影響を受けやすい地政学的条件下におかれている。このような位置にある中央アジアの安定は、ユーラシア大陸全体の安定という観点から重要である。中央アジア自体は日本から遠く離れており、この地域で起きたことが近隣アジア諸国で起きたことのように直ちに日本の影響を及ぼすことは少ないかもしれない。しかし、世界で最大の大陸であるユーラシア大陸全体の不安定化は日本にも好ましくない影響を及ぼさずにはおかないであろう。

また、中央アジア諸国は天然資源が豊富で、石油、天然ガス、石炭、鉄、銅、鉛、亜鉛、タングステン、ウラン、金等を産出する。中でも特に注目されているのがカスピ海地域の石油・天然ガスである。「第二の北海」の異名をもつこの地域は、今後国際エネルギー市場への重要な供給地となることが期待されている。現時点では開発コストが割高であること、内陸国であるために国際パイプラインによる輸送が必要となること等の問題もある。しかしこの地域からのエネルギー供給が本格化すれば、たとえば直接日本向けに供給されなくとも国際エネルギー市場の安定化に繋がり、エネルギー資源の大半を海外に依存する日本にとっても大きな意義がある。

経験則に照らせば、民主主義、市場経済、基本的人権の尊重等の普遍的な価値に根ざした確固たる基盤なしに政治的な安定や持続的な経済発展は実現しがたい。したがって、これらの価値が発展途上のこの地域に根を下ろしていくことは、同地域の安定と繁栄のために不可欠といってよい。中央アジア諸国は、旧ソ連からの独立後十数年と日が浅いこともあり、多かれ少なかれ、権威主義的な政治、行政における透明性の欠如、市民的自由の制約等の旧ソ連型の問題の残滓を抱えている。これら諸国に民主的な国づくりが進めば、ユーラシア大陸全体の安定に不可欠なこの地域自体の安定化に資するだけでなく、起源は異なるものの同様の問題を抱えている近隣の中東諸国を中心とするイスラム圏における国づくりのよい手本になるとの副次的効果も期待しえよう。民主主義、市場経済、基本的人権といった普遍的な価値の拡大と定着が、このような価値の強固な信奉者である日本にとって、倫理的・道義的な観点から有する意義についても過小評価すべきではあるまい。

二　「対シルクロード地域外交」を原点に

このような日本にとっての中央アジアの重要性を踏まえて策定された、最初のまとまったかたちでの日本の対中央アジア政策が「対シルクロード地域外交」と名づけられた政策である。この政策は、一九九七年七月、橋本龍太郎総理（当時）が経済同友会会員懇談会におけるスピーチで明らかにしたものであるが、その骨子は次のとおりである。

日本は、中央アジアおよびコーカサス地域が、①ロシア、中国、中東に接しているという地政学的重要性、②石油、天然ガス等のエネルギー資源を有する経済的な重要性、および③日本との歴史的・文化的紐帯を有することから、同地域諸国との関係強化に積極的に努める。

具体的な政策の方向性は以下の三つとする。

(1) 信頼と相互理解の強化のための政治対話

(2) 繁栄に協力するための経済協力や資源開発協力（その重点分野は、①民主化・市場経済化のための人材育成と制度づくり、②経済インフラストラクチャーの整備、③保険・医療、教育等の社会セクターへの協力、④環境保全とする）

(3) 核不拡散や民主化、安定化による平和のための協力

「対シルクロード地域外交」は、その後着実に実施に移されてきた。日本と中央アジアとの間の政治対話は要人往来等を通じて活発化し、日本から中央アジア諸国に供与されたＯＤＡの総額は、一九九一年から二〇〇三年までの累計で約二、六〇〇億円に上り、日本は中央アジアに対するトップ・ドナーの一角を占めるに至っている。核不拡散の分野では一九九四年三月に締結した非核化支援協定に基づきカザフスタンに対し核物質の管理等に関する支援を行ってきている。また、平和のための協力としては内戦で国土の荒廃したタジキスタンに対して元兵士の雇用促進プロジェクト等を行う国際機関への資金拠出、復興開発、人材育成等の分野で支援を行ってきた。日本は、平和のための国連活動

への人的協力も行っているが、一九九八年七月、このような人的貢献の一貫として派遣された秋野豊国連政務官（筑波大学助教授）が武装勢力に銃撃され殉職するという痛ましい事件が発生した。秋野政務官の業績を永く称えるために、タジキスタンの小学校に同政務官の名が冠されている。

三　9・11と戦略環境の変化

二〇〇一年九月一一日に米国を襲った同時多発テロは、中央アジアを巡る戦略環境に決定的な変化をもたらした。米国は、アフガニスタンにおけるタリバンおよびアルカイダを標的とする対テロ軍事作戦「不朽の自由」を実施する必要上、同作戦を後方から支援する部隊をアフガニスタンに隣接する中央アジアに展開することを求め、ウズベキスタンがまずこれに応じ、キルギスもこれに続いた。このような戦略環境の変化は、政府レベルで米・中央アジア関係に一定の改善・強化をもたらした。しかし、中央アジア諸国の権威主義的な政治体制や人権問題に対する米国世論の厳しい見方等が足枷となって、中央アジア側の期待通りには関係強化が進まないという面も見られる。

一方において、ロシアおよび中国は上海協力機構（ＳＣＯ）、ＣＩＳ集団安全保障条約機構等を通じて中央アジアに対する積極的な関与を強めている。このような大国間の駆け引きのはざまにあって、中央アジア諸国は、歴史的にこの地域においてまったく手が汚れておらず、武力行使には無縁で世界各地における開発協力等において抜群の実績を有する日本に対して、バランサーとしての役割を含め、よりいっそうの関与を期待するようになってきている。

四　新たな政策の展開

このような中央アジアをめぐる新たな状況をも踏まえて、日本と中央アジアとの間のあるべき関係をどう考えるべきかについて外務省内において政策レビューが昨今行われた。この政策レビューの結果を踏まえて、日本の対中央アジア政策の新たな展開に着手することを狙って行われたのが、二〇〇四年八月二五〜三一日の日程で行われた川口順子外務大臣（当時。以下同じ）の中央アジア各国訪問である。川口外務大臣は、ウズベキスタン、カザフスタン、タジキスタンおよびキルギスの四カ国をこの順番に訪問した。

八月二六日、川口外務大臣は、最初の訪問国ウズベキスタンの首都タシケントの世界経済外交大学で「新たな次元へ：中央アジア＋日本（Adding a New Dimension : Central Asia plus Japan）」と題する政策スピーチを行い、日本の新たな対中央アジア政策を表明した。そのポイントは以下のとおりである。

1　今後の日本の対中央アジア政策を「二本柱」で考えたい。第一の柱が、これまで進めてきた中央アジア各国との二国間関係を増進し、緊密化する努力を引き続きいっそう強化することであり、第二の柱は、これと併行して、中央アジア地域全体との対話と協力を推進していくことである。この二つの方向性を「車の両輪」として日本と中央アジアとの関係をより重層的な深みのあるものとすることを目指す。

2　具体的な施策として、「中央アジア＋日本」という新たな対話の場を立ち上げ、中央アジア諸国自身による地域全体としての安定と発展を目指す「地域内協力」、およびその自助努力に対する日本の支援・協力について話し合うことを提唱する。

3　「中央アジア＋日本」の対話の依拠すべき基本原則として「多様性の尊重」「競争と協調」および「開かれた協力」を提起する。

4　地域の発展のためには民主化、市場経済化、制度改革のいっそうの推進が重要である。

5　日本が新たな方針に沿って協力を進めていくにあたっては、物質的な交流を超えた人と人の触れ合いを育んでいくことが特に重要だと考えている。この観点から今後三年間にわたり中央アジア諸国から新たに一〇〇〇名以上の研修員を日本に受け入れる方針である。

次いで、八月二八日、二番目の訪問国のカザフスタンの首都アスタナにおいて日本、カザフスタン、ウズベキスタン、キルギスおよびタジキスタンの外相が一堂に会し、「中央アジア＋日本」対話・外相会合が行われた。中央アジア五カ国の中で独自の「中立政策」を維持し地域的な協力に消極的なトルクメニスタンを可能な限り関与させることも新政策立案に当たっての日本の関心事項の一つであった。トルクメニスタン側は、「中央アジア＋日本」対話には基本的に前向きの関心を示していたが、結果的にはアスタナの外相会合には駐カザフスタン大使が代理出席した。同外相会合においては、前述の政策スピーチに盛り込まれた日本側の考え方に対して中央アジア各国外相より全面的な支持、歓迎が表明され、双方の認識の一致が明記された外相会合の共同声明に結実した。外相会合における活発な討議においては、地域の共通の課題について、各国より「中央アジア＋日本」対話の枠内での協力に積極的な関心が表明され、アフガニスタン復興協力、麻薬、テロ、環境、エネルギー、水、輸送、貿易・投資等について問題提起が行われた。日本としても、中央アジアの地域内協力のために各国が主体的に取り組むのであればできる限り支持、支援していきたいとの立場を表明した。今後のＯＤＡの案件形成および実施にあたっては、地域全体への裨益という要素をも勘案していくこととし、具体的協力分野については、できるだけ早い時期に高級事務レベル会合（ＳＯＭ）を立ち上げる等によりフォローアップしていくこととなった。

五　「地域内協力」への支援の蓄積

以上述べたように、先般の川口外務大臣の中央アジア訪問の際に打ち出した「中央アジア＋日本」対話の中核となるコンセプトは、中央アジア諸国が地域としてまとまって発展し、繁栄していくためには、域内共通の課題について協力していくことがますます重要となりつつあるという認識に立って、中央アジア諸国自身の「地域内協力」の自助努力を慫慂するとともに、こうした自助努力に対して日本として最大限の支援を行っていこうということである。

ある程度のまとまりをもった一定地域の国々に対して、これらの国々が域内共通の課題に対処して協力しあうことを通じて安定と繁栄を目指す「地域内協力」の自助努力を日本として支援していくというコンセプト自体は、日本外交の手法として特に目新しいものというわけではない。

このようなアプローチとしてよく知られているのはＡＳＥＡＮ諸国の「地域内協力」とこれに対する日本の支援である。ＡＳＥＡＮ結成以来、これら諸国は経済発展とそれがもたらす民生の安定を通じて、アジア太平洋地域における一大安定勢力としてその存在感を着実に増大させた。その秘訣の一つに、これら諸国自身による熱心な「地域内協力」の推進と、これに対する日本の支援があると言っても過言ではない。このようなかたちでの日・ＡＳＥＡＮ協力は、戦後の日本外交のサクセス・ストーリーの一つと言ってよかろう。

二〇〇三年一二月に東京で行われた日・ＡＳＥＡＮ特別首脳会議において合意された「日本ＡＳＥＡＮ行動計画」は、日本とＡＳＥＡＮとの間の協力の重点分野として、(1)ＡＳＥＡＮ統合強化のための協力、(2)投資促進を含むＡＳＥＡＮ諸国の経済競争力強化のための協力、および(3)テロ、海賊その他の国境を越える問題を解決するための協力、を掲げている。このうち「ＡＳＥＡＮ統合強化の協力」としては、地域統合を促進するために域内における開発格差を是正するＡＳＥＡＮ諸国の地域内協力計画である「ＡＳＥＡＮ統合イニシアティブ（ＩＡＩ）」並びにその他の地域および準地域の努力の実現のための支援（人材育成プロジェクト、ハードおよびソフトのインフラ開発への協力等）、国際金融機関とも連携しての「メコン地域開発促進」のための支援の強化等が想定されている。また、「国境を越える問題を解決するための協力」としては、テロ対策に関する共同の会議の開催や、東南アジア地域テロ対策センターの活動の支援、法執行機関の人的・制度的能力構築の分野での協力、地域の不正薬物問題に対処するための二国間および国際機関とも連携した、多国間の協力と支援の強化等の幅広い協力が、想定されている。

もちろん、結成後四〇年近い長い歴史と地域内協力の実績を有するＡＳＥＡＮと、国家としての独立自体の歴史が十数年に過ぎず、地域内相互のまとまりも比較にならないほど弱い中央アジアを単純に比較することには大きな無理がある。しかし、ＡＳＥＡＮが「地域内協力」を積極的に推進することを通じて着実に発展してきたこと、ＡＳＥＡＮ諸国自身のそのような努力に日本がどのようなかたちで協力してきたか、また、今後協力していこうとしているかということは、地域としてのまとまりを力としながら安定と繁栄を追求していきたいとの願望を有する中央アジア諸国に対して、優れた目標ないし手本を示すものではなかろうか。

「地域内協力」の自助努力を日本が盛り立て、支援していくというアプローチの例は、ＡＳＥＡＮとの関係だけではない。前述のように、ＡＳＥＡＮの「地域内協力」は長い歴史と実績を有するいわば成熟した協力であり、そのような協力に対してはそれに相応しいかたちの日本の支援のあり方がある。ここで、「地域内協力」としては依然萌芽期にあり、それに対する日本の支援についても日・ＡＳＥＡＮ協力のようには一般に知られていない協力の例に触れてみたい。それは、西バルカン地域における平和定着と経済発展のための「地域内協力」と、これに対する日本の支援である。

六　日・西バルカン協力

「西バルカン」という名前はまだ一般に馴染みが薄いと思われるが、旧ユーゴスラビアを構築していたボスニア・ヘルツェゴビナ、クロアチア、マケドニア、セルビア・モンテネグロの四カ国（および今後のステータスについて争いがあり国連監視下におかれているコソボ地域）とアルバニアをいう。バルカン半島は、オスマン・トルコ帝国やオーストリア・ハンガリー帝国による支配等を通じた複雑な歴史や、入り組んだ民族的・宗教的組成等に起因する構造的な不安定性が、第一次世界大戦の導火線となったことで有名である。最近でも、旧ソ連邦の崩壊に起因する旧ユーゴスラビアの分裂の過程で、一九九〇年代のかなりの期間を通じて「民族浄化」というおぞましい言葉に象徴される血で血を洗う民族的・宗教的対立と混乱が続いたことが、まだ記憶に新しいところである。

欧州においては、周知のように、欧州連合（ＥＵ）の地理的拡大と統合の深化という大きな流れがダイナミックに進展している。二〇〇四年五月一日をもって、ポーランド、チェコ、ハンガリー等の旧コメコン諸国および旧ソ連邦の一部であったバルト三国等一〇カ国がＥＵに加盟し、ＥＵ加盟国は一挙に一五カ国から二五カ国に拡大した。ＥＵ拡大の流れはとどまるところを知らず、二〇〇七年の次期拡大を目標にルーマニアおよびブルガリアとの加盟交渉が進展中であり、二〇〇四年末までにはダーダネルス・ボスポラス海峡を越えた先に位置するトルコとの加盟交渉を開始するか否かが決定される運びとなっている。このような大きな潮流の中で西バルカン諸国は、現状では、結果的にEU拡大に取り残されたかたちになっている。これら諸国が民主化・市場経済化を進展させ、EU加盟交渉開始の基準を早急に満たすことによって、EU拡大プロセスに組み込まれることを可能にすることが、EU・西バルカン諸国双方にとって喫緊の課題となっている。

このような文脈の中で、西バルカン諸国は、早期EU加盟を目標に「地域内協力」を積極的に進めており、日本はこのような西バルカン諸国の努力を支援してきている。一九九〇年代に宗教・民族等に根ざした悲惨な紛争の頻発をみた西バルカン諸国に対する日本の協力は、世界中のさまざまな場所で、和平プロセス支援、紛争後の平和構築・復興支援を実施することにより平和の定着に努力する、という近時の日本外交が掲げている「平和定着外交」の旗頭の下の外交努力と位置づけられる。さらに、西バルカン諸国の早期EU加盟促進がEUにとっても優先課題であることから、このような協力は戦略的パートナーであるEUに対する日本の協力の一環として行っているという側面もある。

日本政府は、二〇〇四年四月、西バルカン諸国の外交・経済担当の閣僚を招聘するとともに、国連コソボ暫定行政ミッション（UNMIK）およびコソボ暫定自治政府、EU加盟国、G8諸国、欧州委員会、南東欧安定協定等三九カ国、一二国際機関の関係者の出席を得て、EU議長国であるアイルランド政府と共催で、東京において「西バルカン平和定着・経済発展閣僚会合」を開催した。同会合に出席した川口外務大臣は、この地域で取り組むべき課題として「平和の定着」「経済発展」「域内協力」の三本柱を提唱し、会合の共同結論文書にもこれが盛り込まれた。共同結論文書は、西バルカン諸国が「安定化を促進し経済発展を増進するため、域内協力をさらに強化する。域内協力は貿易自由化の促進、越境組織犯罪との闘い、効果的な国境管理および民族融和において中心的役割を果たす」ことを謳っており、日本としては、このような自助努力に対し、例えば、能力構築に資する人材育成等の面での協力、民族融和に関する域内シンポジウムの開催、観光などの産業振興面での協力、運輸インフラの分野における優良案件に対する協力（円借款、貿易保険付保）等の協力を行なうことが検討されている。最近のセルビアにおける極右勢力の台頭やコソボにおける大規模暴動の発生という不安定要因もあるが、このような協力を通じた域内協力の推進が重要である。

それぞれの国の規模が小さい西バルカン諸国が市場経済の仕組みの中でそれなりの存在感をもち、意味のある競争をしていくためには、市場としてまとまる必要がある。このことについてはこれら諸国自身も強く自覚している。共同結論文書の中では貿易自由化の促進という一般的表現を用いることになったものの、閣僚会合においては西バルカン地域における自由貿易地域の設置を目指すことで意見の一致がみられた。西バルカン諸国の間ではすでに相当数の自由貿易協定（ＦＴＡ）が締結されているという実態もあり、ＥＵへの加盟という目に見える目標も目の前にあることと合わせてみれば、この面での域内協力の進展はかなり有望と見てよいと思われる。

この状況と比較すれば、中央アジアについては、前述のアスタナにおける「中央アジア＋日本」対話・外相会合の共同声明において、「地域の安定的な発展および地域内協力の深化を促進する中央アジア共同市場を段階的に創るというイニシアティブを実施に移していくことの重要性」が明記されたという事実はあるものの、実態は地域各国間の利害の隔たりが大きく、共同市場はもちろん自由貿易地域についても道のりはいまだ遠いと見るべきであろう。ＡＳＥＡＮとは異なり、西バルカン諸国は民族・宗教紛争を乗り越えたのがつい最近のことであり、十数年前に独立した中央アジアに比べても地域としてのまとまりの自覚が生じてからの日は浅い。しかし欧州統合への参加という具体的な目標と地域内協力に対する強力なインセンティブが存在する。このように中央アジアと西バルカンとは置かれた状況や様々な条件が大きく異なっており、単純な比較はできないが、中央アジア諸国にとっても西バルカンの経験とこれからの地域内協力の進展は参考になるところも少なくないのではないか。

七　「『眼力』のある外相訪問だった」

地域内協力の慫慂とこれに対する日本の支援を中核とする「中央アジア＋日本」対話を打ち出した川口外務大臣の中央アジア訪問は、訪問先の国々だけでなく第三国のプレスの関心の対象にもなり、中国の「人民日報」やロシアのイタルタス通信、米国のＡＰ通信等もこれを報じた。特に九月一日付の中国紙「環球時報」（人民日報が発行する国際政治・経済等の記事を中心とする新聞）は、これを「日本にとってすこぶる『眼力』のある訪問だった」と評する大きな記事を掲載した。このような評価が正当化されるか否かは、同訪問で打ち出した構想を今後どう具体的な協力に結び付けていくことができるかにかかっている。着実なフォローアップが鍵である。

中央アジアに対する日本の経済協力

■日本による中央アジアへの援助累計額(2003年度まで　単位：億円)

国名	贈与		計	有償資金協力	合計
	無償資金協力	技術協力			
ウズベキスタン	183	65	248	812	1,060
カザフスタン	47	87	134	888	1,022
キルギス	86	51	137	257	394
タジキスタン	55	12	67	0	67
トルクメニスタン	6	4	10	45	55
中央アジア合計	377	219	596	2,002	2,597

（出典：外務省）なお、四捨五入により合計値があわない場合がある。

■援助具体例（外務省 ODA HP より）

ウズベキスタン

タシケント火力発電所近代化計画（有償、2002年）
学校機材供与計画（無償：草の根・人間の安全保障無償資金協力、2001～2003年）

カザフスタン

アスタナ上下水道整備計画（有償、2001年）
農村地域水供給計画（無償：一般、2003年）

キルギス

食糧増産援助（無償：一般、2001年）
地方小児医療機材整備計画（無償：一般、2003年）

タジキスタン

歴史考古学博物館に対する文化無償（無償：一般、2003年）
クリャーブ市女性職業訓練センター設立計画（無償：草の根・人間の安全保障無償資金協力、2002年）

トルクメニスタン

トルクメニスタン・オリンピック委員会に対する文化無償（無償：一般、2001年）

中央アジア情報サイト	
トルコ中央アジア文化センター	http://www.turkeycenter.co.jp/html/top.html
日本トルコ中央アジア友好協会	http://www.toruko.jp/
中央アジア研究所	http://cari.727.net/
日本中央アジア学会	http://www.jacas.jp/
ロシア情報ステーション	http://www.russigator.ru/index.html
ロシア東欧貿易会	http://www.rotobo.or.jp
秋野豊ユーラシア基金	http://www.akinoyutaka.org/
北海道大学スラブ研究センター	http://src-home.slav.hokudai.ac.jp
日本・ウズベキスタン協会	http://homepage2.nifty.com/silkroad-uzbek/
国立国会図書館関西館アジア情報室	http://www.ndl.go.jp/jp/service/kansai/asia/asia.html
外務省　各国地域情勢	http://www.mofa.go.jp/mofaj/area/index.html
日本貿易振興機構（ジェトロ）（ロシア・CIS 情報）	http://www.jetro.go.jp/se/j/russia
経済産業省対外経済政策総合サイト	http://www.meti.go.jp/policy/trade_policy/index.html

■フランス共和国レジオン・ドヌール勲章コマンドゥールを拝叙して

二〇一三年一二月一三日（金）於：在日フランス大使館

フランス政府から名誉ある勲章をいただくことになったことは、誠に身に余る光栄であり、感激に堪えません。特に、私の駐フランス大使としての勤務は、本年八月の私自身としても予想外の急な帰国のため、結果として一年八カ月間という短期間にとどまりましたので、今回の叙勲は、私に対するフランス政府の格別のご配慮のたまものであり、心より感謝申し上げます。親愛なるクリスチャンやルイ・シュヴァイツァー外務大臣特別代表を始めとする方々の特別のお口添えがあってこそ実現した叙勲であるとも確信しています。お礼の言葉もありません。

私は、一九七二年に外務省に入省後、本人の希望どおりフランス語の研修を命じられ、札幌冬季オリンピックの翌年の七三年から二年間、フランス語を実地で学ぶ幸運に恵まれました。一年目の研修地は、グルノーブルでした。札幌大会の前回大会の開催地です。ジャン＝クロード・キリーがアルペン・スキー三冠王という伝説を作ったシャンルース・スキー場でスキーを一から学び、以来、四〇年後の今日に至るまで、スキーは私の最も愛好するスポーツです。二年目は、南仏のエクサン・プロヴァンスに移り、スキー以外の多くのことを学びました。二〇代前半の多感な時期をフランスの地方で暮らし、多様性に富むフランスの自然、文化、人情に直接触れたことは、得がたい体験でした。それ以来、世界の様々な国で勤務しましたが、フランスはいつも私の「第二の故郷」であり続けました。

二年間の語学研修に引き続き、私は、パリの日本国大使館三等書記官に発令され、外交官の卵として二年間勤務し、多くのことを学びました。特に印象深かったのは、一九七五年に初めての先進国サミットがパリ近郊のランブイエ城で開催されたことです。サミットの提唱者であった当時のヴァレリー・ジスカール＝デスタン大統領が日本の参加を強く推進され、サミットはG6としてスタートしたのでした。「駆け出し」であった私の役割はごく限られたものでしたが、シャトー内に宿泊中の三木武夫総理に東京から夜間の電話連絡が必要となった場合の「電話の取り次ぎ係」として、地上階の連絡室に泊まり込みました。携帯電話などまだなかった時代のことです。暖房のない簡素な連絡室で、二月の寒さは骨身にこたえ、一睡もできなかったことを覚えています。また、この二年間は、フランス当局による日本赤軍の「パリ謀議事件」の摘発、オルリー空港での日本赤軍メンバーの逮捕、逮捕されたメンバーの解放を要求する日本赤軍による在ハーグのフランス大使館における人質事件など、一連の国際テロリズムとの戦いにおける日仏協力が進んだ時期でした。私は、本日この場にお出で下さっている国松孝次元警察庁長官（当時一等書記官）のアシスタントとしてご指導を受けながら得がたい体験をいたしました。

その後、外務省勤務の常として、東京の本省勤務と在外勤務を繰り返し、アジア、北米、欧州で計五回在外公館で勤務しましたが、パリにはとんと縁がありませんでした。そんな訳で、最初のパリ勤務を終えてから三七年間を経て駐フランス大使に任命されたときには、長い旅の末に故郷に帰ってきたような言いようのない懐かしさを覚えたものです。折りしも、久しぶりのパリ赴任の直後に、大統領選挙において日仏関係重視を標榜するフランソワ・オランド大統領が誕生し、クリスチャンやルイ・シュヴァイツァー特別代表を始めとするフランス側関係者の絶大なご協力を得て、実に一七年ぶりのフランス共和国大統領の国賓訪日を早期にかつ成功裏に実現できたことは、私にとって誠に幸運なことでした。これは、タイミングに恵まれないとできないことであり、一年八カ月間の短いパリ勤務ではありましたが、真に「大使冥利につきる」思いです。すべての関係者の方々に改めて心から感謝申し上げます。

「自由」、「民主主義」、「市場経済」、「基本的人権の尊重」、「法の支配」といった、その多くがフランス革命に淵源を有する基本的価値が、いまや国際社会の普遍的な価値に昇華されています。日本は、歴史を通じてフランスから多くのことを学び、フランスとこれらの基本的価値を共有するパートナーであることを心から誇りに思っています。フランスというと、我が国では、とかく芸術・文化・ファッション・美食などが中心のイメージで見られがちです。しかし、たとえば、最近のマリ情勢に見られるように、アフリカ各地に軍を常駐させ必要な場合のパワー・プロジェクションの意思と能力を有し、米国が手一杯な状況の中で、同地域において有事に頼ることのできるほぼ唯一の国がフランスです。また、大陸国家と思われがちなフランスは、排他的経済水域（ＥＥＺ）の面積が世界第二位の海洋大国でもあります。そのフランスのＥＥＺの三分の二は太平洋に位置しています。国土面積ではフランスの三分の二程度ながら世界第六位の排他的経済水域を擁する我が国は、アジア・太平洋の海洋国家同士として、海洋法の諸原則特に航行の自由の尊重の確保などのためにフランスと手を携えて協力する必然性があります。更に、フランスは、原子力平和利用、宇宙・航空、防衛装備品などの分野で先端的な技術を誇り、幅広い分野で我が国が協力を深化させるメリットの大きい国です。本年六月のオランド大統領の国賓訪問の機会に、以上申し上げたような諸点を軸とする日仏協力のロードマップが合意されたことは誠に喜ばしいことです。遠からず安倍総理の訪仏が実現し、日仏協力のロードマップが着実に実現に移されることを強く期待しています。

本年六月のオランド大統領の国賓訪問の特別に大きな成果は、フランス大統領と日本国総理大臣という両国の最高政治指導者の間に個人的な信頼関係が構築されたことでした。両首脳はちょうど同い歳ですが、いまや、安倍総理にとってオランド大統領は、最も個人的に親しい国家指導者の一人です。更に、この個人的に親しい関係が、国賓訪問を契機として、両首脳の夫人同士の間にも育まれています。安倍昭恵夫人もヴァレリー・トリエヴェレール夫人も、総理や大統領とは時として個人的意見が異なることもある、自らの考え方をしっかり持った自立した女性同士として、お互いに惹かれ合うところがあるのかもしれません。この二組の国家指導者カップルの間の個人的信頼関係は、日仏関係の大きな「切り札」です。

カップルの話になったところで、最後に、これまで三〇余年に亘って私の外務公務員としての活動を支えてきてくれた家内に心からの感謝の念を捧げたいと思います。どの仕事でもそうなのでしょうが、私は、在外勤務を行う外交官にとっての配偶者の支えには特別の重要性があると思っています。私は、合計七回の在外勤務のうち、独身であった最初のパリ勤務以外の六回の勤務のすべてに家内の同行を得て、陰に陽に支えてもらうという幸運に恵まれました。本日頂いた勲章も半分は家内が頂戴したものだと思っています。

▩ 父の国・母の国

外交官生活も三五年を迎えたが、出会いに不思議な因縁を感じたのは彼一人といっても過言ではない。名前は渡辺史遍君という。バンコク大使館で政務書記官だった一九八五年。ベトナム軍の侵攻でカンボジア難民が流入したタイ国境地帯の国連難民施設に、日本国籍を持つ若者が保護されたとの連絡を受けた。

彼は日本人の父とカンボジア人の母の間に生まれたといい、東京に照会すると確かに戸籍に名前があり、親族も本人の可能性が高いと認めた。私は難民施設に急行して本人だと確認し、渡航証明書を発給。彼を無事父の国日本へ見送った。

五年以上経て、私は条約局の課長として国連平和維持活動（ＰＫＯ）協力法案の策定に携わった。陸上自衛隊がカンボジアに出発する九二年のある日、彼が「カンボジア生まれの陸士長」として母の国の復興に向かうとの記事を目にした。りりしい表情の写真を見て「日本に戻ることが本人の幸せか」という当時のわずかな心の迷いも晴れた。

二〇〇〇年ごろ、防衛庁の知人から連絡先を偶然聞き、早速電話すると、出会ったときは日本語を全く話せなかった彼が受話器の向こうで流ちょうに応対してくれた。彼とはまたどこかで出会えそうな気がする。そのときは杯を傾けたい。

（日本経済新聞「交遊抄」二〇〇七年（平成一九年）三月一九日）

10 日本のリーダーが語る世界競争力のある人材とは

――豊かな教養とパブリックの精神を身につけた先駆的なリーダーを目指してほしい――

〔対談〕小松一郎（外務省国際法局長）vs 山内進（一橋大学副学長）

（二〇〇八年）

湾岸戦争や九・一一同時多発テロを体験した外交官である小松一郎氏。これからの時代に求められる人材の一つの典型ともいえます。この観点から山内進副学長が、さまざまな角度から話を訊き出しました。すると一橋大学が育成を目指す人材像と一脈通ずる、豊かな教養とパブリックの精神を備えたソートリーダー（実践的な先駆者）の姿が見えてきたのです。

一　マキャベリズムか至誠で迫るか――外交の本質は？――

山内　一橋大学はキャプテンズ・オブ・インダストリーの育成を標榜してきました。しかし、学部も増えてきましたし、学生たちの関心の幅も広がってきました。そこで、私たちはこれからどういう人材を育成していったらいいのかといった議論を重ねてきました。そこから生まれた人材像は、『一橋大学研究教育憲章』に謳われています。それは「豊かな教養と市民的公共性を備えた、構想力ある専門人、理性ある革新者、指導力ある政治経済人」で、キャプテンズ・オブ・インダストリーの全方位化を目指しています。

中期目標・中期計画に基づいて大学経営を行っているわけですが、そこでも「構想力ある専門人」という言葉を使っています。その中にはトップクラスの公務員も一橋大学卒業生が目指す一つの姿としてイメージされています。小松さんは、いわば構想力ある専門人と指導力ある政治経済人を兼ね備えた人です。今日のお話のなかから、どうすればこうした人材になれるかのヒントが生まれてくるのではないかと思っています。

日本にとって外交は、これまでも、そしてこれからも重要です。そこでまず、外交とは何かということからお伺いしたいと思います。

小松　麻生外務大臣は、国会の外交演説で、「外交とは、はるか未来をのぞみ、国益と国民の福利を伸ばす営みです。そのためにふさわしい環境を世界に作ろうとする営々たる努力の別名です。」と述べておられます。一般には、華々しい国際会議や交渉のイメージがありますが、外交の一部にすぎません。表には見えない地味で継続的な幅広い努力がとても重要です。

国際関係の構造が大きく変わってきたこともあって、外務省だけで外交ができる時代ではなくなってきました。外務省は幅広い外交活動全般を日常業務として担当しています。それだけでは十分ではなく、国会議員や外務省以外の省庁をはじめ、企業人、専門家……を含めたオール・ジャパンで取り組まないと外交目標を達成できない時代になってきたのです。

山内　新鮮で新しい外交のイメージですね。ところで物の本には、外交の本質はマキャベリスティックなものだとあります。一方で勝海舟などは、「外交は心だ、誠実さだ」と言っています。相反する姿のように思えますが、実際にはどうなのでしょうか。

小松　大きな戦略を見るか、戦術を見るかの違いではないでしょうか。戦略として捉えると、誠実と正直を基本とすることが結局長い目で見れば実を結ぶことが多いと思います。他方、個別の局面ではマキャベリスティックな外交術が必要になることもあります。

山内　グロティウスの『戦争と平和の法』に「利害だけではだめだ。一見、損をしているようでも正義を大切にすることが国民の平安の保障につながる……」といった言葉があったのを思い出しました。それでは、これまでのご経験を踏まえて、外交官とはどうあるべきとお考えですか。

小松　外交は森羅万象にかかわりますから、驚くほど幅広い分野に及びます。配属先によって必要な知識が大きく異なりますので、まずベースとしての幅広い知識の土台が重要です。常に知的好奇心を持って新たな業務に取り組むこと、そして、なによりも人と人との付き合いや、人間が好きであることが外交官には重要ですね。

山内　人間が好きであれば、外国人との人間関係づくりも十分にできますからね。

二　公務員でなくとも頭の片隅にパブリックを

小松　語学力は必須ですが在外研修もあります。ただ、単にコトバが出来ても話す中身がなければ、すぐに底が割れます。自戒をこめて言えば、大学時代に豊かな教養を身につけ、「構想力ある専門人」になる訓練を受けることが重要だと思います。私が注目しているのは、一橋大学研究教育憲章のなかに、「市民的公共性を備えた…」とあることです。数十年先を見据えて日本国民の福利の向上を図るには、オール・ジャパンの外交が必要ですので、例えば企業の海外駐在員も外交官の一員のようなものです。

このような観点から、私が若い学生に期待するのは、「パブリック（公）」の精神を身につけることです。これは何も公務員（官）になれということではありません。「公」は「官」より広い概念です。一橋大学の卒業生は、伝統的にキャプテンズ・オブ・インダストリーとして民間企業を中心に活躍してきました。経済界で活躍する人もパブリックな部分でも役立とうという精神が必要ではないかという意味です。弱肉強食の資本主義の権化のようなアメリカでもボランティアやメセナの精神など、一人一人がパブリックに奉仕し貢献しようという伝統があります。日本の若い人には、そのあたりがやや希薄なように思えます。

山内　プライベートとパブリック、「私」の部分は大事にするが、「公」はただ批判するだけという傾向が確かにあります。パブリックは自分たちがつくっていくもので、プライベートと一体不可分のものだという意識が重要ですね。

小松　「官」に対する批判はあって当然です。公務員はパブリック・サーバントであり、納税者の税金で仕事をしているのですから、常に厳しく監視し批判することを通じて、誤っているところがあれば正す必要があります。しかし、公益つまりパブリックの利益は「官」に任せて、民間は関与しなくてもいいという考えでは、いい結果は生まれません。公務員と違って民間企業で活躍している人は、四六時中パブリックについて考えている必要はないでしょう。しかし、少なくとも頭の片隅にはパブリックというものも置いておいてほしいと思います。

三　歴史の節目に直接かかわれる醍醐味

山内　学生時代に外交官になろうとしたのは、どんな理由からですか。また、実際に外交官になってみて、どこに仕事の面白みを感じましたか。

小松　なぜかと言われると……若気のいたりでしょうか（笑）。日本という国が生きていく上で国際社会との関係は切っても切れないので、国際的な仕事をしたいと考えたという単純な動機です。

私は今年で入省三五年になりますが、たまたま、本省では条約や国際法関係の仕事を通算すると一〇年以上務めるという外務省員のなかではやや特殊な途を歩いてきました。学生時代は法曹に関心を持ったこともあります。迷った揚げ句、やはり国際的な仕事がしたいと外務省に入ったわけです。振り返ってみると、国際的な業務を主に法律的な側面から担当してきたわけで、結果として学生時代の希望が両方叶った思いです。

外務省に入ると、どんな職員でも一度や二度は歴史の節目にかかわります。たとえホンの末端であったとしても、国際社会の大きな変動に現場で関与できるということが、外交官の醍醐味といえるでしょう。

私の場合は、条約局の課長時代に湾岸戦争が勃発しました。国際社会が平和と安全の確保のために協力し合ったのですが、日本にはそのような協力活動の根拠となる国内法がありませんでした。外務省が主体となって急ごしらえの法律案を国会に提出しましたが廃案となってしまったのです。結果的には、日本は、そのための増税までして一三〇億ドルもの資金協力を行ったのに、「トゥーリトル・トゥーレイト」と言われ、国際的に正当な評価は得られませんでした。

二〇〇〇年一二月にワシントンに赴任しました。折からブッシュ候補とゴア候補が大統領の座を巡って厳しい決戦の最中で、結果的にはブッシュが僅差で当選したのは記憶に新しいところです。その直後の翌年二月には、ハワイ沖でえひめ丸事件が起きました。米原潜が日本の漁業実習船に衝突し、多数の若い犠牲者が出て、事後処理に追われました。ようやく一段落と思ったときに発生したのが、九・一一同時多発テロです。このテロで、アメリカ社会全体が大きく変わりました。歴史のうねりの中にあっては小さな歯車に過ぎませんが、現場で多少なりとも関与できたことに、大きな感慨を覚えます。

山内　九・一一に対する日本側の動きはいかがでしたか。

小松　当時はワシントンで政務班長の公使をしていました。ペンタゴンに飛行機が突入した、議事堂にも突っ込んだなどと、当日は情報が大変錯綜しました。しかも、そのとき日本から調査団として国会議員が数多く来訪していたのです。政務班員が議員に同行していましたが、電波が乱れたのか携帯電話も全くつながりません。初動としては、この安否確認が大変でした。その上で、アメリカ政府の状況をさぐって、日本に意見を添えて報告するというような経験を経て、二〇〇三年一月に帰国したのです。

山内　日本とアメリカとで、対応に落差を感じましたか。

小松　九・一一に対する日本の対応はそれまでに比べて素早かったといえます。湾岸戦争の際に悔しい思いをした反省もあって、小泉総理がすぐ対応策を発表しました。時限立法でテロ特措法も素早くつくりました。ワシントンにいて、この対応の早さをアメリカ政府が高く評価していることがヒシヒシと伝わってきたものです。

アメリカ人にとっては九・一一は大変な心理的ショックでした。その前後で、世界観がガラッと変わったほどの出来事だったのです。日本国民もテレビで惨状を目の当たりにして、テロは対岸の火事ではないと感じたと思います。とはいえ、やはり現地とは緊迫感が違うなと感じました。

四　ＰＫＯ法が日の目を見定着してきた

山内　湾岸戦争のときと九・一一同時多発テロのときとでは、日本人のものの考え方というか世論が大きく変わってきましたね。

小松　大きく変わりましたね。湾岸戦争のときにはＰＫＯと多国籍軍の後方支援を可能とする法案を外務省が提出しましたが、廃案になってしまいました。その後、海上自衛隊の掃海艇を派遣してペルシャ湾の機雷処理で高い評価を得たことなどが契機となって、日本も世界の平和と安全に寄与する必要があるという認識が高まってきました。数年がかりでＰＫＯ法を成立させ、カンボジアやゴラン高原などで自衛隊が活躍するようになって、次第にＰＫＯ法が戦争のためではなく平和のためのものだという理解が世論に定着してきたのです。

山内　その一端を外務省は担ったわけですね。

小松　湾岸戦争の際に提出した法案は外務省が主管して提出し、廃案になりました。次のＰＫＯ法案のときには、「これは内閣全体の課題だ」という認識から、各省から精鋭を集めて内閣官房にチームを作って法案を提出したのです。

山内　面白い話ですね。オール・ジャパンで日本をあげて外交の歴史をつくってきたのがよくわかります。

五　自由・民主主義・市場経済などの普遍的価値を重視する「価値の外交」

山内　外交には変化があることとは思いますが、日本外交を貫いている特徴はどこにありますか。

小松　これも麻生外務大臣が外交演説でおっしゃっていることですが、戦後の日本外交には三つの柱がありました。日米同盟、国際協調、近隣アジア諸国の重視という三本柱です。これに、自由、民主主義、市場経済、法の支配などの普遍的価値を重視するという四本目の柱を加えることが打ち出されています。普遍的価値を共有する欧米諸国などと手を携えて、ユーラシア大陸の外周で弧をなす「自由と繁栄の弧」をつくることを目指しています。

山内　外交官を目指す人には、この基本的な価値観を重視する姿勢が欠かせないというわけですね。

小松　外交は大変幅広いものです。私がお話ししたことはほんの限られた側面です。例えば、外務省の同期生で経済局長から最近大使になった男がいます。彼は、欧米等との厳しい経済交渉に使うための「闘う統計」の重要性を強調していました。どういう切り口で統計資料を料理すれば日本の主張を補強できるかを、日ごろから工夫して部下にデータづくりの指示をしていました。外交では、私の担当している法的な側面だけでなく、このようなことも大変重要です。一橋大学は経済関係に昔から定評がありますが、経済を学んだ人が外交で活躍する場はたくさんあります。

外交官という職種に要求される仕事の間口はとても広いのです。部署が変わると全く新しいことを一から勉強しなければなりません。それだけに、豊かな教養を基礎にした旺盛な知的好奇心が必要です。自分の専門分野を柱にして、その柱を拠り所にして他分野もどん欲に勉強していく姿勢が重要です。

六　もっと日本という国に自信を持ってほしい

山内　大学に対する要望はありますか。

小松　自分の経験に照らせば、学生時代の勉強不足を職場でのトレーニングで補い、育てて頂いたという思いがあります。このような観点から、繰り返しになりますが、新しいものを勉強する土台となる豊かな教養を大学で身につけさせてもらいたいですね。旧制高校の教育を受けた外務省の先輩に接して、このような勉強の幅が違うと思いました。自分の柱をしっかりと持っている人は、やはり強いのです。

山内　先輩として一橋大学の学生には、どんな存在であってほしいと考えていますか。

小松　社会科学の総合大学であり、学生数も少ない大学です。教育環境としては非常に恵まれています。ジャンルを問わず、さまざまな分野で活躍してもらいたいですね。今や、国際社会とまったく関係ない職場はほとんどありません。企業なら企業で頑張ってもらいたいですが、パブリックの観念も忘れないでほしいと思います。それが、オール・ジャパンの外交力に、直接間接につながってくるからです。

もう一つ言いたいのが、日本という国についてもう少し自信を持っても良いのではないかということです。

帝国主義の時代に、日本は欧米列強による植民地化をのがれるため大変な苦労をしました。第一次世界大戦後のパリ講和会議で日本は国際連盟規約に人種差別撤廃条項を盛りこむよう求めました。この提案は否決されましたが、今やどの国も人種平等を否定できない時代になりました。日本は、この面では、国際社会におけるマーティン・ルーサー・キングだといってもいいほどです。

日本の戦後の繁栄は、自由貿易のルールの恩恵を受けたことが大きいといわれますが、日本が自由貿易のグローバル・ルールにフルに均霑した期間は意外に短いのです。というのは、一九五五年に日本がＧＡＴＴ加盟を認められると多くの国がＧＡＴＴ不適用を規定した三五条を援用したからです。今や忘れられがちですが、長らく日本の経済外交の最大の目標は三五条対日援用撤回でした。長い交渉の末、三五条の対日援用が完全になくなったのは何と一九九五年のＷＴＯ発足時です。

このような日本の先駆者としての苦労によって地平が開かれ、後に続いたアジア諸国は日本のような苦労をすることなく自由貿易のルールを享受することができたのです。このようなことは、もっと広く知られてもいいのではないかと思います。

メージャーリーグでイチローや松井秀喜をはじめ多くの日本人選手が活躍していますが、その先駆者として単身渡米してさまざまの苦難を乗り越えて新人王になり、日本人がメージャーリーグで通用することを示した野茂英雄の果たした役割は偉大だと思います。これには、近代化以降の日本が国際社会で果たしてきた役割と通ずるものがあります。

一橋大学には、各分野でソートリーダー（実践的な先駆者）となるような人材を育ててもらいたいと思います。

山内　それこそ『憲章』が謳っている「理性ある革新者」ですね。一橋大学は、これからも社会の要請に応えて、時代にふさわしいリーダーを輩出していかなければなりません。本日は示唆に富んだお話をいろいろ聞かせていただきまして、ありがとうございました。

11　外務省での仕事を振り返って

（二〇〇八年）

一　「進路」を決めるということ

高校生になると、先生にも親にも、「そろそろ自分の進路について考えないと」といわれることが多くなります。私も四十数年前そういう境遇にありました。そのころの自分を振り返ってみると、高校生になったからといって、急に自分に合った「進路」がはっきり見えるというのは、大変例外的な人間ではないかと思います。私の場合、いろいろ迷った末、結局、大学二年生のころは、国家公務員（外務省）という途を何となく選んで、採用試験を受験し、たまたま首尾よく採用されたので、そのまま転職もせず、東京の本省勤務とこれまで五回の在外勤務を繰り返すうちに、いつの間にか三六年間が過ぎて今日に至りました。後で述べるように、どの職業でも同じだと思いますが、この三六年間をかえりみれば、つらいことも、何でこんなことをしなければならないのかと思ったこともたくさんありました。同時に、ささやかなことからやや大きなことまで含めて、やりがいや達成感を感じたことや、楽しい思いをしたこともありました。そろそろ、外務省員としての職業生活の末期にさしかかろうとしていますが、これまでの年月を振り返って、少なくともいま、この時点では、「良かったこと、悪かったことを総合すれば、全体はまあプラスだったかな。この職業を選択してまあ良かったな。」と思っています。これは、多分、幸せなことなのでしょう。あと数年は残されている最後の段階の仕事をやり終えた時点で、改めて胸に手を当ててみて、自分自身の心の中のバランス・シートが赤（マイナス）に落ちこむことなく黒（プラス）のままになっていることを望んでいます。外務省員としての生活の「プラスの面」も「マイナスの面」も、本当のところは、就職後ある程度長い年月にわたって実際に仕事をしてみてはじめて分かったことです。ですから、高校生の時に「この途を進もう」という自らの「進路」についての明確な考えをもつことが難しいのは、ある意味で当然だといえます。

二　職業って何だろう

1　高校生に「進路」がはっきり見えないのはごく自然

「高校生に自分の進路をはっきり決めるのが難しいのなら、将来の進路を考えた志望大学や志望学部など選びようがないではないか」と思われるかもしれません。率直にいうと、もっともなことです。ところで、そもそも「職業」とは何でしょうか。自分と家族の生計をたてるための手段。自己実現の途。ややシニカルな定義から、高邁な定義まで、いろいろなことが頭に浮かびます。私は、ごく平凡なサラリーマン家庭の育ちですが、若いときには、「もし自分が大金持ちの家庭に生まれて、金銭にまったく困らない境遇だったら、公務員としての薄給など失っても全く怖くないので、度胸も据わり、外交官として大きな仕事ができるのに」などと不遜なことを考えたこともありました。まさに若気の至りで、いまは、そうは思いません。三六年間のこれまでの公務員人生の間には、それなりに山もあれば谷もあり、苦しさに耐えられなくなりそうになったり、あまりにも割の合わない仕事ではないかとくじけそうになったりしたこともありました。そのような時に、仮に私がどこかの財閥の御曹司で金にまったく不自由しない境遇であったら、あっさり外務省を辞めていたと思います。自分と家族の口に糊するために公務員の給料が必要だと思えばこそ、そこを思いとどまることができたのだと今は思っています。

2　文楽の人間国宝、吉田玉男さんのこと

先日、偶然、ＮＨＫの朝のテレビで、人形浄瑠璃文楽の人形遣いの名人だった、今は亡き吉田玉男さんの生前のインタビュー番組を見ました。この人は、絶滅寸前だった古典芸能の文楽を現代にある意味で再興し、人間国宝にも選ばれ、九〇歳近くまで現役を続けた伝説的な大名人です。この番組で知ったのは、吉田さん自身は、古典芸能の継承者という特別の家柄の出では全くなく、大阪の下町の

ごく一般的な庶民の家庭の生まれだったということです。一〇代始めのころに文楽の人形遣いに弟子入りするのですが、ご本人によれば、「しゃべることが不得意だったので、人形遣いなら話さなくて済む」というのが動機だったそうです。文楽の人形は人形遣い三人で動かすのですが、この人形遣いの世界は、顔を黒い布ですっぽり覆ったスタイルで足だけを動かす「足遣い」として必要な年季が最低十年間、左手を担当する「左遣い」としての年季が最低十年間、この経験を経て、やっと顔を表にさらし、首と右手を動かす「主遣い（おもづかい）」としての訓練が始まるという気の遠くなるような世界です。このような世界で最高峰といわれた名人であった吉田さんは、インタビューの中で、辛い修行であったが、やればやるほど「芸」の奥の深さに引き込まれ、名人といわれるようになり八〇歳を超えた今（インタビュー当時）も毎日が学ぶことの連続で、若い人たちとも一緒になって時の経つのも忘れるような充実した毎日を過ごすことができ、「本当にこの仕事を選んで良かったとつくづく思う」と語っておられました。素晴らしい言葉ではありませんか。

3　“job”・“profession”・“career”・“occupation”・“vocation”

日本語でもそうですが、英語にも「職業」を表す言葉がたくさんあります。一番中立的なのが“job”という言葉で、日本語の「仕事」に対応しそうです。受験勉強中の諸君がただちに思い浮かべるのは“profession”という言葉かもしれません。これは、単なる仕事ではなく、「専門性」という要素が強い言葉です。キャリアガイダンスのキー・ワードである“career”は、この“profession”を基本として、段階を上っていくような「長期の継続性」という視点が強調された概念といえるでしょう。“occupation”という言葉もあります。この言葉は、いま現在、自分の時間を占めている（occupyしている）ことという感じで、日本語にすれば「なりわい」、すなわち、生活の糧として（場合によってはやむをえず）やっていることというニュアンスがあります。もうひとつ挙げたいのが“vocation”という言葉です。この言葉は、これまで挙げた言葉とはやや異質で、宗教（キリスト教）的背景があります。原語であるラテン語との関係でvoiceとかvocalと同じく「声」という語源を共有しています。「神の声に導かれた宗教的生活（divine calling to a religious life）」というのが本来の意味です。日本語では「天職」と一般に訳されています。もともと宗教的背景のある言葉ですから、「天職」は特に「専門性」を有する仕事とは限りません。いわゆる主婦（主夫）業が「天職」であってもよいのです。

4 「天職を見つける」とは

ここで、また、吉田玉男さんの話に戻ります。吉田さんにとって文楽の人形遣いはまさに「天職」に「なった」ということだと思います。但し、十何歳かで弟子入りした時点で、吉田さんにとって文楽が「天職」で「あった」のかどうかは不明です。私がここで強調したいのは、弟子入り後六〇年以上の研鑽を経て八〇歳を超えた吉田さんが自分にとって文楽は「天職だといえるようになった」ということが素晴らしいということです。つまり、始めは比較的単純な動機からある「仕事」を選んだ人が、その「仕事」を長年にわたり一生懸命続けているうちに、それが自分に一番向いた、意味のある「仕事」だと「感じられるようになる」ということが「天職を見つける」ということではないかということなのです。

不世出の名人であった吉田玉男さんとは比べるべくもない凡夫である私には、外務省の仕事が「天職」であるというような利いた風なことをいう自信は到底ありません。既に述べたように、あと数年は残されている最後の段階の仕事をやり終えた時点で、自分の心の中のバランス・シートが赤（マイナス）に落ちこむことなく黒（プラス）のままになっていることを望むのが精一杯です。吉田さんと同じ土俵では比べられませんが、この「黒」の幅が大きければ大きい程、吉田さんの晩年の境地に一歩でも近づけるのだと考え、少しでもそのための努力をしたいというのが今の私のいつわらざる心境です。

こう考えれば、高校生である諸君が自らの「進路」を比較的単純な動機で選ぶということは何も恥ずかしいことではありません。これも既に述べましたが、どんな仕事であれ、その仕事の深い部分での本当の実態というのは、所詮、実際にその仕事をかなりやり込まないと分からないのですから、実のところ誰でも始めは多かれ少なかれ単純な動機で仕事を選んでいるのです。吉田さんのような不世出の大名人になった方ですら、「しゃべることが不得意だ」という理由で文楽を選んだとおっしゃっています。ただ、短時間で右から左にころころ仕事を変えるというなら格別、辛抱してひとつの仕事を少なくともある程度はやり続けるという前提で考えると、少しでも自分に関心のあること、好きになれそうなことを最初から選ぶ方が良いと思います。例えば、医療に特に関心があるわけではないのに、試験の点数（偏差値）が高いという理由だけで、医学部を目指すというようなことはお勧めできないと思います。

三　いつ、どうして外務省に入ろうと思ったのか

もう四〇年以上も前のことなので、記憶が曖昧なところもあるのですが、自らの「進路」を意識し始めた高校生のころを思い出してみると、最初は、漠然と法曹に関心をもったことを記憶しています。その動機は、まさに単純で、確か「判決」というタイトルだったと思いますが、裁判をテーマにしたシリーズもののテレビ・ドラマが気に入って、これを毎週見ているうちに、ドラマの中の裁判官とか検察官とか弁護士の仕事に興味を持つようになったということだったと記憶します。諸君もご存知のとおり、裁判といっても、大きく分けて、刑事と民事があります（より正確にいうと行政裁判というものもあります）。民事は地味なので、テレビ・ドラマですから殺人や誘拐というような派手な（？）刑事事件を題材にした話が中心の人間ドラマだったと思います。高校生ぐらいの理想に燃える若い世代だと、弱い立場の犯罪被疑者の人権を護り社会正義のために闘う弁護士に惹かれるというのが普通かもしれません。私の場合は、ドラマを見て、社会秩序の擁護をめざす検察官により共感を抱いたのを覚えています。当時から若干へそ曲がりのところがあったのかもしれません。高校三年生に

なって志望大学と学部を選ぶことが必要になったころには、このような単純な動機から、法曹資格を得るためには法学部で法律を学んで司法試験に合格する必要があるとなんとなく考えるようになっていました。

法学部に入学すると、司法試験を視野に入れた勉強を少しずつ始めました。随分昔の出来事なので、今の諸君にはどういうことなのかイメージを持ちにくいと思いますが、当時日本では、摩訶不思議な「学園紛争」の嵐が吹き荒れました。学生が自らの所属する大学の「解体」を叫んで「全学ストライキ」を打ったり、ヘルメットに角材というでたちで校舎を「占拠」したりするというようなことが横行したのです。本来学びの場であるべきはずの大学で授業もまともに行われないことにすっかり嫌気がさし、いつしか、同好の友人たちとともに自習サークルで法律を「独学」(to teach oneself [something] という英語の表現がいまでも気に入っています) するのが日課になっていきました。そのうちに、「進路」についての迷いも生じてきました。もともと中学生の時から英語が好きだったし、高校では世界史も好みの科目で、国際的なことに漠然とした関心がありました。大学生になってからは、読書などを通じて国際関係への関心も深まり、世界を股にかけた国際的な仕事も悪くないと思うようになってきました。このような仕事として外務省の仕事があること、外務公務員採用試験という試験があること等を大学二年生の頃から意識するようになっていきました。(注) 他方、いまにして思うと、外務省の仕事の実態をこの時点で理解していたわけではなく、まさに漠然とした単純な動機からこの途に踏み込んでしまったという気がします。

四　外務省で仕事をして良かったと思うこと

どの職業でもそうだと思いますが、趣味でやるわけではないので、ある仕事をして自分や家族の生計を支えるということは、結構忍耐を要します。毎日が血沸き肉躍ることの連続というようなこととはおよそほど遠いのです。つい最近まで私が局長としてお仕えしていた麻生外務大臣は、国会の外交演説で「外交とは、はるか未来をのぞみ、国益と国民の福利を伸ばす営みです。そのためにふさわしい環境を世界に作ろうとする営々たる努力の別名です。」と説明されました。

外務省の仕事というと、多分ほとんどの諸君は、テレビで報道されるような華々しい国際会議とか二国間の外交交渉とかを思い浮かべると思います。しかし、これらは外交活動のほんの一部に過ぎません。実は、外務省の仕事の九五パーセント以上は、表には見えない地道な作業の積み重ねです。交渉の準備のための調査・基礎資料作りや、必要な予算の獲得のための政府部内の折衝というようなことは、地味ですが、まだ諸君にもその意義や必要性が理解しやすいことと思います。また、外務省の仕事も行政の一部ですから、国民主催を柱とする日本国憲法の定める民主主義の要請にこたえて国民を代表する国会に対する説明責任を果たす必要があります。このために、深夜といわず時には早朝まで、国会答弁関係の作業をすることが多く、これは特につらい仕事のひとつです。さらに、国際関係の構造が大きく変わってきたこともあって、いまや外務省だけで外交ができる時代ではありません。

国会議員や外務省以外の省庁を始め、企業人、専門家などとも上手に連携して、オール・ジャパンで取り組むことが外交目標の達成のためには益々重要になってきています。このことは、一面では、例えば企業に就職してもオール・ジャパンの観点から日本外交に貢献する余地も少なくないことを意味します。その反面、全体を取りまとめる責任を負う外務省の仕事には、このことに伴う難しさが加わった面もあります。

外交は森羅万象にかかわりますから、驚くほど幅広い分野に及びます。配属先によって必要な知識が大きく異なりますから、配置換えになるたびに短期決戦の試験準備のように大車輪で勉強を繰り返すことが続きます。もっとも、このようなことは、程度の差こそあれ、どの職業を選んでも似たようなところがあると思います。諸君は、学校を卒業すれば試験などなくなってせいせいすると思っているかもしれませんが、就職すると、毎日毎日の働きぶりを誰かが見ていて評価されることになるので、実は毎日が試験のようなものだともいえるのです。

このように、私のこれまでの三六年間の外務省員としての仕事はその大部分が表には見えないような地味な活動で占められていました。その上でいえば、外務省に長く勤めていれば、どんな職員でも一度や二度は歴史の節目にかかわります。たとえホンの末端であったとしても、国際社会の大きな変動に現場で関与できるということが外務省の仕事の醍醐味だと私は思っています。

私の場合は、条約局法規課長という仕事をしていた一九九〇年に、イラクのクウェート侵攻によって、いわゆる湾岸戦争が勃発しました。国際社会が平和と安全の確保のために協力しあったのですが、日本にはそのような協力活動の根拠となる国内法がありませんでした。外務省が主体となって急ごしらえの法律案を国会に提出しましたが、そのときには世論の十分な理解を得られず廃案となってしまいました。結果的には、日本は、国民一人当たりに換算すると負担が一万円以上にもなる増税まで して総額一三〇億ドルもの資金協力を行ったのに、"too little too late"といわれ、国際的に正当な評価は得られませんでした。ただ、その後、停戦成立後のペルシャ湾に派遣された海上自衛隊の掃海艇が機雷処理に活躍し、国際社会の高い評価を得ました。このようなことも契機となって世論の理解も徐々に進み、数年がかりで国際連合平和維持活動（ＰＫＯ）への参加を可能にするいわゆる「ＰＫＯ法」を成立させることに繋っていったのです。

それからほぼ一〇年を経て、二〇〇〇年一二月にワシントンの大使館に政務班長の公使として赴任しました。折からブッシュ候補とゴア候補が大統領の座を巡って厳しい決選の真っただ中で、結果的にはブッシュが僅差で当選したのは記憶に新しいところです。その直後の翌年二月には、ハワイ沖で「えひめ丸事件」が起きました。米海軍の原子力潜水艦が日本の水産高校の漁業実習船に衝突し、諸君と同年代の多数の若い犠牲者が出て、事後処理に追われました。ようやく一段落と思ったときに発生したのが、九・一一同時多発テロです。ニューヨークの世界貿易センタービルの倒壊が世界中の人々を震撼させましたが、同じ日にワシントンの米国防総省（ペンタゴン）にも飛行機が突入したのです。その日は、たまたま日本から調査団として大勢の国会議員が来訪しており、私の部下である大使館の政務班員が議員に同行していましたが、電波が乱れたのか携帯電話も全くつながらず、初動としての安全確認に大変苦労しました。その後暫くは、アメリカ政府の状況を探って、日本に意見を添えて報告するというような毎日を過ごしました。

以上述べた二つの出来事は、世界史上の大事件としてこれからもずっと語り継がれるような特別の事態です。これらとは程度が異なりますが、このほかにも外務省の仕事を通じて得難い経験をさせてもらいました。主なものだけに絞って、ごく簡単に触れます。

入省後間もない二年間のフランスにおける在外語学研修を終えて配属されたパリの大使館では、史上初の先進国首脳会議（サミット）にかかわるという得難い経験をしました。この会議は、一九七五年にパリ郊外のランブイエで行われました。駆け出しの若い書記官であった私は、それこそホンの末端での関与ですが、首脳（三木武夫総理）等との連絡要員としてランブイエ城内にフランス政府から割り当てられた日本政府連絡室に泊まり込む等の仕事をしました。

入省後十余年で勤務したタイのバンコクの大使館では、当時タイ・カンボジア国境地帯に約三〇万人滞在していたカンボジア避難民支援等の仕事を担当し、ひと月に一回程度の頻度でバンコクと国境地帯を行き来したのが今でも忘れられない思い出です。

バンコクから転勤となった次の任地ジュネーブでは、現在の国際貿易機関（ＷＴＯ）の前身であったＧＡＴＴの多角的貿易交渉（ウルグァイ・ラウンド）の交渉に参加しました。

ジュネーブから帰国後、本省勤務を経て入省後ほぼ二十数年で勤務した韓国のソウルでは、戦前の足かけ三六年にわたる植民地支配に起因する韓国民の複雑な対日感情がからむ日韓関係の難しさ、複雑さを身をもって体験しました（日本からの独立五十周年に当たる一九九五年、日本の政治家が選挙区で行った発言に激昂した学生が私が所長を務めていた広報文化センターの建物に火炎瓶や石を投げつけ、窓などが破壊し、外壁が焼けるなどの被害が生じました）。

以上、主に在外公館での経験について述べましたが、本省では、巡り合わせで、条約や国際法関係の仕事を通算すると十年以上務めるという外務省員の中ではやや特殊な途を歩いてきました。この一連の仕事の中では、昨年（二〇〇七年）、ロシアの排他的経済水域（EEZ）で拿捕された日本漁船の早期釈放を求めてロシア政府をハンブルグにある国際海洋法裁判所に提訴し、勝訴したのが近年では最も充実感を感じた仕事です。これは、戦後日本が外国を国際裁判所に訴えた初めてのケースでした。振り返ってみると、国際的な業務を、主に法律的な側面から長い間担当してきたわけですから、結果として学生時代の進路上の希望が両方叶ったという思いがないわけでもありません。

（注）私が採用された当時は、一般の国家公務員とは別建ての外務公務員採用試験があったのですが、いろいろな事情があって、十年ほど前から外務省員の採用は、他の中央官庁の職員の採用と同じ国家公務員試験に一本化されました。ちなみに、私は外務省の人事課長として、当時、行政改革の焦点の一つとされた試験改革問題を担当し、苦労の末、外務公務員採用試験の国家公務員試験との統合で落着させることができたことを今でも感慨をもって思い出します。

■初出一覧■

第一部　外交実務と国際法

1 日本外交と法の支配
外交フォーラム二四〇号、二〇〇八年

2 外交実務で「国際法を使う」ということ
『法学新報』（中央大学）一一六巻三・四号、二〇〇九年

第二部　国際法の実践

Ⅰ 海洋と管轄権

3 公海漁業の規制と国家管轄権
村瀬信也・奥脇直也編『国家管轄権――国際法と国内法』（山本草二先生古稀記念）勁草書房、一九九八年

Ⅱ 戦後処理

4 国際法の履行確保と国内裁判所による国際法の適用
――いわゆる「米国のＰＯＷ訴訟」をめぐって――
島田征夫・杉山晋輔・林司宣編『国際紛争の多様化と法的処理』（栗山尚一先生・山田中正先生古稀記念論集）信山社、二〇〇六年

Ⅲ　国際刑事裁判所

5　国際刑事裁判所ローマ規程検討会議と侵略犯罪
江藤淳一編『国際法学の諸相──到達点と展望』
（村瀬信也先生古稀記念）信山社、二〇一五年

Ⅳ　紛争の平和的解決

6　紛争処理と外交実務　ジュリスト一三八七号、二〇〇九年

7　ＧＡＴＴの紛争処理手続と「一方的措置」　国際法外交雑誌八九巻三・四号、一九九〇年

第三部　その他

Ⅰ　地域情勢

8　欧州統合の進展と日本〔講演〕　世界経済評論五九二号、二〇〇四年

9　「中央アジア＋日本」対中央アジア政策の新展開　外交フォーラム一九七号、二〇〇四年

Ⅱ　人材育成

10　日本のリーダーが語る世界競争力のある人材とは
──豊かな教養とパブリックの精神を身につけた先駆的なリーダーを目指してほしい──〔対談〕
『ＨＱ』一橋大学広報誌二〇〇七年春号 Vol.15

11　外務省での仕事を振り返って
攻玉社学園キャリアガイダンスⅡ、二〇〇八年

【著者紹介】
小松　一郎（こまつ　いちろう）
1951年　神戸市に生まれる。1972年　外務省入省
　条約局法規課長，条約課長，在大韓民国大使館公使，大臣官房人事課長，在米大使館特命全権公使，欧州局長，国際法局長，駐スイス連邦特命全権大使（リヒテンシュタイン兼轄），駐仏特命全権大使（モナコ及びアンドラ兼轄）等を経て，
2013年８月　内閣法制局長官，2014年６月23日　逝去
〈著書〉
『実践国際法』（信山社，初版2011年，第２版2015年）

【編者紹介】
御巫　智洋（みかなぎ　ともひろ）
1991年東京大学法学部卒業・外務省入省，1994年ケンブリッジ大学法学修士（国際法），2013年外務省国際法局国際法課長
〈論文〉
“The Legal Basis of Missile Defense：an Examination of the Japanese Situation,” JAIL, No. 48（2005）
「自衛権と弾道ミサイル防衛の法的根拠」村瀬信也編『自衛権の現代的展開』（東信堂，2007年）

国際法実践論集

2015（平成27）年６月20日　第１版第１刷発行

著　者© 小 松 一 郎
編　者　御 巫 智 洋
発行者　今井貴・稲葉文子
発行所　株式会社 信山社
編集第２部
〒113-0033 東京都文京区本郷 6-2-9-102
Tel 03-3818-1019　Fax 03-3818-0344
笠間才木支店 〒 309-1611 茨城県笠間市笠間 515-3
Tel 0296-71-9081　Fax 0296-71-9082
笠間来栖支店 〒 309-1625 茨城県笠間市来栖 2345-1
Tel 0296-71-0215　Fax 0296-72-5410

Printed in Japan, 2015　印刷・亜細亜印刷（本文・付物）　製本・牧製本
ISBN978-4-7972-8077-7 C3332 ￥5000E
012-050-015=5000e 分類 01-329.100-a010

参考資料

豊進丸事件，富丸事件（2007年）について

カムチャッカ半島沖のロシア200海里水域で，ロシア当局により，2007年６月初めに拿捕された「豊進丸」の乗組員及び船体，並びに，2006年11月初めに拿捕された「富丸」の船体が釈放されていなかった。このため，我が国として，ロシアによる国連海洋法条約上の排他的経済水域において拿捕された船舶及び乗組員を「合理的な保証金の支払い」により「速やかに釈放する義務」義務の履行を求めて，2007年７月，これら事案を国際海洋法裁判所に付託した。「豊進丸」事件については2007年７月19日，「富丸」事件については７月21日にハンブルグの国際海洋法裁判所において口頭弁論が行われ，小松大使が代理人として口頭弁論を行った。国際海洋法裁判所は，「豊進丸」については，合理的な保証金の額として1000万ルーブル（約4600万円：ロシア当初提示額の４割）を認定するとともに，ロシアに対し，その支払いにより船体を早期に釈放すること，並びに，船長及び乗組員の無条件での帰国を認めることを命じる判決を下した。また，「富丸」については，口頭弁論後にロシアの国内裁判手続が終了し船体没収が確定したため，もはや日本側の請求の目的が失われたとして，「早期釈放」の請求について決定を行えないと判示した。

（御巫智洋）

INTERNATIONAL TRIBUNAL FOR THE LAW OF THE SEA
TRIBUNAL INTERNATIONAL DU DROIT DE LA MER

Public sitting
held on Thursday, 19 July 2007, at 3.00 p.m.,
at the International Tribunal for the Law of the Sea, Hamburg,
President Rüdiger Wolfrum presiding

THE "HOSHINMARU" CASE

(Application for prompt release)

(*Japan v. Russian Federation*)

Present :	President	Rüdiger Wolfrum
	Vice-President	Joseph Akl
	Judges	Hugo Caminos
		Vicente Marotta Rangel
		Alexander Yankov
		Anatoli Lazarevich Kolodkin
		Choon-Ho Park
		L. Dolliver M. Nelson
		P. Chandrasekhara Rao
		Tullio Treves
		Tafsir Malick Ndiaye
		José Luis Jesus
		Jean-Pierre Cot
		Anthony Amos Lucky
		Stanislaw Pawlak
		Shunji Yanai
		Helmut Türk
		James L. Kateka
		Albert J. Hoffmann
	Registrar	Philippe Gautier

Japan is represented by :

Mr Ichiro Komatsu, Director-General, International Legal Affairs Bureau, Ministry of Foreign Affairs,

as Agent ;

Mr Tadakatsu Ishihara, Consul-General of Japan, Hamburg, Germany,

as Co-Agent ;

and

Mr Yasushi Masaki, Director, International Legal Affairs Division, Ministry of Foreign Affairs,

Mr Kazuhiko Nakamura, Principal Deputy Director, Russian Division, Ministry of Foreign Affairs,

Mr Ryuji Baba, Deputy Director, Ocean Division, Ministry of Foreign Affairs,

Mr Junichi Hosono, Official, International Legal Affairs Division, Ministry of Foreign Affairs,

Mr Toshihisa Kato, Official, Russian Division, Ministry of Foreign Affairs,

Ms Junko Iwaishi, Official, International Legal Affairs Division, Ministry of Foreign Affairs,

Mr Hiroaki Hasegawa, Director, International Affairs Division, Resources Management Department, Fisheries Agency of Japan,

Mr Hiromi Isa, Deputy Director, Far Seas Fisheries Division, Resources Management Department, Fisheries Agency of Japan,

Mr Tomoaki Kammuri, Fisheries Inspector, International Affairs Division, Resources Management Department, Fisheries Agency of Japan,

as Counsel ;

Mr Vaughan Lowe, Professor of International Law, Oxford University, United Kingdom, and Mr Shotaro Hamamoto, Professor of International Law, Kobe University, Kobe, Japan,

as Advocates.

The Russian Federation is represented by :

Mr Evgeny Zagaynov, Deputy Director, Legal Department, Ministry of Foreign Affairs,

as Agent ;

Mr Sergey Ganzha, Consul-General, Consulate-General of the Russian Federation, Hamburg, Germany,

as Co-Agent ;

Mr Alexey Monakhov, Head of Inspection, State Sea Inspection, Northeast Coast Guard Directorate, Federal Security Service, and Mr Vadim Yalovitskiy, Head of Division, International Department, Office of the Prosecutor General,

as Deputy Agents ;

and

Mr Vladimir Golitsyn, Professor of International Law, State University of Foreign Relations, Moscow,

Mr Alexey Dronov, Head of Division, Legal Department, Ministry of Foreign Affairs,

Mr Vasiliy Titushkin, Senior Counselor, Embassy of the Russian Federation in the Netherlands,

Mr Andrey Fabrichnikov, Senior Counselor, First Asian Department, Ministry of Foreign Affairs,

Mr Oleg Khomich, Senior Military Prosecutor, Office of the Prosecutor General ;

as Counsel ;

Mrs. Svetlana Shatalova, Attache, Legal Department, Ministry of Foreign Affairs, and Ms. Diana Taratukhina, Desk Officer, Legal Department, Ministry of Foreign Affairs ;

as Advisers.

THE CLERK OF THE TRIBUNAL : The International Tribunal for the Law of the Sea in now in session.

THE REGISTRAR : On 6 July 2007, an Application was filed by Japan against the Russian Federation for the prompt release of the fishing vessel the 88th *Hoshinmaru* and its crew.
The Application was made under article 292 of the United Nations Convention on the Law of the Sea.
The case has been named the "Hoshinmaru" Case(Japan versus Russian Federation)and entered in the List of cases as Case No.14. Today, the Tribunal will take up the hearing in this case.
Agents and Counsel for both Japan and the Russian Federation are present.

THE PRESIDENT : This public sitting is held pursuant to Article 26 of the Statute of the Tribunal to hear the parties present their evidence and arguments in the "Hoshinmaru" Case.
I call on the Registrar to read out the submissions of Japan as contained in its Application.

THE REGISTRAR : The Applicant requests the Tribunal :
"Pursuant to Article 292 of the United Nations Convention on the Law of the Sea(hereinafter "the Convention"), the Applicant requests the International Tribunal for the Law of the Sea(hereinafter "the Tribunal"), by means of a judgment :

(a) To declare that the Tribunal has jurisdiction under Article 292 of the Convention to hear the application concerning the detention of the vessel and the crew of the 88th *Hoshinmaru*(hereinafter the "*Hoshinmaru*")in breach of the Respondent's obligations under Article 73(2)of the Convention ;
(b) To declare that the application is admissible, that the allegation of the Applicant is well-founded, and that the Respondent has breached its obligations under Article 73(2)of the Convention ; and
(c) To order the Respondent to release the vessel and the crew of the *Hoshinmaru*, upon such terms and conditions as the Tribunal shall consider reasonable."

THE PRESIDENT : By letter dated 6 July 2007, a copy of the Application was transmitted to the Russian Federation. By the Order dated 9 July 2007, the President of the Tribunal fixed 19 July 2007 as the date for the opening of the hearing of the case.
On 15 July 2007, the Russian Federation filed its Statement in Response.
I now call on the Registrar to read the submission of the Russian Federation in its

Statement in Response.

THE REGISTRAR : The Respondent requests the Tribunal :
"to decline to make the orders sought in paragraph 1 of the Application of Japan.
The Russian Federation requests the Tribunal to make the following orders :

(a)that the Application of Japan is inadmissible ;

(b)alternatively, that the allegations of the Applicant are not well-founded and that the Russian Federation has fulfilled its obligations under paragraph 2 of Article 73 of the United Nations Convention on the Law of the Sea.

Mr President, on 18 July, the Applicant filed an additional statement, which reads as follows :

"For the sake of clarity, the Government of Japan wishes to make plain that its Application in the 88th *Hoshinmaru* case, made under Articles 73 and 292 of the Convention, relates to the failure of the Russian Federation to comply with the provisions of the Convention for the prompt release of a vessel or its crew upon the posting of a reasonable bond or other financial security. A bond has been belatedly set for the release of the 88th *Hoshinmaru* ; but Japan does not consider the amount set to be reasonable,

Accordingly, the setting of that bond does not resolve the dispute over the failure of the Russian Federation to comply with the provisions of the Convention for the prompt release of a vessel or its crew upon the posting of a reasonable bond or other financial security. While it is now unnecessary for Japan to include in its oral pleadings any submissions relating specifically to circumstances in which there is a complete failure to set any bond, Japan will address all other aspects of its Application."

Mr President, on the morning of 19 July the Respondent filed an additional statement, which reads as follows :

"With respect to the clarification provided by the Agent for Japan on the *Hoshinmaru* case, we would like to state that Russia does not accept the allegations contained therein. Contrary to the statement of the Applicant, the bond was set not belatedly but within a reasonable period of time. We take note of the statement of the Applicant that it is now unnecessary to include in its oral pleadings any submissions relating specifically to circumstances in which there is a complete failure to set any bond, but this statement implies that there is at least partial failure of the Respondent to comply with its obligations under the relevant provision of the Convention. We cannot agree with it."

THE PRESIDENT : Copies of the Application and the Statement in Response

have been made available to the public.
The Tribunal notes the presence in court of Mr Ichiro Komatsu, Agent of Japan and Mr Evgeny Zagaynov, Agent of the Russian Federation.
I now call on the Agent of the Applicant to note the representation of Japan.

MR ICHIRO KOMATSU: Mr President, I am extremely honoured to appear before this auspicious tribunal representing my country as an Agent on behalf of the Government of Japan. I would like to introduce the members of my delegation.
As Advocates: Mr Vaughan Lowe, Professor of International Law, Oxford University, United Kingdom; Mr Shotaro Hamomoto, Professor of International Law, Kobe University, Kobe, Japan.
As Counsel: Mr Yasushi Masaki, International Legal Affairs Division, Ministry of Foreign Affairs; Mr Hiroaki Hasegawa, Director, International Affairs Division, Resources Management Department, Fisheries Agency of Japan; Mr Kazuhiko Nakamura, Principal Deputy Director, Russian Division, Ministry of Foreign Affairs; Mr Ryuji Baba, Deputy Director, Ocean Division, Ministry of Foreign Affairs; Mr Junichi Hosono, Official, Russian, International Legal Affairs Division, Ministry of Foreign Affairs; Mr Toshihisa Kato, Official, Russian Division, Ministry of Foreign Affairs; Ms Junko Iwaishi, Offiical, International Legal Affairs Division, Ministry of Foreign Affairs; Mr Hiromi Isa, Deputy Director, Far Seas Fisheries Division, Resources Management Department, Fisheries Agency of Japan; and Mr Tomoaki Kammuri, Fisheries Inspector, International Affairs Division, Resources Management Department, Fisheries Agency of Japan.
Thank you, Mr President.

THE PRESIDENT: Thank you, Mr Komatsu. Mr Zagaynov, please.

MR ZAGAYNOV: Mr President, distinguished members of the Tribunal, it is a great honour for me to appear before you as Agent for the Government of the Russian Federation in the present case.
The Russian Federation has appointed Mr Sergey Ganzha, Consul-General of the Russian Federation in Hamburg, to act as our Co-Agent.
With your indulgence, Mr President, I will now introduce the other members of our team. First of all, I would like to introduce our Deputy Agents: Mr Alexey Monakhov, Head of Inspection of the State Sea Inspection, Northeast Coast Directorate, Federal Security Service of the Russian Federation; and Mr Vadim Yalovitskiy, Head of Division, International Department of the Office of the Prosecutor General of the Russian Federation.

It is a great pleasure for me now to introduce Dr Vladimir Golitsyn, Professor of International Law of the State University of International Relations in Moscow, who will perform the functions of our Chief Legal Counsel.
Appearing as other counsel are : Mr Alexey Dronov, Head of Division of the Legal Department of the Ministry of Foreign Affairs of the Russian Federation ; Mr Andrey Fabrichnikov, Senior Counselor of the First Asian Department of the Ministry of Foreign Affairs ; Mr Vasiliy Titushkin, Senior Counselor of the Embassy of the Russian Federation in the Netherlands ; and Mr Oleg Khomich, Senior Military Prosecutor from the Office of the Prosecutor General of the Russian Federation.
Finally, our delegation is assisted by two Advisers : Ms Diana Taratukhina and Ms Svetlana Shatalova from the Legal Department of the Foreign Ministry of the Russian Federation.
I thank you very much, Mr President.

THE PRESIDENT : Thank you very much, Mr Zagaynov. Following consultations with the Agents of the parties, it has been decided that the Applicant, namely Japan, will be the first to present its arguments and evidence. Accordingly, the Tribunal will hear Japan first. Tomorrow morning, the Tribunal will hear the Russian Federation.
I now give the floor to the Agent of Japan.

MR ICHIRO KOMATSU : Mr President, distinguished Members of the International Tribunal for the Law of the Sea and distinguished representatives of the Russian Federation, it is a great honour for me to be given this opportunity to make a statement at this public sitting of the Tribunal as Agent on behalf of the Government of Japan. At this session, I will preset the factual background on this case and also the reasons why Japan came to a decision to institute the case before the ITLOS for the first time in our history. After my statement, our Advocate, Professor Vaughan Lowe of the University of Oxford will subsequently elaborate in detail on our legal position.
This is a prompt release application under Article 292 of the United Nations Convention on the Law of the Sea, in which Japan claims that the Russian Federation is in breach of Article 73(2)of the UNCLOS. Firstly, I would like to briefly recapitulate the facts and our gravamen.
The 88th *Hoshinmaru* is a fishing vessel owned and operated by a Japanese company, Ideka Suisan Company Limited. It has had Japanese nationality throughout the whole of the relevant period and retains it now. The *Hoshimaru* was fishing salmon and trout off the coast of Kamchatka Peninsula in the Exclusive Eco-

nomic Zone of the Russian Federation pursuant to a licence issued by the Government of the Russian Federation. It was ordered to stop for inspection by the Russian authorities on 1 June 2007 and was seized and re-routed on an allegation of illegal fishing on the morning of 3 June. It arrived at the port of Petropavlovsk-Kamchatskii on the night of 5 June.

The Russian authorities alleged, as shown in Annex 4, that the amount and the kind of fish actually carried by the *Hoshinmaru* appeared to differ from those which had been recorded in its logbook, that is, around 20 tons of sockeye salmon, which is worth approximately 17 million yen, was registered as chum salmon, which is cheaper than sockeye salmon, and that this discrepancy constituted a violation of domestic law of the Russian Federation. The sockeye salmon allegedly illegally caught by the *Hoshinmaru* was seized and is held in custody by the Russian authorities.

The purpose of the application is not to shed light on the cogency of the allegation of violation made against the *Hoshinmaru*. This is a question firstly to be handled in the Russian domestic proceedings. I would like to point out, upon this basic premise, that the alleged violation by the *Hoshinmaru*, even if it is well founded, is not a grave breach, for instance, unlike fishing for unauthorized species or taking fish in excess of the allowance.

It was not more than inaccurately recording the vessel's catch by logging one species in place of another one, both species being authorized to fish. The seriousness of the alleged violation is relatively limited. For your reference, I would like to point out that the Japanese authorities treat this kind of violation in a less grave manner and I suppose that most other countries adopt the same kind of treatment.

Japan has been demanding from the Russian Federation the prompt release of the *Hoshinmaru* and its crew in accordance with the relevant provisions of the UNCLOS since immediately after the detention as the documents attached in the Annex of the Application show, but to no avail. Apparently in a flurry, after the submission of this Application by Japan, the Inter-district Prosecutor's Office notified, on 11 July 2007, the Consulate-General of Japan in Vladivostok of the amount of damages at 7,927,500 roubles, that is, approximately US$ 310,000, allegedly instituted against the catch of the living aquatic resources by the *Hoshinmaru* as shown in Annex13.

To make the matters more complex, in responding to the inquiry by the Embassy of Japan in the Russian Federation on the above notification, as shown in Annex 14, the Inter-district Prosecutor's Office replied orally on 12 July that this amount of damage is not the 'bond' as provided for in Article 73(2)of the UN-

CLOS and that the payment for the damage only ensures the release of the crew but not that of the vessel and the Master. It was, however, only on 13 July 2007, one week after the submission of this Application by Japan that the Ministry of Foreign Affairs of the Russian Federation belatedly notified the Embassy of Japan in the Russian Federation of the setting of the bond at 25,000,000 roubles, that is, approximately US$ 980,000. The Ministry of Foreign Affairs of the Russian Federation confirmed that payment of this amount would guarantee the release of the vessel and its crew including the Master in a note verbale as shown in Annex 15. Let me underline again that all these notifications were made by the Russian Federation very hastily only after our submission of this Application.

It is interesting to note that this kind of speedy action is in stark contrast with the ordinary response by the Russian Federation in past cases where Japanese vessels were detained and Japan requested expeditious setting of a bond. The Respondent argues in its Statement of Response that their setting of the bond on 13 July was reasonable in terms of timing. I humbly submit that the bond was set belatedly, and only under the pressure of international adjudication. As to the amount of the bond, I can simply say that it is exorbitant in the light, for example, of the value of the vessel, which is approximately between US$ 220,000 and US$ 320,000. This belated setting of the bond is, therefore, clearly inconsistent with the obligation incumbent upon the Russian Federation under Article 73(2)of the UNCLOS.

As is clear in Japan's Application, Japan is requesting the Tribunal to order the Respondent to release the vessel and the crew of the *Hoshinmaru* "upon such terms and conditions as the Tribunal shall consider reasonable". This request was a necessity in the situation where no bond had been set by the Russian Federation at the time of the filing of the Application. The Respondent argues in its Statement of Response that this request of Japan is formulated in "general and vague terms", and that "the Tribunal, acting under Article 292 of the UNCLOS, does not have competence to determine such general terms and conditions." This argument is out of place. Now that the Respondent has set a bond, albeit belatedly and excessive in amount, the Applicant hereby requests the Tribunal to determine a reasonable amount for the bond.

Let me now draw your attention to the fact that the vessel and the crew of the *Hoshinmaru* have been detained for more than a month. The crew had no choice but to maintain and guard their vessel which has been detained with no prospect for release under the Russian authorities. All members of the 17 Japanese crew, including the Master, are forbidden to return to Japan for a long period of time. This is entirely because the Russian Federation failed to set promptly a reasonable

bond that ensures the release of the vessel and its crew. The Government of Japan submits that this constitutes a blatant infringement of the obligation under the UNCLOS. The reason why I underline this point is because the Russian Federation has been repeating this unworthy practice.

I would like to emphasize that the arrest and protracted detention of the *Hoshinmaru* is not an isolated incident. Several Japanese fishing vessels have been arrested in the EEZ of the Russian Federation in the past three years : three vessels in 2004, two vessels in 2005 and four vessels in 2006. Every time a Japanese vessel was arrested, Japan immediately and repeatedly urged the Russian Federation to promptly release it and its crew "upon posting of a reasonable bond or other security." Despite these efforts, in each case it has taken approximately from one to four months before the actual release, and the record has not been improving.

Japan had no choice other than reluctantly to make this application this time. This is a consequence of the accumulation of failures by the Russian Federation to comply with their obligations under the UNCLOS.

The Respondent in its Statement of Response underlines that in the *Volga* case Australia invited the Tribunal to take into account "the serious problem of continuing illegal fishing in the Southern Ocean and the dangers this poses to the conservation of fisheries resources and the maintenance of the ecological balance of the environment." I would like to point out, in this regard, the fact that Japan has been actively co-operating in order to promote the conservation and the reproduction of salmon and trout of Russian origin within the framework of a bilateral treaty with the Russian Federation. Japan has been providing, for example, a sizable amount of equipment for the good functioning of hatchery and nursery for salmon and trout in the Russian Federation and the scientists of both countries are in agreement that the salmon-trout resources in the EEZ of the Russian Federation where this incident occurred are conserved at a high level.

Mr President, let me turn to the predicament of the crew. This must be addressed from a humanitarian point of view. The crew, including the Master, do not understand the Russian language at all. Suffering from tremendous stress, together with the lack of communication in a foreign country, they are being forced to live aboard the vessel for a prolonged time. They are under constant surveillance from Russian Coast Guard officers stationed on the vessel, who check each Tuesday when the guards are changed that all crew members are present on board. They are not even allowed to freely go out of the ship. Only two members of the crew per day are given permission to take a walk around the quay, in the company of Russian Border Coast Guard.

This is the position according to our latest information, received this morning

from our consul in the region. There is no doubt that the crew remain in detention. Fortunately, the crew are enduring these stern conditions so far without showing serious mental disorder symptoms. The situation must, however, put the crew at real risk of developing stress-related disorders ; and this fact must be obvious to those who are detaining them. One of the crew has already complained of medical problems with his stomach during the detention. This humanitarian consideration must be particularly understandable to the Russian Federation. When the Russian Federation appeared as the Applicant in the Volga case, this was the highlight of their argument. In paragraph 24 of its prompt release application, the Russian Federation stated : "The crew are suffering from the effects of their prolonged detention in a foreign country whose customs and language are unfamiliar to them. They are receiving medical attention for psychological disorders and are reliant on the owner to meet the costs of treatment."

(Continued in French)Mr President, judging by our preceding negotiations with the Russian Federation concerning the arrest of fishing vessels, we believe that long detention is responsible for these humanitarian problems and that this does result from the national legal system in Russia.

The national Russian procedure is responsible for these problems where administrative and criminal procedures take place separately and cumulatively without apparent co-ordination between them. It is not exaggerating to talk about an abuse of procedure. The result is, as we see, that there is no prompt release of arrested vessels nor the freeing of their crews without any delay, which should be the case once a reasonable bond has been posted.

The national Russian laws themselves are not the object of this request for prompt release. It is up to Russia of course and only up to Russia to decide the manner in which it is going to meet its legal obligations arising from the Convention in prompt release cases. Nonetheless, we hope that the Russian Federation will be able to envisage the necessity to establish procedures which will facilitate it meeting its obligations according to the Convention which it has committed itself to follow. As I have explained, the argument of Japan in this application is very clear. The existence of the jurisdiction of the Tribunal and the admissibility of this case are evidence in themselves according to Article 292 of the Convention of the Law of the Sea. As a consequence, Japan requests the Tribunal to declare that the Russian Federation has violated its obligations linked to Article 73(2)of the Convention and that it orders the Russian Federation to release the vessel and the crew of the *Hoshinmaru* after the posting of a bond, the sum of which the Tribunal will consider reasonable.

Before finishing, Mr President, I would like to emphasize the strong commitment

of Japan in favour of peaceful regulation of international disputes in order to ensure the sustainable use of living maritime resources. Until this day Japan has had only one experience and that was as a Respondent in the *Blue Fin Tuna* case which was submitted to the Tribunal for examination and for the request for provisional measures following an application by Australia and New Zealand. It is the first time that Japan is an Applicant in this Tribunal. Japan was one of the main supporters of the Tribunal since it joined the Convention of the Law of the Sea in 1996. This time Japan has chosen the Tribunal as a forum in order to arrive at a peaceful agreement in response to the repeated infringement of international rules by the Russian Federation. This is evidence of the strong wish of Japan to contribute to the reinforcement of the rule of law within the international community by a proactive turning to international jurisdictions.
I would now like to conclude my exposé by adding that Japan fully recognizes the right and the need of coastal states to act as international law authorizes them in order to protect their resources.
Japan has taken measures in order to help these states and in order to reinforce their legal means. Japan, as a state that practices fishing in a responsible manner, has recently reinforced its instructions to the fishing industry in order to reduce to a minimum the risk that they do their fishing and violate authorized conditions in order to ensure sustainable use of living marine resources. In spite of this, and given the fact that the Convention of 1982 establishes a balance between the rights and the interests of all state parties, Japan requests that the Russian Federation meets its part of the agreement by acquitting itself of its legal obligation to release without delay the *Hoshinmaru* and its crew once a reasonable bond has been posted.

THE PRESIDENT : I call now on Professor Lowe to continue. Professor Lowe, you will be speaking for roughly one hour. If you do that, I will not take a break, but if you speak for more much longer than that, then I may interrupt you.

PROFESSOR LOWE : I have a note, Mr President, in my submission for two convenient break points. It may well be that with your permission, we might think of breaking a little before 4.30 for that.
Mr President, members of the Tribunal, it is an honour to have been entrusted with the presentation of this part of Japan's submissions, and it is a privilege to appear again before this distinguished Tribunal.
I should begin with a word of gratitude. Prompt release cases are, by their nature, cases of urgency and cases in which the situation changes rapidly. This Tribunal has developed a procedure for dealing with prompt release cases, which is unri-

valled among international tribunals in terms of its speed and its flexibility. Japan is grateful for this flexibility, which has enabled it to work together with the Registry in order to submit the documents that the Tribunal needs for its work and to adjust the precise focus of its submissions in this case in the light of developments after the date on which its application was submitted.

The parties are largely in agreement as to the rules and principles of law that are applicable in this case, and I can deal swiftly with most matters, but it is necessary that the Tribunal should be satisfied that it has jurisdiction to hear and decide this case and that there is a well-founded allegation that no reasonable bond has been set permitting the prompt release of the *Hoshinmaru*. So I shall first address questions of jurisdiction and admissibility, and then turn to the question of the failure to set a reasonable bond.

I think the parties are agreed that the Tribunal has jurisdiction. In addressing the question of jurisdiction in past cases, this Tribunal has sought to ascertain that six conditions are satisfied. First, that both the applicant and respondent are parties to the United Nations Convention on the Law of the Sea and that the Convention is in force between them. Second, that the vessel that is the subject of the application flies the flag of the applicant. Third, that the vessel is detained. Fourth, that the detention is pursuant to an exercise of powers to which the prompt release obligation attaches. Fifth, that there has been no agreement between the parties on the submission of the application to any other court or tribunal. Sixth, that the application is duly made in accordance with Articles 110 and 111 of the Tribunal's rules.

Both the Applicant and the Respondent are parties to the Convention. Japan ratified the Convention on 20 June 1996 and the Convention entered into force for Japan on 20 July 1996. The Russian Federation ratified the Convention on 12 March 1997, and the Convention entered into force for the Russian Federation on 11 April 1997.

The Respondent does not dispute the Japanese nationality of the *Hoshinmaru*. The details of the ownership, tonnage and construction of the vessel are set out in Annex 1 of our application.

It is not disputed that the *Hoshinmaru* remains in port in the Russian Federation. The Respondent says that it is free to leave once the bond has been posted, but Japan says that the bond required is not unreasonable and does not satisfy the requirements of Article 73 of UNCLOS.

The detention is the result of the application of Russia's fishery laws, applicable in its Exclusive Economic Zone. Those laws, which are listed on the last page of the letter of 2 June 2007 from Mr Lebedev of the Federal Security Service of the

Russian Federation, which is set out at Annex 3 of the Applicant's annex, indisputable fall within the scope of UNCLOS Article 73(2).

There has been no agreement between the parties upon the submission of this application to any other tribunal.

Finally, the application has been duly made by the Government of Japan and there is no suggestion that any failure to fulfil the requirements of Articles 110 or 111 of the rules could deprive the Tribunal of jurisdiction.

The Respondent does, however, challenge the admissibility of the application on two grounds. The first is that the application made on 6 July this year became moot when Russia set a bond on 13 July.

There is a straightforward answer to this point. Japan's application is based on Article 73 and 292 of the Convention. Those articles require that "arrested vessels and their crews shall be promptly released upon the posting of a reasonable bond or other security", and they provide for an application to this Tribunal when it is "alleged that the detaining state has not complied with the provisions of the Convention for the prompt release of the vessel or its crew upon the posting of a reasonable bond or other financial security".

The obligation under UNCLOS is not simply to set a bond, but to set a reasonable bond. As this Tribunal recognized in the *Saiga* case, a state may make an application not only in cases where no bond has been set, but also where it considers that an unreasonable bond has been set. In paragraph 77 in its judgment in the *Saiga* case, the Tribunal said :

> "There may be an infringement of article 73, paragraph 2, of the Convention even when no bond has been posted. The requirement of promptness has a value in itself and may prevail when the posting of the bond has not been possible, has been rejected or is not provided for in the coastal State's laws or when it is alleged that the required bond is unreasonable."

Russia itself recognized in the *Volga* case that an application can be made to this Tribunal for a determination that a bond is unreasonable. Paragraph 4 of Chapter 3 of Russia's application in the *Volga* case identified two grounds on which the respondent in that case, Australia, was said to have breached its duties under the Convention, under Article 73(2). The first was that it had set conditions for release of the vessel which were not permitted under Article 73(2), but the second and distinct ground was that the amount of the security set by the respondent was, in all the circumstances, unreasonable.

Japan's application in this case was made under Articles 73 and 292 of UNCLOS. It relates to the failure of the Russian Federation to comply with the provisions of the Convention for the prompt release of a vessel or its crew upon the

posting of a reasonable bond or other financial security. It asks the Tribunal, and I quote from the application, "to order the Respondent to release the vessel and crew of the *Hoshinmaru*, upon such terms and conditions as the Tribunal shall consider reasonable". That is what Article 73(2)requires : "arrested vessels and their crews shall be promptly released upon the posting of reasonable bond or other security".

A bond has, belatedly, now been set for the release of the *Hoshinmaru*, but Japan does not consider the amount set to be reasonable. Accordingly, the setting of that bond does not resolve the dispute over the failure of the Russian Federation to comply with the provisions of the Convention for the prompt release of the vessel and its crew upon the posting of a reasonable bond or other financial security.

It would, with great respect to our friends, be absurd if an applicant were obliged by the setting of an unreasonable bond to withdraw its application and to draw up a fresh application to this Tribunal again asking the Tribunal to order the Respondent to release the vessel and its crew upon such conditions as the Tribunal considered reasonable, an application which would be identical with the first application, apart from the fact that it would refer not to a failure to set a bond at all but refer to a failure to set a reasonable bond. If an applicant had to withdraw an application and then make a fresh one when an unreasonable bond was set, this would require further delay in these prompt release proceedings and that would defeat the object and purpose of the prompt release procedures. It would prevent the Tribunal from dealing with the application without delay, as Article 292(3)requires.

There may be times when legal formalism should prevail over efficiency, common sense and justice, but the Russian claim is not even a claim to restrain the Tribunal within the ropes of strict formality.

Japan's original request that the Tribunal set a reasonable bond was already plainly and wholly contained within its application of 6 July this year. There is no alteration in Japan's case, and it is simply unnecessary for Japan now to include in its oral pleadings any submissions relating specifically to circumstances in which there has been a complete failure to set any bond. The application for the setting of a reasonable bond stands.

The second objection, Mr President, to the admissibility of the application is that it is too vague and general because it asks the Tribunal "to order the Respondent to release the vessel and crew of the *Hoshinmaru* upon such terms and conditions as the Tribunal shall consider reasonable".

At face value, this objection is disingenuous. Russia has been an applicant before

this Tribunal. It knows perfectly well what an Article 292 prompt release application is, what object it serves, what is its scope, and what principles govern its determination. We know that because Mr Dzubenko, speaking for Russia, told this Tribunal in the *Volga* case, and I quote :

> "The Tribunal has decided a number of cases involving a request for the prompt release of a vessel up to date. There is now a body of law made by the Tribunal relating to such an application. The Russian Federation has closely examined this body of international law and asks this Tribunal to apply the principles used in previous cases to the present case."

That is what Japan asks this Tribunal to do. The passage that I quoted was from page 8 of the transcript of 12 December 2002 morning hearing, at lines 3 to 40.

Russia tries to make a great point of the fact that Japan's Article 292 Application asks the Tribunal to set terms and conditions for the release of the vessel and crew. It is hard to believe that there is any doubt on this point, but in case there is, let me say clearly that Japan has explicitly based its application on Articles 73 (2)and 292 of the Convention, and Japan is asking the Tribunal to exercise its powers under Article 292 to deal with what Article 292(3)calls "the question of release". It is not asking the Tribunal to exercise any powers other than those that the Tribunal has under Article 292 of the Convention.

The implication that the Application is inadmissible because Japan did not specify what it regards as a reasonable amount for the bond is simply unsustainable. When Japan's Application was made, no bond had been set. It was for Russia, not Japan, to set the amount of the bond. Now that the bond has belatedly been set, it would be pointless to insist that the Application be amended so that Japan proposes some specific sum as if that sum were uniquely reasonable.

By making the Application, Japan has put the determination of what would be a reasonable bond into the hands of this Tribunal. Japan has provided the information that is necessary to enable the Tribunal to make that determination – and I shall turn to that information shortly – and Japan will make short submissions as to the general approach to the determination of what is a reasonable bond.

It cannot really be otherwise. If an Applicant asks the Tribunal only to set a bond at a specified amount and if the Tribunal disagrees with that amount, even by one cent, the Tribunal will technically refuse the Applicant's request. If the Tribunal proceeds to fix some other amount, could a Respondent complain that the Tribunal was not asked to set any other amount? Surely not. And surely there can be no objection if the Applicant expressly requests the Tribunal to proceed to set a reasonable bond, exercising its Article 292 competence. That is precisely what Japan is asking the Tribunal to do.

Mr President, members of the Tribunal, let me now turn to questions of substance. The prompt release cases decided by the Tribunal all adhere to the fundamental principle identified by the Tribunal as applicable in these cases ; that is, the need to balance the interests of the coastal state and the flag state. That is not controversial.

It is also plain that the balance is to be struck by focusing on the particular episode. The factors are listed in the much-quoted paragraph 67 of the *Camouco* judgment. That says :

> "The Tribunal considers that a number of factors are relevant in an assessment of the reasonableness of bonds or other financial security. They include the gravity of the alleged offences, the penalties imposed or imposable under the laws of the detaining State, the value of the detained vessel and of the cargo seized, the amount of the bond imposed by the detaining State and its form."

The focus is on the specific facts of the case. In particular, it is Japan's submission that the amount of the bond should *not* be fixed by the Tribunal so as to reflect approval or disapproval of the conduct of the detaining state, or indeed of the flag state.

The detaining state is obliged to set a reasonable bond promptly to allow the release of the vessel and its crew. At *that* stage a reasonable bond is simply one that provides the necessary security for the coastal state while maintaining a proper balance with the right of the flag state to the prompt release of the vessel and its crew. That is the same as the approach that this Tribunal adopts.

It is no part of that calculation to impose an amount to the bond by way of a fine on the vessel, or to deduct from the bond an amount by way of an expression of disapproval at the conduct of the detaining state, even if there has been an unacceptable delay in setting the bond. Such a delay might form the basis of other proceedings under the Convention, but the purpose of prompt release proceedings is not to investigate the history of the incident but to take a snapshot, and to ask simply : at this moment, given the accusations against the ship, its owners and Master, what are the terms of a reasonable bond that would permit the vessel and its crew to leave?

Similarly, it is not the purpose of Article 292 proceedings to provide a remedy against any failures of other ship-owners against the failures of other ship-owners to pay fines or against any general problems concerned with unlawful fishing. These are matters that are reflected in the gravity of the offences, and therefore reflected in the severity of the fines that the Russian Federation has chosen to set for the offences in question. If the Respondent has questions, concerns or com-

plaints about these matters, there are procedures through which it can address them, but they are not relevant in Article 292 proceedings.

The Tribunal has made clear that its role in 292 proceedings is not to go into the merits of the matter that underlies the detention. It made that plain in the *Volga* case when it rejected Russia's argument that "in assessing the reasonableness of any bond, the Tribunal should take into account the circumstances of the seizure of the vessel on the high seas". The Tribunal said :

> "In the view of the Tribunal, matters relating to the circumstances of the seizure of the *Volga* as described in paragraphs 32 to 33 are not relevant to the present proceedings for prompt release under Article 292 of the Convention. The Tribunal therefore cannot take into account the circumstances of the seizure of the *Volga* in assessing the reasonableness of the bond." [Paragraph 83 of the judgment in the *Volga* case].

The reasonableness is to be assessed by looking at the gravity of the alleged offence, as indicated by the penalties potentially applicable in respect of it, at the value of the vessel and at the value of any confiscated catch or equipment. Now, with your permission, Mr President, I will take each of those factors in turn.

Let me begin with the gravity of the offence. Japan fully accepts the right of coastal states to enforce their fisheries laws in accordance with the provisions of the Convention, and it fully accepts the importance of their interest in doing so.

Japan has itself insisted that Japanese vessels fishing under licences from other states should comply with the laws and regulations of those states and obey the commands of fishery protection officers. You will find some of the relevant statements set out in the fishing licence under which the *Hoshinmaru* operated, a copy of which appears as Annex 11 of our Application. The last three pages of that Annex set out the restrictions and conditions. You will see there the duties imposed on vessels to operate a vessel positioning system(set out in paragraph 8), and duties to comply with coastal laws, regulations and orders(set out in paragraphs 10 to 18).

The essential facts are not in dispute. The *Hoshinmaru* was licensed by the Russian Federation to fish in the Russian EEZ from 15 May 2007 until 31 July 2007. That appears on page 4 of Annex 2, which is a translation of the fishing licence issued by the Russian Federation to the *Hoshinmaru*.

You will notice that the *Hoshinmaru* is licensed to be fishing even today as we sit here, as it has been for the past seven weeks. Whether or not an offence was committed, the detention has already prevented the vessel from fishing for seven of the 11 weeks for which it was licensed to fish.

The *Hoshinmaru* was licensed to catch certain limited quantities of sockeye

salmon, chum salmon, Sakhalin trout, silver salmon and spring salmon.
The *Hoshinmaru* was boarded by Russian officials in the Russian EEZ on 1 June 2007, at a point approximately 56º-09N and 165º-28E. You will find the approximate location marked on the map that appears as Annex 12 of our Application.
The charge against the *Hoshinmaru* is that the fish that it had on board did not correspond to those that it was licensed to catch and that they did not correspond with those that were recorded in its log-book. Permit me to repeat that, because it is a central fact that the Respondent will doubtless wish to have absolutely clear. The charge is that the fish that it had on board did not correspond to those that it was licensed to catch and did not correspond to those that were recorded in its logbook.
It was said that under a layer of chum salmon, more expensive sockeye salmon were hidden. The details are set out in the document in Annex 6, which is a translation of the letter dated 26 June 2007 from the Secretariat of the Northeast Border Coast Guard Directorate of the Federal Security Service of the Russian Federation. Those details appear on the second page of the translation.
Specifically, it is said that the *Hoshinmaru* had caught 42,549.80kg of sockeye salmon, of which 20,063.80kg was recorded as chum salmon. They had caught 45,000kg of sockeye salmon and 20,000kg had been recorded as chum salmon.
Note, however, that the *Hoshinmaru* was entitled under the licence to catch 85,700kg of sockeye salmon – more than four times as much as was said to be falsely recorded – and was also entitled to catch 85,200kg of chum salmon, again far more than was falsely recorded. So the alleged offence is not fishing without a licence or overfishing ; the alleged offence is falsely recording a catch that the vessel was entitled to take. The allegation is of false record-keeping.
The Government of Japan certainly does not condone false record-keeping ; and it fully recognizes the importance of accurate record-keeping in the context of fisheries management. However, the fact remains that the *Hoshinmaru* had on board all the fish that it actually had on board. That is a factor that we submit must be taken into account in assessing the gravity of the offence.
There is a further point. The allegedly illegal part of the *Hoshinmaru*'s catch was seized by the authorities in the Russian Federation and is still held in their custody. The 26 June letter, set out in Annex 6, says that the "damage" resulting from the *Hoshinmaru*'s alleged offence is equivalent to not less than 7 million roubles. The Russian Federation Statement in Response gives a figure of 7,927,500 roubles – call it 8 million. There is no indication of how that figure of 8 million roubles, which is approximately US$ 311,000, is calculated ; but that is

not the main point.
We do not see how misreporting of fish that the vessel was entitled to take – not entitled to misreport but entitled to catch – can be said to have caused any damage to the living resources of the Russian EEZ.
It is true that a vessel might misreport a catch of an expensive species as a catch of a cheaper species, and then go on to catch and report in addition the full quota that it was allowed of the more expensive species which it was entitled to take under the licence. However, the *Hoshinmaru* had not done that.
It was boarded two and a half weeks into its licensed fishing season. It was nowhere near having taken its full quota of fish. Its catch was well within the licensed limits. It had not taken more sockeye salmon than it was entitled to take ; it had not taken more chum salmon than it was entitled to take. There is no question at all of it having taken more fish than the Russian Federation had already agreed that it could properly take out of the Russian EEZ.
The Russian Federation must have set the limits of the licensed catch at a level which it believed could be taken without damage to its EEZ resources. Indeed, it is obliged by Article 61(2)of the Convention to ensure that its EEZ is not over exploited.
There can, therefore, be no damage to the living resources, because the licensed catch limits would obviously have been set by Russia at a level which did not cause any such damage ; and the *Hoshinmaru* did not exceed its licensed catch limits.
Of course, the misreporting is an offence, for which a penalty may certainly be imposed, but to treat the 8 million roubles as environmental "damages" is plainly wrong.
We this is apparent from the Respondent's Annex 10, the last page of which refers(in translation)to the "rates set for the calculation of penalties for damage".
Those penalties apply, according to the Respondent's Annex 10, to damage "caused by extermination, illegal fishing or harvesting of protected marine living resources" of the Russian EEZ. We are not concerned here with the question whether misreporting catches that are not otherwise unlawful amounts to a violation of that provision, amounts to an offence that falls within that provision.
What is clear is that the 8 million roubles – US$ 311,000 – that Russia has asked for represents the exposure of the *Hoshinmaru* to fines under Russian law.
The 8 million rouble element in the bond that is described as 'damages' is, like the rest of the 25 million rouble sum that has been set as a bond, simply a part of the financial security that is demanded in this case to secure the criminal liability of the *Hoshinmaru*.

Then there is the position of the Master and crew. The Master is in a position similar to that of the Master of the *Camouco*, in respect of whom the Tribunal said, at paragraph 71 of the *Camouco* judgment :

"The parties are in disagreement as to whether the Master of the *Camouco* is also in detention. It is admitted that the Master is presently under court supervision, that his passport has also been taken away from him by the French authorities, and that, consequently, he is not in a position to leave Réunion. The Tribunal considers that, in the circumstances of this case, it is appropriate to order the release of the Master in accordance with Article 292, paragraph 1, of the Convention."

And as our Agent has told you, according to information received within the past twelve hours, the crew also remain in detention.

Japan accepts that it is appropriate to include in a bond an element in respect of the release of the Master and crew, but it is absolutely plain that the Russian Federation is under a duty to release the Master and crew on payment of a reasonable bond, and that this has not yet happened.

I should add a note of caution here. There is a danger in thinking that if a state says to the crew, "You are free to go", then all is well. That ignores the practical reality. If fish remain stored on the ship, someone has to be present to monitor and maintain the refrigeration equipment. When the vessel is eventually released, someone must be on board in order to sail it back. The practical reality is that the release of the crew cannot be entirely separated from the release of the vessel, as though the vessel could look after itself. This reality has to be borne in mind when a reasonable and efficient system of prompt release is designed.

Let me, sir, say something about the approach to valuation. Japan submits that the fundamental approach to determining a reasonable bond is straightforward. The bond is not a punishment ; it is a security. It guarantees that whatever criminal sanctions may properly and reasonably be applied to the vessel's activities will be discharged. It follows that the amount of the bond should never be more than the amount of the fines that one might reasonably expect could in reality be imposed on the vessel's owners and crew in respect of the actual offences with which they are charged.

You may wonder why I use so many words, and why I do not say "no more than the fines to which they are exposed." There is a simple and important reason.

National laws are framed in general terms. A theft is committed when a bank is robbed and a theft is committed when a pencil is taken home by an employee from an employer's office for personal use. Both actions amounts to the same crime but the offences are very different in their gravity. It may be literally true

that the bank robber and the employee face the same potential penalties, but in the real world it would be wrong and misleading to say that. In practice, an honest, common-sense evaluation is that the bank robber faces a very much higher penalty than the employee.

When one asks what sums would cover the penalties that might be imposed, one must take the gravity of the offence into account. It is simply wrong to suppose that in practice every person who violates a particular law faces the maximum penalty that could be imposed. One must look to the reality, at the levels of fine that are imposed in similar cases, at national guidelines on levels of fine, and so on.

Accordingly, we submit that it can never simply be assumed that a reasonable bond must cover the maximum penalty that could be imposed. If the offence is exceptionally grave, of the utmost seriousness, that might be a possibility but that is something to be established and proven on the facts ; it cannot be presumed. That is why we speak of the amount of the fines that one might reasonably expect could be imposed on the vessel's owners and crew in respect of the actual offences with which they are charged.

The amount of the bond may also include a reasonable element in respect of any fines that one may reasonably expect might be imposed on any individuals charged, in order to secure their presence before the state's courts, though individuals cannot, of course, according to Article 73(3), generally be made subject to imprisonment for fishery offences.

Then we come to the critical question of the value of the vessel. If the confiscation of the vessel cannot reasonably be considered to be a possibility in the circumstances of the specific case – and this is the position in relation to the *Hoshinmaru* – there is no reason for the bond to reflect the vessel's value. The bond should reflect only the fines that can reasonably be envisaged as being within the range of possible penalties that might be imposed on the owner and Master and crew. That is the maximum amount for which the bond should be fixed.

That kind of estimation is what criminal lawyers around the world do every day of the week. They say to defendants, "If you're found guilty, you'll almost certainly get between four and six years in prison". Not one year ; not ten years ; you won't be executed. It is reasonable say that the defendant faces a penalty of up to six years in prison. It is a straightforward and routine matter to estimate probable penalties in the particular circumstances of a specific, concrete offence ; and we submit that this must be done in assessing a reasonable bond.

We think this is perfectly consistent with Russia's understanding of its position.

In the Respondent's Annex 17, attached to its Statement in Response, you will see at the end of the document - a model form concerned with prompt release bonds - that it says : "Reasonable bond is considered as provisional measure for paying out fines. In cases when obligations on fine payment are not fulfilled competent(appointed)authorities have right to compensate the amount of fine using pledged money, security or property." That is precisely right. The purpose of the bond is to cover the fines. The bond may be set with reference to the fines that are realistically foreseeable but it may not be set any higher than that.

In particular, if the vessel is not liable to confiscation - for example, because it has committed a very minor offence under the fisheries laws, for which confiscation would plainly be unjustified - there is, logically, no reason at all why the bond should reflect the value of the vessel. No municipal court would fix the bail of someone charged with fraudulent accounting by reference to the value of the car that the person drives, and there is no more reason to take into account the value of a vessel in fixing a bond in respect of charges of falsely recording catches. If a vessel is liable to confiscation, an element for the value of the ship may be included, in addition to the element for reasonable fines that might be imposed.

But it is not enough here to refer simply to 'the value of the vessel'. One has to focus clearly on what is in issue. The vessel is allowed to leave the detaining state but the detaining state must not be appreciably worse off by allowing it to leave. The bond stands in the place of the vessel. So, one asks, what is the value that the detaining state has lost by allowing the vessel to leave? That would be the amount for which the detaining state could sell the vessel - its market value - minus the cost of the sale.

Let me emphasize this point. The bond is there to protect the legitimate interests of the detaining state ; it is not the purpose of the bond to punish the ship owner. It does not matter that if the ship owner sought to replace the vessel it would cost him more than the market value of the vessel - more than the vessel would fetch if it were sold. Both parties are agreed that one must look on the bond as a security for the detaining state, as a substitute for the released vessel.

Consequently it must be the market value of the vessel, not its replacement cost, minus the costs of sale, which we use as the relevant benchmark. That is what the released vessel is worth to the confiscating state ; that is what the detaining state is at risk of losing if the vessel is released.

This we say is how the question of approaching the reasonableness of the bond must proceed, and if the bond is fixed at a level that exceeds what is justifiable by reference to these factors - if the bond is disproportionate - it would take on a punitive character. It would go beyond what is necessary to secure the interests of

the coastal state, and would impose additional burdens on the owner which protect no legitimate interest of the coastal state. It would disrupt that delicate balance between the interests of the coastal state and the flag state that UNCLOS sought to strike.

Russia has argued that a reasonable bond is properly to be fixed as only a percentage, only a part of the total exposure to fines and confiscation. Russia has indicated that the range of 9 per cent to 25 per cent of that total exposure is appropriate. We have set out the passage where Russia announced its adherence to this approach, in the *Volga* case, in paragraph 47 of the Application.

Japan agrees. Japan, Mr President, will be content to be treated by Russia as Russia demanded it should be treated by Australia in the *Volga* case.

Mr President, that brings me to what would be a convenient point perhaps to break, and then I will finish my submissions afterwards.

THE PRESIDENT : Thank you, Professor Lowe. The meeting is adjourned for approximately 15 minutes.

(A short break)

PROFESSOR LOWE : Before the brief recess, Mr President, I outlined our submissions as to the manner in which the question of the reasonableness of the bond should be approached and I would like now to turn to the application of those principles to the specific facts of this case.

The criminal penalties in this case could in theory be almost 8 million roubles. That is both the measure of the gravity of the offence in the eyes of the Russian Federation, and the basic sum to be considered when considering the bond.

Eight million - in fact, it is 7,927,500 - roubles is the maximum figure. It must constantly be borne in mind that there has as yet been no trial and no conviction. We do not and we cannot know if the Master and owners of the *Hoshinmaru* will be convicted or acquitted, and we do not and we cannot know whether, if they are convicted, the maximum fine or some lesser penalty will be imposed.

If Russia considers that the maximum penalty is a fair and reasonable estimate of the actual penalty that would probably be applied if the Master and owners were guilty of the offences charged, it will no doubt explain why, and justify its position. We look forward to hearing that explanation from them in their submissions tomorrow.

Japan recognizes that the legitimate interests of the coastal state must be protected, in the balance with the flag state interests, and Japan accepts the maximum exposure to whatever potential fines might realistically be expected to be

imposed is the starting point for the analysis.
In this case there is no indication in the Russian submissions that the *Hoshinmaru* itself faces probable confiscation. Indeed, it would be extraordinary if the *Hoshinmaru* itself were liable to confiscation in respect of a charge that the Master had recorded one catch that he was entitled to take under the heading of another catch that he was entitled to take - unlawful as any false recording would undoubtedly be and if such a penalty were imposed in a case such as this, one might ask how it could be reconciled with the prompt release procedures under the Convention.
So, it is now for this Tribunal to determine what a reasonable bond might be. It is not for Japan to propose a precise figure but Japan considers that the amount cannot be any more than about 8 million roubles at the very highest, even if Russia justifies its decision to take into account the full amount of the criminal penalty when fixing the bond.
Any higher sum would be "disproportionate", to use the language of human rights courts, and would have been determined by the arbitrary inclusion of sums that are not proportionate reflections of any of the factors which may legitimately be taken into account when calculating the bond. Indeed, I must emphasize that our submission is that when the precise nature and circumstances of the offences charged in this case are taken into account, a reasonable bond should certainly be less.
In our submission, the value of the *Hoshinmaru* is not relevant since it is not liable to probable confiscation, but applicants are requested to offer data on the vessel, and we have done our best to obtain reliable, objective information. Japan has submitted four documents that give appraisals of the value of the vessel.
Annex 1 attached to the Application has, on its sixth page, a statement made by the owner of the *Hoshinmaru* that it was bought for 75 million yen in 2003 and that, applying depreciation methods that conform with Japanese corporation tax law, it had a value in June 2007 of 18,843,000 yen - that is, approximately US$ 155,000, or 4 million roubles.
Japan obtained three other appraisals of the value of the vessel. These are set out in the additional Annex, No. 17, headed 'Appraisal', which we submitted yesterday.
One, made by the Japan Shipping Exchange Inc., sets the value as at 13 July 2007 at US$ 220,000. The second, made by Shin Nihon Kentei Kyokai, is based (as is indicated on page 1 of its valuation report)on new building and second-hand market trends of similar vessels based on authoritative statistical data obtained from the Japanese National Land and Transportation Ministry, from spe-

cialized magazines abroad, and from Japanese shipbuilders and brokers of fishing vessels. It values the vessel at US$ 265,000.

The third, made by Nippon Kaiji Kentei Kyokai, taking into account the new building cost of a similar type of vessel, the depreciation in value corresponding to the vessel's age and the current market value, appraised the value as of 9 July 2007 at US$ 320,000. All of these estimates include the value of the fishing gear.

The bond set by the Russian Federation on 13 July was 25 million roubles - almost US$ 1 million(approximately US$ 980,913)— of which almost 8 million roubles were attributed to the environmental damage alleged to have been caused by the *Hoshinmaru*, and just over 17 million roubles - approximately US$ 670,416 - therefore remaining to be justified by reference to other factors. That is more than twice the highest valuation of the *Hoshinmaru*, and more than four times the owner's depreciated value appraisal of the worth of the vessel.

Given the logistical constraints under which we are all operating in these summary proceedings, it has not been possible to prepare and translate full witness statements or affidavits to support these valuations ; nor has it been possible for either side to secure the attendance of witnesses from the companies concerned to testify, through translators, on the valuation methodology.

We submit that these objective expert valuations give a good basis for a pragmatic determination of a reasonable bond. You will note at the end of Annex 23 to Russia's statement in response that it said what evidence it, Russia, would need in order to determine the bond. It said - I quote from the last three lines of the final paragraph of Acting Chief Grinberg's letter to the owners of the vessel —

"we would like to request you to provide us with information on insured amount and the sum of residual value of the medium-duty vessel [*Hoshinmaru*] necessary for the determination of the bond's amount".

Mr President and members of the Tribunal, Japan submits that there is no basis for valuing the *Hoshinmaru* at anything less than US$ 155,000 or more than US$ 320,000.

On any calculation, a reasonable bond must therefore be substantially lower than the 25 million roubles recently set by the Russian Federation. In our submission, it should be set at a figure that reflects the exposure at the very highest, if Russia is able to justify it, of 8 million roubles in penalties.

This talk of numbers may seem very abstract but there is a harsh reality to this issue - quite apart from the cost of actually obtaining the bond, which will of course be an additional cost to the ship owner over and above any penalty that might be imposed if the Master and owners of the *Hoshinmaru* are found guilty.

There is another matter. The *Hoshinmaru* has now been detained for practically

the whole of the season during which it was licensed to fish in the Russian EEZ. It has lost all the income that it could have gained during that period. Even today, it could lawfully be fishing in the Russian EEZ. Some may say that if it is guilty of the charges(and that we do not yet know), it deserves to lose that income but it must be remembered that this loss would be in addition to any fines are imposed.

We have to suppose that the Russian Federation fixes its fines at a level which it considers appropriate to the offences in question, but if the fines are set at a level appropriate to the offences in question, it is plainly inappropriate then to add some additional loss on to that by compelling the ship and the crew to lose further income. The amount of the additional lost income would be purely arbitrary. It would depend entirely on how long the vessel was detained before it was released and able to return to lawful fishing.

It is that arbitrariness, that anomaly, that the prompt release provisions are intended to prevent. As part of the bargain that massively extended coastal state jurisdiction over what were formerly high seas fisheries, flag states were given some guarantee that fishing activities would not be disrupted more than is necessary to secure the legitimate interests of the coastal state. That is what the prompt release procedures are intended do.

Sir, let me deal with one final point. Russia suggests that it has not unduly delayed the setting of a bond, and that it is not bound to set a bond 'promptly' but only when it considers it appropriate to do so given the progress of the criminal investigation.

Japan accepts that a coastal state may detain a vessel for long enough to carry out a reasonably diligent and expeditious examination of the vessel and its catch and to record the evidence necessary to support the charges against the ship. That is obvious : no-one would argue that a ship is entitled to be released before the state has had a chance to gather the evidence against it, but that is as far as it goes.

In the words of this Tribunal, "The requirement of promptness has a value in itself" - paragraph 77 of the *Saiga* judgment. If vessels and crews are to be promptly released, the bond must be set promptly. It cannot be argued that it is enough to release the vessel and crew 'promptly' after the setting of a bond, if there is an inordinate delay in the setting of the bond in the first place. That is why Article 292 permits applications in prompt release cases to be made 10 days after the detention of the vessel.

Japan submits that the coastal state is obliged to release the vessel and its crew against payment of a reasonable bond after a period sufficient to give the coastal

state a reasonable opportunity to collect the necessary evidence. This, in our submission, is an integral part of the 'reasonableness' of the bond and of the UNCLOS prompt release obligation.

Mr President, members of the Tribunal, that brings me to the end of my submissions on behalf of Japan in this round of pleadings. Unless there is anything else with which I can help you, I simply thank you for our kind attention.

THE PRESIDENT : Thank you, Professor Lowe. That brings us to the end of this sitting. The Tribunal will sit again tomorrow morning at 10 o'clock. At that sitting, the representative of the Respondent will address the Tribunal and present their submissions. This sitting of the Tribunal is now closed.

(The hearing adjourned at 5 p.m.)

INTERNATIONAL TRIBUNAL FOR THE LAW OF THE SEA
TRIBUNAL INTERNATIONAL DU DROIT DE LA MER

Public sitting
held on Saturday, 21 July 2007, at 10.00 a.m.,
at the International Tribunal for the Law of the Sea, Hamburg,
President Rüdiger Wolfrum presiding

THE "TOMIMARU" CASE

(Application for prompt release)

(Japan v. Russian Federation)

Present :	President	Rüdiger Wolfrum
	Vice-President	Joseph Akl
	Judges	Hugo Caminos
		Vicente Marotta Rangel
		Alexander Yankov
		Anatoli Lazarevich Kolodkin
		Choon-Ho Park
		Paul Bamela Engo
		L. Dolliver M. Nelson
		P. Chandrasekhara Rao
		Tullio Treves
		Tafsir Malick Ndiaye
		José Luis Jesus
		Jean-Pierre Cot
		Anthony Amos Lucky
		Stanislaw Pawlak
		Shunji Yanai
		Helmut Türk
		James L. Kateka
		Albert J. Hoffmann
	Registrar	Philippe Gautier

Japan is represented by:

Mr Ichiro Komatsu, Director-General, International Legal Affairs Bureau, Ministry of Foreign Affairs,

as Agent;

Mr Tadakatsu Ishihara, Consul-General of Japan, Hamburg, Germany,

as Co-Agent;

and

Mr Yasushi Masaki, Director, International Legal Affairs Division, Ministry of Foreign Affairs,

Mr Kazuhiko Nakamura, Principal Deputy Director, Russian Division, Ministry of Foreign Affairs,

Mr Ryuji Baba, Deputy Director, Ocean Division, Ministry of Foreign Affairs,

Mr Junichi Hosono, Official, International Legal Affairs Division, Ministry of Foreign Affairs,

Mr Toshihisa Kato, Official, Russian Division, Ministry of Foreign Affairs,

Ms Junko Iwaishi, Official, International Legal Affairs Division, Ministry of Foreign Affairs,

Mr Hiroaki Hasegawa, Director, International Affairs Division, Resources Management Department, Fisheries Agency of Japan,

Mr Hiromi Isa, Deputy Director, Far Seas Fisheries Division, Resources Management Department, Fisheries Agency of Japan,

Mr Tomoaki Kammuri, Fisheries Inspector, International Affairs Division, Resources Management Department, Fisheries Agency of Japan,

as Counsel;

Mr Vaughan Lowe, Professor of International Law, Oxford University, United Kingdom,

Mr Shotaro Hamamoto, Professor of International Law, Kobe University, Kobe, Japan,

as Advocates.

The Russian Federation is represented by:

Mr Evgeny Zagaynov, Deputy Director, Legal Department, Ministry of Foreign Affairs,

as Agent ;

Mr Sergey Ganzha, Consul-General, Consulate-General of the Russian Federation, Hamburg, Germany,

as Co-Agent ;

Mr Alexey Monakhov, Head of Inspection, State Sea Inspection, Northeast Coast Guard Directorate, Federal Security Service, and Mr Vadim Yalovitskiy, Head of Division, International Department, Office of the Prosecutor General,

as Deputy Agents ;

and

Mr Vladimir Golitsyn, Professor of International Law, State University of Foreign Relations, Moscow,

Mr Alexey Dronov, Head of Division, Legal Department, Ministry of Foreign Affairs,

Mr Vasiliy Titushkin, Senior Counselor, Embassy of the Russian Federation in the Netherlands,

Mr Andrey Fabrichnikov, Senior Counselor, First Asian Department, Ministry of Foreign Affairs,

Mr Oleg Khomich, Senior Military Prosecutor, Office of the Prosecutor General ;

as Counsel ;

Mrs. Svetlana Shatalova, Attache, Legal Department, Ministry of Foreign Affairs, and Ms. Diana Taratukhina, Desk Officer, Legal Department, Ministry of Foreign Affairs ;

as Advisers.

THE CLERK OF THE TRIBUNAL : The International Tribunal for the Law of the Sea is now in session.

THE REGISTRAR : On 6 July 2007, an Application was filed by Japan against the Russian Federation for the prompt release of the fishing vessel the 53rd *Tomimaru.*
The Application was made under article 292 of the United Nations Convention on the Law of the Sea.
The case has been entered in the List of cases as Case No.15 and named The "*Tomimaru*" *Case(Japan v. Russian Federation), Prompt Release.* Today, the hearing in this case will be opened.
Agents and Counsel for both Japan and the Russian Federation are present.

THE PRESIDENT : This is a public sitting held pursuant to article 26 of the Statute of the Tribunal to hear the parties present their arguments and evidence in the "*Tomimaru*" Case.
I call on the Registrar to read out the submissions of Japan as contained in its Application.

THE REGISTRAR : The Applicant requests the Tribunal :
"Pursuant to Article 292 of the United Nations Convention on the Law of the Sea(hereinafter "the Convention"), the Applicant requests the International Tribunal for the Law of the Sea("the Tribunal"), by means of a judgment :
(a) To declare that the Tribunal has jurisdiction under Article 292 of the Convention to hear the application concerning the detention of the vessel, the 53rd *Tomimaru*(hereinafter "the *Tomimaru*")in breach of the Respondent's obligations under Article 73(2)of the Convention ;
(b) To declare that the application is admissible, that the allegation of the Applicant is well-founded, and that the Respondent has breached its obligations under Article 73(2)of the Convention ; and
(c) To order the Respondent to release the vessel of the Tomimaru, upon such terms and conditions as the Tribunal shall consider reasonable."

THE PRESIDENT : By letter dated 6 July 2007, a copy of the Application was transmitted to the Russian Federation. By Order dated 9 July 2007, the President of the Tribunal fixed 21 July 2007 as the date for the opening of the hearing of the case.
On 17 July 2007, the Russian Federation filed its Statement in Response.
I now call on the Registrar to read the submission of the Russian Federation in its Statement in Response.

THE REGISTRAR : The Respondent requests the Tribunal :
"to decline to make the orders sought in paragraph 1 of the Application of Japan. The Russian Federation requests the Tribunal to make the following orders :

(a)that the Application of Japan is inadmissible ;

(b)alternatively, that the allegations of the Applicant are not well-founded and that the Russian Federation has fulfilled its obligations under paragraph 2 of Article 73 of the United Nations Convention on the Law of the Sea.

THE PRESIDENT : Copies of the Application and the Statement in Response have been made available to the public.
The Tribunal notes the presence in court of Mr Ichiro Komatsu, Agent of Japan, and Mr Evgeny Zagaynov, Agent of the Russian Federation.
Following consultations with the Agents of the parties, it has been decided that the Applicant, Japan, will be the first to present its arguments and evidence.
Accordingly, the Tribunal will hear Japan first. This afternoon, the Tribunal will hear the Russian Federation.
I now give the floor to the Agent of Japan. I have been informed that he will be followed by Professor Lowe.

MR KOMATSU(Interpretation) : Mr President, distinguished members of the International Tribunal for the Law of the Sea and distinguished representatives of the Russian Federation, it is a great honour for me to make this statement at this public sitting of the Tribunal as Agent again, following the statement on the 88th *Hoshinmaru* case two days ago. As I did with regard to the *Hoshinmaru* case, I will recapitulate the facts and our conclusions. After my statement, Professor Lowe of the University of Oxford will elaborate in detail our legal position. In my statement at the beginning of the previous public sitting dealing with the *Hoshinmaru* case, I stipulated the view of the Government of Japan on the obligation provided by Article 73(2)of the United Nations Convention on the Law of the Sea(UNCLOS)and the character of the prompt release cases seeking fulfilment of this obligation. I will not repeat this as it is also the basis of my statement today on the 53th *Tomimaru* case.
Mr President, allow me briefly to recapitulate the facts. The 53rd Tomimaru is a fishing vessel owned and operated by a Japanese company, Kanai Gyogyo. It has had Japanese nationality throughout the whole of the relevant period, and it retains this nationality now. The Tomimaru was involved in fishing walleye pollack in the Exclusive Economic Zone of the Russian Federation in the Bering Sea pursuant to a licence issued by the Government of the Russian Federation. It was boarded by the authorities of the Russian Federation for inspection on 31 Octo-

ber 2006 off the coast of the Kamchatka Peninsula and it was ordered to sail to the port of Petropavolovsk-Kamchatskii ; it arrived there on 2 November 2006. It was ordered to do so in spite of the fact that there was no charge or allegation of any violation of Russian laws and regulations made during boarding. However, a Russian official on board the *Tomimaru* indicated during the voyage to the port of Petropavlovsk-Kamchatskii that there was a difference between the actual amount of fish being carried by the vessel and the amount recorded in its log-book. For this, please refer to Annex 3.

Since then, the vessel has been detained for more than eight months – I repeat, eight months – without any bond or security having been set by the Russian Federation within the meaning of Article 73(2)of the Convention, and this is in spite of repeated requests submitted by Japan. Administrative proceedings against the owner of the Tomimaru and the Master as well as the criminal proceedings against the Master were instituted at the beginning of November 2006. During the investigation for these proceedings the Russian authorities interviewed all the 21 members of the crew, including 14 Japanese nationals who were among them. They finished the interviews of all the crew members with the exception of the Master by 29 November 2006 for the administrative proceedings and by 7 December 2006 for the criminal proceedings respectively. The Russian authorities explained, in response to an inquiry by the Japanese Government, that the crew member – and here I would invite you to refer to annexes 15 and 19 – were not in detention, with the exception of the Master against whom a compulsory measure was taken in the form of a written oath not to leave Petropavolovsk-Kamchatskii and to behave properly. However, because of the detention of the vessel itself, the crew members had no choice but to stay on board the vessel in order to maintain it and guard it.

In February 2007, the Russian Federation commenced proceedings regarding the attachment of the vessel, and the crew had to quit the vessel. As a result, by 29 March 2007 the crew members, except for the Master, were obliged to leave for Japan. The Master, nevertheless, was still under orders from the Russian authorities to stay in Petropavlovsk-Kamchatskii even after the return of the rest of the crew. Eventually, the Master returned to Japan on 31 March 2007, about two months after the return of the other members of the crew, that is to say, about seven months – I repeat seven months – after the seizure of the vessel.

Throughout this entire period, the Government of Japan repeatedly urged the Russian Federation to set a reasonable bond and to release the vessel and the crew promptly upon the posting of a bond. In addition, the owner of the vessel repeatedly made the same requests to the Russian authorities. The fact is that, in spite

of these continuous and repeated requests by the Government and the owner, the vessel has still not been released. Japan's request that the Russian Federation comply with its obligations under the Convention of the United Nations on the Law of the Sea fell on deaf ears. Japan has exhausted all other possible measures, but to no avail. Today, Mr President, as a last resort, Japan is reluctantly bringing this case before the International Tribunal for the Law of the Sea.

In terms of domestic proceedings in the Russian Federation, both criminal proceedings against the Master and administrative proceedings against the owner and the Master were instituted, as I mentioned previously. In the criminal proceedings against the Master, the investigation was carried out against the Master as well as against the crew members. The case was submitted to the City Court in Petropavlovsk-Kamchatskii on 2 March 2007. Since then, until today, six public sittings have been held, and on 15 May 2007 the City Court rendered a judgment ordering the Master to pay a fine and award damages. The Master appealed the case to the Kamchatka District Court on 25 May 2007. However, this case has not yet been concluded.

As to the administrative proceedings against the owner, the owner is still appealing to the Supreme Court, contesting the decision by lower courts to confiscate the vessel. It is argued by the Russian Federation in its Statement in Response that the *Tomimaru* was included in the Federal Property Register as property of the Russian Federation as a result of this challenge to confiscation, and therefore the Application by Japan is inadmissible. Our Advocate will subsequently argue in detail on this point.

At this point in time I would simply like to point out two matters. First, the confiscation decision is still being challenged by the owner's appeal to the Supreme Court of the Russian Federation. Secondly, a domestic measure of confiscation based on Russian domestic law is not opposable in Japan, which is the flag state of the vessel as far as international law is concerned, and in any event it is a matter distinct from the change of nationality of the vessel. As shown in the Annex to the Application, the *Tomimaru* unquestionably maintained its Japanese nationality not only at the time of the filing of this Application but also as I speak today.

(Continued in English) : Let me turn to the situation of the crew from a humanitarian point of view. The Master had been detained for seven months and the other members of the crew had also been compelled to stay aboard the Tomimaru for several months. I have to emphasize again that this caused real and significant hardship to all the crew members. None of the crew, including the Mas-

ter, understands the Russian language at all. They were detained in very stressful circumstances in a foreign country where they were unable to communicate with the detaining authorities, even to explain their predicament in the most basic way, and they were detained in those conditions for a very long time.

The timing was particularly difficult. Early January is the most important festive time of the new year, or "Shogatsu", for all Japanese people. It is the equivalent of Christmas in the Christian culture. The Japanese crew have been raised in the culture, in which families and relatives gather in their home towns at the beginning of a new year and look back together at the past year. From this perspective, I would like the honourable judges of this auspicious Tribunal to imagine the particular distress of the crew who had to stay in a foreign country, in a freezing climate, far from their loved ones at this traditional season.

As I emphasized in my statement regarding the *Hoshinmaru* case, we believe that the causes of these problems and of the lengthy detention are basically attributable to the Russian domestic legal procedures in which both administrative and criminal proceedings unfold themselves separately and cumulatively without any coordination between each other. As a result, the obligation of the prompt release upon the posting of a reasonable bond is not fulfilled by the Russian Federation. For example, where the local prosecutor's office, which is mainly in charge of criminal proceedings, sets a bond, the local border coastguard and the regional court that deal with administrative proceedings often have not set a bond. The positions of the respective authorities on the question of setting bonds are not coordinated at all. No cohesive explanations are given. These problems are exactly what the owner of the *Tomimaru* had to face.

Let me explain the situation that the owner of the *Tomimaru* was forced to cope with. After the *Tomimaru* was arrested at the beginning of November 2006, the inspection had been carried out by officials of the Northeast Border Coastguard Directorate of the Federal Security Service of the Russian Federation. Neither a bond nor other security was set in that process. The criminal proceedings had been instituted by inter-district prosecutors for nature protection in Kamchatka, and the administrative proceedings had been carried out by the Northeast Border Coastguard Directorate of the Federal Security Service.

On 12 December 2006, damages were set in the amount of 8,800, 000 roubles, that is, approximately US$ 350,000 by inter-district prosecutors for nature protection in Kamchatka, which is in charge of the criminal proceedings, against the owners of the vessel, as shown in Annex 36. Subsequently, on 14 December 2006, the owner presented a petition to the Northeast Border Coastguard Directorate for a bond to be fixed to enable the *Tomimaru* to leave for Japan, as Annex

37 shows. On 15 December 2006, in response to the petition, it was informed that this case had been filed with the Petropavlovsk-Kamchatskii City Court and that the Directorate had no authority to deal with the petition, as shown in Annex 38. On 18 December 2006, the owner presented a petition requiring the bond to be set to the Petropavlovsk-Kamchatskii City Court during the administrative proceedings, as Annex 39 shows.
According to the letter dated 19 December 2006, addressed to the owner of the vessel from a judge of the Petropavlovsk-Kamchatskii City Court, which appears at Annex 6, "the provisions of the Code of Administrative Offences of the Russian Federation do not provide the possibility of releasing a property after posting the amount of bond by the accused on the case of administrative offences", and it decided to reject the petition to release the *Tomimaru* upon the posting of a bond or other security. Consequently, the vessel has not been released. The lower court issued an order for the confiscation of the vessel but would not set a bond that would actually secure the release of the vessel and the Master.
One is really at a loss to try to understand the consistency between the above interpretation by the Petropavlovsk-Kamchatskii City Court of the Russian law, namely that "the provisions of the Code of Administrative Offences of the Russian Federation do not provide the possibility of releasing a property after posting the amount of bond by the accused on the case of administrative offences", on the one hand, and the setting of the bond on the *Hoshinmaru* case on 13 July 2007, immediately after Japan filing the case before the ITLOS, on the other. What is clear, however is that the vessel and the crew would not have been released finally even if the owner had paid the damages of 8,800,000 roubles set on 12 December 2006.
In short, with regard to the *Tomimaru*, a bond, within the meaning of the provisions of Article 73(2)of the UNCLOS, namely a bond the posting of which will secure the actual release of the vessel and the Master, has never been set. In paragraph 77 of the judgment in the case of MV Saiga, it is stated :

> "The requirement of promptness has a value in itself and may prevail when the posting of the bond has not been possible, has been rejected or is not provided for in the coastal state's laws or when it is alleged that the required bond is unreasonable."

The provisions and procedures of Russian law are not themselves the subject of this prompt release litigation. It is, of course, for Russia to decide for itself exactly how it conforms to its legal obligations under the Convention in prompt release cases. However, once again I express our hope that the Russian Federation might consider whether for the future it needs to put in place new procedures that fa-

cilitate the discharge of the obligations to which it has committed itself in the Convention.

Mr President, it is evident that the ITLOS has jurisdiction over this case, and I would like to request the Tribunal, as the guardian of the Law of the Sea, to declare that the Russian Federation has breached its obligation under Article 73(2)of the UNCLOS and to order the Russian Federation to release the vessel the *Tomimaru* upon such terms and conditions as the Tribunal shall consider reasonable.

As I stated in the public sitting with regard to the *Hoshinmaru* case, Japan chose the Tribunal as a forum to achieve a peaceful settlement of this dispute, responding to the repeated breach of international rules by the Russian Federation. Once again, I renew the pledge of the Government of Japan to contribute to the strengthening of the rule of law in the international community by proactively utilizing adjudication.

I would also like to reiterate that Japan, as a responsible fishery state, is determined to redouble its efforts to ensure the sustainable use of living resources in the ocean and the conformity of vessels flying its flag with the properly enacted laws of coastal states. Japan is committed to fulfil the agreements into which it entered in the 1982 Convention, and it asks that the Russian Federation be held to its commitments too.

Mr President, I thank you for your attention.

THE PRESIDENT : Thank you, Mr Komatsu, for your statement. May I now call upon Professor Lowe.

PROFESSOR LOWE : Mr President, members of the Tribunal, it is an honour again to have been entrusted with this part of the presentation of Japan's case and a privilege to appear again before this distinguished Tribunal.

Mr President, I anticipate that my submissions will take something of the order of an hour but there are limits to human endurance and it may be that you would prefer to have a break in the middle of that at about 11 o'clock rather than do a straight 90-minute stretch.

The parties are again in this case largely in agreement as to the rules and principles that are applicable in this case and, to the extent that there are differences between us, many of those differences have been put before you in the hearing on the *Hoshinmaru* case. I am not going to repeat our submissions made in that case but I should state for the record that we reaffirm the propositions that we put forward in that case over the last two days.

In this case, the Respondent does not challenge the jurisdiction of the Tribunal. Both states are parties to the Convention which is in force between them. It is ac-

cepted that the *Tomimaru* was initially flying the Japanese flag when arrested – and I shall return a little later to the question of its nationality at the time of the application and the present moment. It is common ground that the vessel is detained, although the parties have different views of the character of that detention and of the reasons for it, and the application in this case was duly made. The *Tomimaru* was initially detained under Russia's EEZ fishery laws, which fall clearly within the scope of Article 73 of the Convention, and you will find the relevant laws listed on page 2 of the report of the Russian Federal Security Service dated 5 November 2006, which appears as Respondent's Annex 1. There is no agreement to submit this matter to any other court or tribunal and the Application has been duly made in accordance with the Tribunal's Rules.

The Russian Federation does, however, raise three objections to the admissibility of this Application. First, that the bond is inadmissible because a reasonable bond was set ; second, that it is inadmissible because the vessel was confiscated ; and third, that the request that the Tribunal order the Respondent to release the *Tomimaru* "upon such terms and conditions as the Tribunal shall consider reasonable" is too vague and general.

That last, third, objection is the same as the objection made in the *Hoshinmaru* case and Japan's response to it is the same as it was in that case. The nature and purpose of Article 292 proceedings is clear and well-known to the Russian Federation and the Application quite properly asks the Tribunal to exercise its 292 powers to set a reasonable bond. I will not repeat our earlier argument but we adopt it here for the purposes of the present case, and I shall say no more about it.

That leaves two objections to admissibility : that a reasonable bond was set, and that the *Tomimaru* has been confiscated.

I should say at this stage that we consider this case to be very different from the case of the *Hoshinmaru*. As the *Hoshinmaru* case developed it came to focus on the central question of the approach to the determination of a reasonable level at which to set a bond and, in particular, on the question of principle of immense practical importance to the fishing community whether the value of a ship should be factored into the amount of the bond even in cases where the lesser gravity of the offence means that the confiscation of the vessel is not a realistic possibility.

This case, in contrast, focuses more on deficiencies in the process leading to the setting of the bond than it does on the level of the bond itself. Because of its focus on the adequacy of Russia's prompt release procedures, I am afraid that I need to take you in some detail through the facts of the case, and I hope that you will bear with me as I do.

The *Tomimaru* was licensed to fish in Russia's EEZ for the three months from 1

October 2006 to 31 December 2006. The licence is set out at Annex 2 of the Application, which is a translation of the fishing licence issued by the Russian Federation to the Tomimaru. It was licensed to catch 1,163 tons of walleye pollack and 18 tons of herring.

As our Agent has said, it was boarded by Russian officials in the Russian EEZ on 31 October 2006. The Russian Federal Security Service said in the report of 5 November 2006, which appears as Respondent's Annex 1, that it was stopped at a point 52'30 North and 160'17 East. The report also notes that the *Tomimaru* was detained and conveyed to the port of Petropavlovsk-Kamchatski.

On 9 November 2006 the note verbale reproduced at Annex 3 of the Application was sent to the Japanese Consul by a representative of the Russian Foreign Ministry. It noted that the *Tomimaru* was entitled to catch 1,163 tons of pollack but that not less than 20 tons of unregistered walleye pollack had been found on board. It also had on board 19.5 tons of halibut, 3.2 tons of ray, 4.9 tons of cod and not less than 3 tons of other fish, which it was forbidden to catch.

This was not a case of an alleged mis-recording of a lawful, licensed catch, as in the *Hoshinmaru*. This was a case of catching species that the vessel was not licensed to catch, a clear case of unlawful fishing. On the other hand, the quantities need to be borne in mind. The ship was licensed to catch 1,163 tons of pollack, and it had 20 tons of unregistered pollack on board, that is, just over two per cent - two per cent of its authorized catch was not registered. In addition, it had just over 30 tons of fish on board that it had no right to catch in the Russian EEZ. That puts the offence into some kind of perspective.

According to paragraph 9 of Russia's Statement in Response, on 8 November criminal proceedings in case number 640571 - a number which we will hear later - were instituted against the Master of the *Tomimaru* on suspicion of the crimes in Article 253 of the Russian Criminal Law. The Master was asked to sign an undertaking not to leave the city of Petropavlovsk-Kamchatski.

Annex 1 to Russia's Statement says on page 2 that legal proceedings regarding an administrative offence were instituted against the Master one week earlier, on 2 November, and I should note in passing, President, that the catch statistics in the report which appears as Respondent's Annex 1 are incorrect. It says that the *Tomimaru* had caught 614,286 tons - over half a million tons - of pollack, which is a quite impossible figure. The real figure, as is clear from the decision of the Petropavlovsk court in Respondent's Annex 6 at page 2, is 614,286 kilograms, and the other references in that report should also be to kilograms and not to tons.

The Representative Office of the Russian Ministry of Foreign Affairs wrote to the

Japanese Consul-General on 9 November notifying it of the criminal proceedings. That note appears as Applicant's Annex 3. The note also stated that the illegal catch caused environmental damages to the resources of the Russian EEZ equivalent to not less than 8.5 million roubles. According to Russia's Statement, paragraph 11, on 14 November administrative proceedings were instituted against the owner of the *Tomimaru* alleging a violation of the Russian Code of Administrative Offences.

So now we have two sets of proceedings : the criminal proceedings against the Master and the administrative proceedings against the owner. There is also the question of the environmental damages that have to be paid.

On 30 November the *Tomimaru*'s owners wrote to the Russian Federal Security Service North East Border Coast Guard Directorate. You will find that letter at Respondent's Annex 2. The owners wrote to apologise for the actions of the Masters of their ships and to "guarantee payment of all appropriate penalties provided for in the Russian legislation" and to request the prompt release of the vessels against the posting of a reasonable bond.

On 1 December 2006 the Japanese Consul was informed by the Russian Federal Security Service in a letter that you will find set out as Applicant's Annex 4 that, as was already known, the criminal cases had been established against the Masters of the *Tomimaru* and another vessel. It then said in the paragraph at the bottom of the first page of the letter that the vessels had "been identified as real evidence and attached to the document of the criminal cases."

The Federal Security Service letter of 1 December continued as follows :

> "The solution of the problem concerning the release of the abovementioned vessels and the posting of a bond as a guarantee of the investigation, as well as any kind of information concerning the progress of and perspective for the criminal case, are under the exclusive competence of the Inter-District Prosecutor for Nature Protection in Kamchatka."

That was on 1 December and on the very same day, 1 December 2006, the Inter-District Prosecutor's Office for Nature Protection in Kamchatka wrote to the Japanese Consul, and you will find that letter in Respondent's Annex 3. It said that in the criminal case filed against the Master of the Tomimaru filed in November he was accused of committing environmental damage of not less than 8.5 million roubles.

The 1 December letter from the Prosecutor's Office recalled on page 2 that the vessel, the *Tomimaru* itself, had been recognized as material evidence in the case under Article 82 of the Russian Code of Criminal Proceedings.

It further noted that the Master was obliged to stay in Petropavlovsk-Kamchatski

until the trial. It also addressed the prompt release duty under UNCLOS, saying in the bottom two paragraphs on page 2 of that letter :

> "Your arguments as regards the alleged violation of Article 73, paragraph 2, and Article 292, paragraph 1, of the UN Convention on the Law of the Sea are not quite proper since according to Article 73, paragraph 1 and Article 292, paragraph 3 of the Convention, the release of a vessel takes place after the coastal state has taken all necessary measures as may be necessary to ensure compliance with the laws and regulations, including judicial proceedings, without prejudice to the merits of the case against the detained vessel, its owner or its crew, remaining competent to release the vessel or its crew at any time."

The point being made here is clear. On Russia's reading of prompt release, it may release the vessel and crew at any time if it wishes, but it is not obliged to release them until it has "ensured compliance with" its laws and regulations and judicial proceedings. And, as the obligation imposed on the Master of the *Tomimaru* to stay in Petropavlovsk makes clear, that could mean detention right up to the time of the trial.

Japan does not accept this as a valid interpretation of the prompt release procedure. In fact, it considers it to be incompatible with the prompt release procedure. To say that a state is entitled to detain a Master and a vessel until the trial has taken place, without setting any bond for their release, is to say that there is no right to prompt release before the trial. That, in our submission, is a direct contradiction of what the states parties to UNCLOS had agreed.

So, on 1 December 2006, two letters are sent to the Japanese Consul. One, sent by the Federal Security Service, describes the Prosecutor's Office for Nature Protection as having "the exclusive competence" to decide on prompt release. The other, sent by the Prosecutors Office for Nature Protection, makes it clear that in its view there is no right to prompt release. Nonetheless, it is true that the Prosecutor's Office for Nature Protection did say at the end of its 1 December letter(in the last paragraph on p.2)that :

> "all investigations in respect of the 53rd *Tomimaru* and its crew have been completed. Temporary restrictive measures could be lifted : however, the owner of the vessel, who bears responsibility for unlawful actions of the master, has not until now applied to provide a bond commensurate to the amount of incurred damage."

You will recall that the figure that was specified in relation to the incurred damage was 8.5 million roubles. At the end of the next paragraph of the letter on page 3 the letter said :

"As to the decision regarding the release of the detained vessels, it will be taken after the bond has been posted to include the judicial costs in respect of the cases on the administrative offences against the legal entities, i.e. the ship-owners."

What happens next? On 8 December 2006, the owner of the ship asked the Prosecutor's Office for Nature Protection to determine a bond in respect of the vessel. The reference to that is in paragraph 13 of Russia's Statement in Response. On 12 December, the Prosecutor's Office replied to the owner's request for the assessment of the damage done by the Master of the *Tomimaru*. That letter of 12 December, which is one of the most important in this case, appears as Respondent's Annex 4. It says, at page 2 in the last paragraph, that the damage caused to the Russian Federation was estimated at 8.8 million roubles, a small revision of the earlier figure. It said :

"After the money(bond)towards the voluntary compensation for the damage caused to the Russian Federation is received into the deposit account [and here details of the account follow], the Prosecutor's Office for Nature Protection will no longer prevent free operation of the 53rd *Tomimaru* trawler."

It is a crucial passage and I shall read it again.

"After the money(bond)towards the voluntary compensation for the damage caused to the Russian Federation is received into the deposit account …the Prosecutor's Office for Nature Protection will no longer prevent free operation of the 53rd *Tomimaru* trawler."

The actual decision on the owner's petition for a bond is set out in Respondent's Annex 7.

In the Respondent's Statement in Response in paragraph 16 it is said that

"Despite the fact that on 12 December 2006 a reasonable bond for the release of the vessel was set by the Inter-District Prosecutor's Office for Nature Protection in Kamchatka, on 18 December 2006 the owner requested the Petropavlovsk-Kamchatskii City Court to set a reasonable bond for the release of the vessel."

You might quite reasonably wonder why. The explanation appears in the papers that are annexed to the Application. If you have the folder to hand, it may be worth turning to it. In the Applicant's Annex 37 is set out the petition dated 14 December 2006 from the owner to the State Maritime Inspectorate of the Northeast Border Coast Guard Directorate of the Federal Security Service of the Russian Federation. I shall read out the petition. It says this and it is headed

"Petition concerning the case of administrative offences

The Inter-District Prosecutor's Office for Nature Protection in Kamchatka,

> by the letter dated 12 December 2006 no. 1-640571-06 [you will recognize there the number of the criminal case against the Master] has set the amount of a bond upon the posting of which the vessel will be released, within the criminal case established against the Master of the 53rd *Tomimaru*.
> Considering the aforementioned fact [the owner] requests the amount of a bond be set for the case of administrative offences established against the owner of the vessel 53rd *Tomimaru*.
> In order to make a remittance, I request to notify the information on the bank requisites in addition."

Then there is attached to it the letter of 12 December from the Inter-District Prosecutor's Office for Nature Protection.

The reason for the owner's action is plain. The Prosecutor's Office for Nature Protection had indicated a bond that would work for the criminal charges against the Master but would not affect the administrative offences with which the owner was charged. There were two locks on the door that held the *Tomimaru* and the "voluntary contribution" of 8.8. million roubles would only open one of the locks. The owner wanted to be told how much it would cost him to open the other lock in the administrative case. The reaction of the owner is quite natural. Nobody would want to pay a fine if he was not assured that the payment would result in the release of the vessel.

I also have to say, Mr President, that although Russia now refers to the 8.8 million roubles as a bond, it appears to us not to be a bond but rather a compulsory payment that the owner was obliged to pay in respect to damage to the environment - what the Prosecutor's office rather euphemistically called a "voluntary compensation" towards the damage.

Next, we come to Applicant's Annex 38. This is the determination on the examination of that petition from the owner. It is dated 15 December 2006. In Annex 38, the first paragraph introduces the writer. The second paragraph records that the owner of the *Tomimaru* had requested the State Maritime Inspectorate to fix a bond in the case of the administrative offences ; that is a reference to the letter of the previous day, 14 December, that I have just mentioned. The third paragraph records that on 15 December, the day after the owner's petition and the day that this decision was being taken, the State Maritime Inspectorate had sent the papers on the administrative offences to the Federal Court in Petropavlovsk-Kamchatskii and that —

> "the examination hereafter and the adoption of decisions on this case will be carried out by the Federal court of Petropavlovsk-Kamchatskii City in Kamchatka district."

Then on the next page in the next paragraph it reaches this conclusion :

> "Therefore, it becomes impossible for the officials of the State Maritime Inspectorate of the Northeast Border Coast Guard Directorate of the Federal Security Service of the Russian Federation to examine the contents of the received petition."

And so the petition was then sent on to the Federal Court.

At this point, the owner decided to make a request to the Petropavlovsk-Kamchatskii City Court to set a reasonable bond. He did so on 18 December. That letter is set out in Applicant's Annex 39.

The court decided swiftly. On the following day, 19 December, it decided(I quote here from the Respondent's Statement in Response paragraph 17)that

> "the provisions of the Code of Administrative Offences do not provide the possibility of releasing a property after posting the amount of bond by the accused in the case of administrative offences."

The Statement in Response continues in its paragraph 18 by saying :

> "This ruling has never been contested by the attorneys of the owner of the vessel, though from a legal point of view such an opportunity existed."

I shall draw the threads together a little later, but already at this point certain problems must be apparent.

The vessel is detained by the Federal Security Service. The Federal Security Service tells the owner that only the Prosecutor's Office for Nature Protection can settle a bond. The Prosecutor's Office for Nature Protection says that it is entitled to hold the vessel and crew until the trial, but that it is prepared to release them if the owner "voluntarily" pays a contribution of 8.8 million roubles – one-third million US dollars – towards the damage that it has caused. Then the Petropavlovsk City Court tells the owner that there is no possibility of releasing a property by posting a bond in the case of administrative offences.

Yet, in front of this Tribunal, Russia seems to be suggesting that the owner should have appealed this court decision, as if there was a duty to exhaust local remedies – a suggestion that this Tribunal plainly dismissed in the *Camouco* case in paragraph 57 where the Tribunal said :

> "it is not logical to read the requirement of exhaustion of local remedies or any other analogous rule into Article 292."

The owner did not pay the 8.8 million roubles. It is a very large sum of money, and what would the owner have gained by it? That would be a willingness on the part of the Prosecutor's Office for Nature Protection to release the vessel in so far as the criminal proceedings were concerned, but apparently no possibility of obtaining a release as far as the administrative proceedings were concerned, for the

simple reason that, according to the Russian court, no such release is legally possible.

Russia may say that the owners do not understand the Russian legal system, but one must have a certain sympathy for an owner who wonders how to reconcile a right to prompt release with a court decision that no release of property by the posting of a bond is possible in the case of administrative offences.

It was against this background that, on 28 December 2006, the owners pleaded guilty to the administrative offences, as they had indicated that they would do in their letter of 30 November. The court - the Petropavlovsk-Kamchatskii City Court, which had said that no release form the administrative proceedings was possible - decided to confiscate the *Tomimaru*. Extracts from the ruling of that court appear in translation as Respondent's Annex 6. The ruling stated that it could be appealed in the Court of the Kamchatka Region within 10 days, which is becoming a rather familiar figure in prompt release cases.

The owner did appeal on 6 January 2007, and the appeal was dismissed on 24 January 2007. That judgment is set out at Respondent's Annex 8.

Then, on 9 April of this year, the Russian Federal Agency that manages Federal property included the *Tomimaru* in the Federal Property Register as property of the Russian Federation.

But the saga is not yet over. As paragraph 22 of Russia's Statement in Response records, the owner then took action under the supervisory review procedure regarding the decision of the Kamchatka District Court, and this matter is still before the Russian Supreme Court, which has not yet taken any decision on it. The owner has, as yet, heard noting from the Supreme Court. The question of the confiscation still remains open before the Russian courts, as the Respondent admits, as you will see from paragraph 22 of the Statement in Response.

In the meantime, the Master had also remained in detention. The Prosecutor's Office for Nature Protection was petitioned to release the Master, but it refused, in January 2007. In a letter to the Japanese Consul, set out at Applicant's Annex 33, dated 19 January(which is more than three months after the Master and vessel had been detained)the Prosecutor said(and I am reading from the paragraph beginning at the foot of page 1 of that letter :

> "The Masters of the trawler, Mr Matsuo Takagiwa and Mr Kenji Soejima, in accordance with the Criminal Procedural Law of the Russian Federation, are obliged to present at the preliminary examination until its conclusion and also present at the judicial examination ; therefore their stay in Petropavlovsk -Kamchatskii City is mandatory. In the course of the investigated criminal case, a compulsory measure in the form of a written oath not to leave

Petropavlovsk-Kamchatskii city and to behave themselves was chosen for them."

It then goes on again to address Russia's understanding of the prompt release obligations under the Convention. It says :

"The arguments of the possible non-compliance with Article 73(2)of the United Nations Convention on the Law of the Sea as well as the superiority of the Russian legal norms" --

that is a reference to arguments on Russian law that the Russian lawyers for the owner had put forward —

"are not accurate. Articles 73(1)and 292(3)of the said Convention reserve the right of coastal States to release at any time the vessel and its crew, in this case the Master, and provide that, without prejudice to the merits of any case against the vessel, its owner or its crew, the vessel be released after having carried out all the necessary measures required to ensure the compliance including [under] the proceedings.

Under this circumstance, it is not possible at this moment to permit Mr Matsuo Takagiwa and Mr Kenji Soejima to leave Petropavlovsk-Kamchatskii city, considering the conditions laid out in the Criminal Procedural code of the Russian Federation and the fact that it is not possible to conclude the investigation on the above-mentioned criminal cases and the examination of the Court in the absence of the accused."

Two locks on the vessel ; another lock on the Master. This is not what Japan understands is required by the prompt release obligations.

I will not take you through any more of the facts, save to say that you will see in the annexed papers ample evidence that throughout this period both the Japanese consulate and the owners were trying persistently to find a reasonable solution that would allow the vessel and the Master to be released. The solution that Japan sought from the Russian procedures is precisely the solution that the Convention prescribes : prompt release on the posting of a reasonable bond.

Mr President, that would be a convenient point at which to break and, with your permission, after the recess I will turn to an analysis of the implications of the facts that I have just explained.

THE PRESIDENT : Thank you very much, Professor Lowe. The Tribunal will now adjourn for approximately 20 minutes.

(Short break)

THE PRESIDENT : Professor Lowe, would you like to proceed?

PROFESSOR LOWE : Mr President, before the recess I took you through the facts in this case. Now, in a position where the Master and crew have been released but the vessel still remains detained, I would like to turn to the implications of the facts as Japan sees them.

My first point is relevant to the first of Russia's objections to the admissibility of the Application. In paragraph 34 of its Statement in Response, Russia says :

> "The Applicant is moot because on 12 December 2006 the Inter-District Prosecutor's Office for Nature Protection in Kamchatka duly set a reasonable bond in the amount of 8,800,000 roubles and specified in its letter to the owner of the company that the Prosecutor's Office would allow free operation of the vessel upon payment of the bond."

Let us consider that for a moment. Here is a vessel that is charged with having on board 20 tons of walleye Pollack not listed in its logbook – it is another case of false recording of catch – and of taking 30.6 tons of fish belonging to species that it was entirely forbidden to catch ; a total of 50.6 tons of fish, some of which it was absolutely forbidden to catch. You will no doubt compare that with the case of the *Hoshinmaru*, where the charge is that it falsely recorded 20 tons of fish that it was otherwise entitled to have on board.

In its Statement in Response, Russia says that the bond set by the Prosecutor's Office for Nature Protection on 12 December was reasonable and that, if paid, the Prosecutor's Office would allow the free operation of the vessel.

However, if, as seems to be the clear message in paragraphs 15 and 16 of the Statement in Response in this case, Russia regards 8.8 million roubles as a reasonable bond to secure the release of a vessel accused of taking 50.6 tons of fish, more than half of it wholly illegally, you may wonder why it thought it was reasonable to set a bond of 25 million roubles for the *Hoshinmaru*, three times the reasonable *Tomimaru* bond, although the *Hoshinmaru* had taken only half the amount of illegal fish. This goes to the question of the consistency of the practice of the Russian authorities in administering these procedures, but no doubt the Respondent's Agent will explain this to us later today.

The explanation may be, of course, that the reasonable bond was only part of the price of release. The environment damages – which we think is what is referred to as the environment damages for which civil liability exists – could be satisfied by the payment of 8.8 million roubles, but the criminal charges against the Master, and so on, would not be covered by this payment.

That seems to be reflected in paragraph 17 of the Statement in Response, which states :

> "The provisions of the Code of Administrative Offences of the Russian Fed-

eration do not provide the possibility of releasing a property after posting the amount of bond by the accused on the case of administrative offences."

If that is so, it is rather misleading to suggest that the owner failed to take up the offer of posting an 8.8 million roubles bond for the release of the vessel, because providing one key does not release the vessel if there are two or more locks holding it in. In our submission, if a reasonable bond is to satisfy the requirements of Articles 73 and 292 of the Convention, it must be a bond that will, when posted, actually secure the release of the vessel. According to the Russian court, the payment of 8.8 million roubles would not have done that.

Moreover, the payment was not even a bond. It was a "voluntary" payment of the assessed environment damages. There is no suggestion that all or part of that 8.8 million roubles would be returned if the owner and Master of the *Tomimaru*, who at that time in December, you will remember, had not yet faced trial, had been acquitted or not convicted. There is no suggestion that any part of the money would be paid back, had they not been found guilty of the offences.

Japan therefore submits that no bond has been set that would release the vessel in this case, even though the owner has actively sought to have one set. The case is not moot, and we submit that this first objection to admissibility must be dismissed.

The second objection to admissibility is that the vessel has been confiscated. There are two aspects to this objection, one of which is procedural, the other substantive.

Russia suggests that because it regards the *Tomimaru* as its property, Japan cannot make this application to the Tribunal. Our main point is that the question of the confiscation of the *Tomimaru* is still before the Russian courts. If the *Tomimaru* really were the property of Russia, it would be free to sell it to some third party or to dispose of it as it chose, but what will it do if the Supreme Court rules that the confiscation was not valid? It will have to return the *Tomimaru* to its owner, and how could it do that if it had disposed of it to someone else? If Russia cannot dispose of it, how can Russia be the new owner whose rights have extinguished those of Kanai Gyogyou, the Japanese owner of the *Tomimaru*?

Japan considers the position to be clear and simple. The Tomimaru is liable to confiscation under Russian law. It is held by Russia, detained by Russia, and a final determination of the question of confiscation is pending before the Russian courts. That is precisely why Japan is now seeking an order for the prompt release of the vessel while the owner waits for that decision from the Russian court.

So, Japan considers the basic premise of Russia's objection to be misconceived. In Japan's view, Kanai Gyogyou has not yet lost its rights in the vessel and the vessel

is not Russia's property to do with as it likes.
However, there is a further point. Even if it were correct that the *Tomimaru* had become Russian federal property, it would not make this claim inadmissible. The suggestion that it does confuses two distinct questions.
Article 292 gives to the flag state of the vessel the right to make applications. Indeed, paragraph 2 of Article 292 says that the application for release may be made only by or on behalf of the flag state of the vessel – not on behalf of the owner, not by the national state of the owner, but by the flag state of the vessel.
The fact that the nationality of the owner changes has no necessary effect on the flag. A Japanese company may buy a vessel from a Russian company and the vessel may be flagged in some third state, but the sale and purchase of the vessel has no automatic effect on the nationality of the vessel. As Judge Mensah and President Wolfrum emphasized in paragraph 91 of their joint, separate opinion in the *Juno Trader* case, "there is no legal basis for asserting that there is an automatic change of the flag of a ship as a consequence solely of a change in its ownership."
Nor do ships become stateless when they are sold to a foreign owner. The position is simple. Ships retain their nationality until the necessary formalities have been fulfilled and they are either transferred to another flag or deregistered.
Therefore, as far as Japan is concerned, the *Tomimaru* remains a Japanese ship ; and, because the *Tomimaru* is a Japanese ship, Japan is entitled to bring a prompt release application in respect of it regardless of the nationality of its owner. A change of ownership without a change of flag may have an impact on the substance of the claim, but it would not have an impact on the question of jurisdiction and admissibility.
Accordingly, Japan considers that this objection to the admissibility of the application must also be rejected, because the *Tomimaru* is not Russian property and, even if it were, that would not be a bar to this application.
Mr President, I have addressed the objections to the admissibility of the application. Let me now turn finally to the application for relief from the Tribunal. Our case is straightforward and it will not take me long.
Japan's essential argument is that the *Tomimaru* was arrested. It is still the subject of court proceedings in Russia, which may result in its return to is Japanese owner or may result in its definitive confiscation by the Russian Federation. While those proceedings are pending, the owner would like to have it released promptly and upon the payment of a reasonable bond. We know that Russia thinks that 8.8 million roubles is a reasonable bond, because it told us so in its Statement that it filed four days ago. It really is as simple as that.
Last night we obtained estimates of the value of the *Tomimaru* – in this case the

appropriate measure of the bond is clearly the value of the ship – and those estimates range from US$ 260,000 to US$ 410,000. We have submitted those papers as Annex 40, and I am grateful for the flexibility of both our colleagues and the Tribunal in allowing us to file those papers now.

However, there is also another interest at stake. As a reading of the papers in this case will show, the responsibility for prompt release procedures in Russia is divided among a number of agencies, and their views are not always consistent.

It may well be the fate of those seeking licences from a state or challenging decisions of a state, to spend months in the gloomy labyrinth of a municipal legal system. States choose their own legal systems, and we must respect that, but in some contexts states have agreed that the need for swift action requires the creation of simple systems. The international agreements that regulate requests for permission to board foreign ships in the context of drug interdiction are one example ; simplified extradition procedures or international arrest warrants are other examples.

Prompt release procedures are archetypal examples of this kind of international co-operation. Their purpose is to take a common international problem and to provide a simple, easy solution for it. A shipping vessel is arrested. It may take months to determine the case finally. So release the vessel against payment of a reasonable bond and everybody is happy.

However, as the *Tomimaru* saga illustrates, this system is not working as it should do in Russia. Vessels are being detained for weeks. That may not sound long, but a seven-week detention during an 11-week fishing season can entirely wipe out the profits of the fishing vessel for that season. Prompt release procedures should be solving that problem but the system is not working.

Russia, I think, acknowledges that there may be a problem here. On 8 February this year the Russian Ministry of Foreign Affairs sent a diplomatic note to the Japanese Embassy in Russia. You will find that note in Annex 32 attached to the Application. It discusses the *Tomimaru* case and it concludes with these words :

> "Having considered all the situations, the Ministry is planning to work on the Russian authorities, if necessary, to explain the international obligations of the Russian Federation. The Ministry expresses its readiness to continue to contact with Japan on this issue."

We welcome that willingness to address the problem, the willingness to work on the Russian authorities and to explain Russia's international obligations to them, and we hope that the Tribunal will be able, in its judgment, to make what a former President described in a commentary on the Tribunal's Rules as its "contribution to the interpretative development of the Convention."

As is often remarked, Articles 73 and 292 require prompt release on the posting

of a reasonable bond but they give no real guidance on how this valuable legal instrument is to be constructed or operated in practice.

In the Hoshinmaru case we expressed a hope that the Tribunal would indicate guidelines applicable to the very important issue of principle concerning the inclusion of the value of the ship in the calculation of reasonable bonds. In this case we hope that the Tribunal will be able to make a similar contribution, providing guidance to states on the need for simple procedures in which ship owners are directed to a single point of contact, from which they are able to get clear, consistent decisions in a reasonable time on a bond that when posted will secure the release of the vessel, Master and crew. If the Tribunal can guide states in this way, we believe it will be making a major contribution to the implementation of a strong, fair and efficient system for the regulation and conservation of international fisheries.

Mr President, members of the Tribunal, that brings me to the end of these submissions on behalf of Japan. Unless I can help you any further, sir, I simply have to thank you for your attention and say that our Agent will make the presentation in the second round.

THE PRESIDENT : Thank you. Thank you very much, indeed, Professor Lowe. That brings us to the end of this sitting. The Tribunal will sit again this afternoon at three o'clock. At that sitting the representatives of the Respondent will address the Tribunal to present their submissions. I was informed we will hear three statements.

This Tribunal sitting is now closed.

(The hearing rose at 11.56 a.m.)

JAPAN AND THE GATT DISPUTE-SETTLEMENT RULES AND PROCEDURES

Ichiro Komatsu*

I. Introduction

Ever since its birth in 1948, the General Agreement on Tariffs and Trade (GATT) has played a major role in enhancing world trade, by providing a legal framework for a multilateral free-trading system. One of the reasons why GATT continues to function effectively as a central legal framework regulating world trade after more than 40 years, despite its inherently limited and provisional nature,(1) will certainly be the fact that its dispute-settlement mechanism has, by and large, worked effectively. The defining characteristics of today's international community are the existence of sovereign States and the absence of any centralized coercive machinery to enforce its rules. For a given set of rules to become a solidly established part of accepted legal norms in the international community, it is essential that a well designed, acceptable, (and consequently, credible) mechanism for dispute settlement exist as an integral part of that set of rules.

When addressing the question of the "effectiveness" (in the sense of suitability for the purpose) and "credibility", of a dispute-settlement mechanism, there are two aspects to be considered. The first is the systemic aspect. Theoretically, more than one system, or set of rules, for the purpose of dispute settlement is conceivable. One can discuss the superiority or inferiority of one system vis-à-vis another from a purely theoretical point of view. At the risk of over-simplification, it could be said, for instance, that, in most cases, a dispute-settlement mechanism will be more "effective" when the jurisdiction of the dispute-settlement body is compulsory, rulings of the dispute-settlement body binding on the parties to the dispute and its decisions enforceable. In other words, a dispute-settlement mechanism may be said to be more "effective" the closer it is to the domestic mechanism for adjudication which is, with relatively minor variations, common to most of the industrialized democracies. Whether a given mechanism is "credible" in today's international community, composed, as it is, of sovereign States is another matter. However "effective" a

* Director of the Treaties Division, Treaties Bureau, Japanese Ministry of Foreign Affairs. The views expressed are solely those of the author and do not represent the views of the Government of Japan or the Japanese Ministry of Foreign Affairs.

(1) GATT was originally designed to be a provisional arrangement partially replacing the abortive Havana Charter, one of the aims of which had been the creation of an International Trade Organization.

mechanism for dispute settlement may be from a systemic point of view, its "credibility" will be low, if States are not in practice willing to use that mechanism to resolve their disputes. This is where the second aspect of the matter, namely whether a mechanism will work in practice, comes in. Given the present character of the international community, States are, in their external relations with other States, always subject to various domestic constraints and are thus reluctant to surrender entirely authority to decide their conduct. Thus, again at the risk of over-simplification, we may say that States will be more likely to use a mechanism for dispute settlement to resolve their disputes if they think that the mechanism permits them a certain degree of flexibility.

With regard to the nature of the GATT mechanism for dispute settlement, there is long-standing difference of opinion with at the two extremes the school of thought which holds the mechanism to be essentially adjudicatory and that which sees it as essentially conciliatory. Most probably the difference is more academic than real. The GATT dispute-settlement mechanism is actually a mixture of the two, and seeking ways to imporve it comes down, essentially, to trying to find, better balance between the two in the light of the evolving thinking of the States adhering to the rules of GATT, that is the CONTRACTING PARTIES.

There are essentially two ways to contribute to the strengthening of a dispute-settlement mechanism. The first is an active utilization of the mechanism to resolve disputes. As mentioned above, a mechanism for dispute settlement which is not frequently used by members which have pledged themselves to the set of rules of which such a mechanism forms part cannot gain credibility. The second way to contribute to the strengthening of a dispute-settlement mechanism is to contribute to improvement of the rules and procedures on which the dispute-settlement mechanism is founded. The two are interrelated. In practice, in order for a contracting party to be able to contribute effectively to improvement of the dispute-settlement rules of GATT, it is necessary for that contracting party to have sufficient experience of actually using the GATT dispute-settlement procedures to resolve trade disputes. This is because the shortcomings of the existing rules and procedures, and possible remedies therefor, can be properly understood only through repeated involvement in actual dispute-settlement cases under the relevant GATT rules.

Because of the particular character of the dispute-settlement mechanism provided for in the rules of GATT as a whole, in the multilateral trade negotiations, or "Rounds", including the ongoing Uruguay Round, particular importance has been attached to the improvement of the GATT dispute-settlement rules and procedures. Japan, one of the major GATT contracting parties, has been particularly active in these negotiations.

In the light of what has been said, let us first examine Japan's involvement in specific dispute cases under the GATT dispute-settlement procedures before address-

ing the question of her involvement in the process of rule-making aimed at improving the rules and procedures.

II. Specific GATT Dispute-settlement Cases Involving Japan

1. Historical Overview

Japan became a GATT contracting party on September 10, 1955, when the Protocol of Terms of Accession of Japan to the General Agreement on Tariffs and Trade entered into force. This was more than seven years after the start of the functioning of the GATT dispute-settlement system which dates back to 1948, when the General Agreement was given effectiveness by the Protocol of Provisional Application concluded by the original contracting parties. Naturally Japan's name is absent from the list of contracting parties resorting to GATT Article XXIII to resolve trade conflicts during the early days of GATT's existence. However, the number of GATT Article XXIII complaints recorded during the period before the accession of Japan to GATT is quite small.

According to documents published by the GATT Secretariat on GATT dispute settlement, there were 145 cases of Article XXIII complaints from the system's coming into being (1948) to the end of 1991.(2) (3) A historical overview of GATT dispute-settlement cases involving Japan shows three phases in the evolution of Japan's basic approach to GATT dispute settlement.

In the first phase, it might even be felt that Japan sought, whenever possible, to avoid any full involvement in GATT dispute-settlement procedures. When other contracting parties requested consultation, invoking Article XXIII, paragraph 1, Japan would in most cases seek to avoid having the process go as far as application of paragraph 2 of the same Article, in other words, the establishment of a panel. Even when she was, for one reason or another, unable to avoid accepting the establishment of a panel, Japan's usual course of action was to do everything possible to arrive at bilateral agreement with the complaining party before the panel announced its findings and recommendations in the form of a panel report or, failing that, before the panel report was finally adopted by the CONTRACTING PARTIES. This first phase corresponds to the period between Japan's accession to GATT (1955) and the

---

(2) MTN.GNG/NG13/W/Rev.1, GATT Document C/RM/OV/3/Rev.1.

(3) This figure represents the number of Article XXIII complaints of which GATT was formally notified. But these are only the tip of the iceberg. A large number of additional complaints were dealt with in consultations under GATT Articles XXII and XXIII without notification to GATT. Since 1980, some twenty formal complaints have been submitted under the dispute-settlement provisions of the various MTN Agreements concluded at the end of the GATT Tokyo Round in 1979 (see MTN.GNG/NG13/W/Rev.1, p.1).

beginning of the Uruguay Round of multilateral trade negotiations. Nonetheless, to do Japan justice, it should be pointed out that, for a considerable number of years after her accession, not a few GATT contracting parties were invoking Article XXXV (Non-application) and refused to enter into a GATT relationship with Japan, which, for obvious reasons made it impossible for Japan to seek to resolve her trade disputes with such contracting parties in accordance with the GATT dispute-settlement procedures.

The start of the Uruguay Round of multilateral trade negotiations corresponds, by and large, to the beginning of a period in which a considerable increase in the number of Article XXIII complaints is seen. The number of Article XXIII complaints lodged during the 6-year period 1986-1991 was 54, those complaints accounting for more than one-third of all Article XXIII complaints during the 44 years since GATT's birth (1948-1991). If one goes back a little further in time, the number of Article XXIII complaints lodged during the last 12 years (1980-1991) was 87, whereas the number of such complaints during the GATT's first 32 years was far fewer (only 58).(4) One view is that this considerable increase in the number of Article XXIII complaints since the start of the Uruguay Round negotiations is principally attributable to the Uruguay Round negotiating strategy of the United States, one of seeking to obtain the result desired through dispute-settlement procedures whenever possible rather than trying to obtain the same result as a negotiated concession. The first solution is normally more advantageous, for the obvious reason that it does not require a corresponding concession on one's own part. Irrespective of how accurate such an interpretation of the U.S. policy is, the increased use of GATT dispute-settlement procedures is a welcome tendency, indicating a greater willingness on the part of Governments to use the multilateral machinery to resolve bilateral problems. The second phase in the history of Japan's involvement in the GATT dispute-settlement procedures is characterized by more frequent application of Article XXIII, paragraph 2, in other words, the establishment of panels and the adoption of panel reports in relation to complaints lodged against Japan. A considerable number of panels have been established, and panel reports adopted following Article XXIII complaints concerning Japan in the relatively short time since the start of the Uruguay Round negotiations. A majority of the panel reports adopted found in the complainants' favour and the implementation of the panel recommendations caused Japan considerable domestic difficulties (e.g. the panel report on Japanese restrictions on imports of certain agricultural products referred to below). That painful process did, however, have its positive side, in that Japan was now a very much fuller participant to the multilateral system for resolving trade disputes. This strengthened

(4) MTN.GNG/NG13/W/Rev.1, pp.60-126.

the view which had already existed in Japan for some time that Japan should, not merely simply accepting invocation of Article XXIII, paragraph 2, against her, avail herself of Article XXIII, paragraph 2, against other contracting parties when benefits accruing to her under GATT was being nullified or impaired by those parties. The finding of a panel (the panel on Japanese imports of SPF dimension lumber, referred to below) established following an Article XXIII complaint lodged against Japan, which found entirely in Japan's favour for the first time in the history of her involvement in GATT dispute-settlement procedures was a welcome outcome, one which convinced Japan of the positive and beneficial aspect of using of GATT dispute-settlement procedures.

Japan's invoking of Article XXIII, paragraph 2, on the issue of EEC's regulation on imports of parts and components in Octover 1988, which will also be discussed below, was an epoch-making event in the history of Japan's involvement in GATT dispute-settlement procedures. It was the first case in which a panel was established and a panel report subsequently adopted following a complaint initiated by Japan against another contracting party. This result did all the more to encourage Japan in her new orientation of settling bilateral trade disputes by fully utilizing GATT dispute-settlement procedures, as in the vast majority of cases, it is the complainant, be it Japan or another contracting party, who will succeed. It is expected that Japan will in future be one of the contracting parties most willing to resolve bilateral trade disputes through GATT dispute-settlement procedures, which will be substantially improved and strengthened as a result of the Uruguay Round negotiations, not only where Japan is the contracting party complained of but also as the complaining party.

2. Brief Overview of the Specific GATT Dispute Cases to Which Japan Was a Party

We have seen above how the basic attitude of Japan to involvement in GATT dispute-settlement procedures has evolved historically since her accession to GATT in 1955. During the period under review, Japan has been a party to a number of trade disputes in relation to which an Article XXIII complaint was lodged at some point. As we have seen, with respect to some of these cases, there were only consultations (under Article XXIII, paragraph 1), a bilateral solution subsequently arrived at, with the complaining party not taking the matter further under paragraph 2 of the same Article. With respect to a majority of other cases, a bilateral solution was reached after the establishment of a panel under Article XXIII, paragraph 2, but before the panel presented its findings. Recently, however, most of the cases brought to the attention of the GATT CONTRACTING PARTIES under Article XXIII have been resolved according to the findings and recommendations of the panel established. The following is an attempt to recapitulate the basic elements, including the

main points of legal contention of the parties, and the panel's findings on those points, in panel cases to which Japan was a party, in order to give an overview of Japan's involvement in specific GATT dispute-settlement cases.(5)

(1) Japanese import restrictions on thrown silk yarn

This was the first Article XXIII complaint against Japan referred to the CONTRACTING PARTIES after her accession to GATT. In this case, after unsuccessful consultations under Article XXIII, paragraph 1, between the complaining party (the United States) and Japan, a panel was established by the GATT Council in July 1977. The Panel conveyed its findings orally to the parties in December 1977, inviting them to inform the Panel whether they thought it possible to arrive at agreement on the basis of bilateral consultation. Since the Panel was informed in February 1978 that the bilateral consultations between the parties had been brought to a successful conclusion, the Panel sumbitted a very brief report containing an outline statement of the complaint and stating that the matter had been settled through bilateral consultation, that report being subsequently adopted at the Council in May 1978.(6)

In this case, the focus point of the dispute was the GATT compatibility of the "prior confirmation system" with respect to imports of thrown silk yarn, which Japan had introduced in February 1976. (This was replaced by a "prior permission system", effective May 1977, "with a view to ensuring the function of the State trading of raw silk", under the (1951) Cocoon and Raw Silk Price Stabilization Law. The prior permission system applied to all countries and areas that had a history of exports, or were potential exporters to Japan, of silk yarn and knitted or crocheted fabric.) One supposes that the main points of legal contention in this dispute will have been the consistency of the Japanese measures with the provisions of the relevant GATT articles, such as Article X (Publication and Administration of Trade Regulation), Article XI (General Elimination of Quantitative Restrictions) and Article XVII (State Trading Enterprises). However, as, after being informed orally of the findings of the Panel the parties informed the Panel that they had reached a mutually satisfactory solution on the basis of bilateral consultations, the findings of the Panel on those legal aspects were never made public. The Panel report mentioned above simply states that "Background documents and relevant information submitted by both parties, their replies to questions put by the Panel, as well as the relevant

(5) Owing to limitations of space, not all of the GATT Article XXIII complaints involving Japan are treated here, only those which became panel cases.

(6) BASIC INSTRUMENTS and SELECTED DOCUMENTS (hereinafter referred to as "BISD") 25S/107 (GATT Document L/4637).

GATT documentation served as a basis for the examination of the matter", and that as a result of the bilateral consultations with Japan, "the Government of the United States is satisfied with the way in which the Government of Japan will implement the prior permission system on thrown silk yarn."

(2) Japanese restraints on imports of manufactured tobacco from the United States

Another Article XXIII complaint brought against Japan which followed a course similar to that taken by the thrown silk yarn case mentioned above is the United States complaint concerning Japanese imports of manufactured tobacco. The chronological proximity of the two cases is certainly more than merely coincidental.

In this case too, a panel was established pursuant to the GATT Council's decision in November 1979 with regard to United States' complaint pertaining to Japanese measures affecting imports of manufactured tobacco. Unlike in the thrown silk yarn case, the two parties informed the Panel, in a joint letter in March 1981, before being informed of the Panel's findings, that the two Governments had successfully concluded bilateral consultations. Consequently, the Panel submitted another very brief report outlining the complaint and stating that there had been a successful conclusion on the basis of bilateral consultations, that report being subsequently adopted at the Council in June 1981.(7)

Unlike the Panel report on the thrown silk yarn case, the Panel report on the manufactured tobacco case explicitly refers, albeit only very briefly, to the legal points at issue. In stating the nature of the dispute, the report says that "the United States informed the CONTRACTING PARTIES that it considered that Japan maintained a variety of governmental measures, which taken together, established a pattern of discriminatory treatment against imports of manufactured tobacco inconsistent with GATT Articles III and XVII." However, as in the thrown silk case, since there had been bilateral settlement on the basis of consultations, the findings of the Panel on the legal aspects were not made public.

(3) Japanese measures on imports of leather

This case is significant in the history of Japan's involvement in GATT dispute-settlement procedures, in that it was the first case of an Article XXIII complaint against Japan as a result of which a panel report finding that the Japanese trade measures in question were inconsistent with GATT was formally adopted by the CONTRACTING PARTIES.

Although it was only in May 1984 that the aforementioned panel report was adopted, the matter had been a long-standing issue, not only between Japan and the

(7) BISD 28S/100 (GATT Document L/5333).

United States but also between Japan and other countries exporting leather goods. As early as 1978, after a series of bilateral consultations lasting a considerable time, the Government of the United States invoked Article XXIII, paragraph 2, with a panel being established by the decision of the GATT Council in July 1978. However, the two disputing parties having reached a successful bilateral conclusion, the United States withdrew the complaint, the Panel being informed of this in February 1979. Dissatisfied with the withdrawal of the complaint by the United States, Canada, one of the interested parties which had made their views heard by the aforementioned Panel established following the lodging of complaint by the United States, invoked Article XXIII, paragraph 2, in March 1980, and requested the establishment of a panel on the same issue of Japanese restrictions on imports of leather. This second panel did not, likewise, go as far as the final stage, as Canada also withdrew its complaint after arriving at a mutually satisfactory bilateral agreement, of which the Panel was informed in September 1980.

The legal question involved in this case is a relatively simple one. Leaving subsidiary arguments aside, the United States stated, as its basic complaint, that the Japanese import quotas for certain leather goods were inconsistent with the prohibition on quantitative restriction in Article XI of the General Agreement. The United States argued that these quotas, which had been maintained as balance-of-payments measures under Article XII, had lacked any GATT justification since 1963, when Japan was accorded International Monetary Fund Article VIII status and disinvoked Article XII of the General Agreement.(8) The United States asserted that because the measures were inconsistent with specific GATT obligations, there was *prima facie* nullification or impairment of benefits accruing to the United States under the General Agreement.

Japan's rebuttal of the United States' contention was twofold. Japan's first line of argument emphasized the special historical, cultural and socio-economic background to the import quotas, referring to the need to protect the livelihood of the so-called "Dowa population", who, having been victims of social discrimination based on a class system formed in the process of the historical development of Japanese society, were mainly engaged in small-scale farming and economic activities traditionally associated with the Dowa population, such as the tanning and processing of leather and the manufacture of shoes, etc. Japan argued that the issue constituted more than a minority problem, as the phenomenon was unique and pertained to subsistence and survival. Were the restriction on leather imports to be eliminated at that time, the Japanese industries affected would collapse, with incalculable social, regional, economic and political problems ensuing. Japan's sec-

(8) GATT Document L/1976.

ond line of argument was a more legal one. Japan argued, in effect, that the existence of the quotas themselves did not necessarily mean that there had been nullification or impairment of benefits accruing to the United States in practice, and that this depended solely upon whether or not the allocation system and its implementation functioned so as to hinder United States' trade. Japan maintained in this regard that the Japanese Government had over the years expanded, and in fiscal 1979 sharply increased, the amounts of the import quotas, resulting in a steady increase in United States exports of leather and leather goods to Japan and, a considerable portion of the quotas allocated to the United States having been unused, no benefits accruing to the United States under the General Agreement had been nullified or impaired by Japan.

The findings of the Panel on these key points of legal contention were very straightforward. The Panel made it clear that, while it appreciated the difficult socio-economic situation of the Japanese leather goods industry, particularly the sensitive problem of the Dowa population, Japan had not invoked any provisions of the General Agreement in relation thereto, and the special historical, cultural and socio-economic circumstances referred to by Japan could, therefore, not be taken into account in the context of the complaint. The Panel noted in this connection that the report of a previous panel had also concluded that the fact that "restrictions had been in existence for a long time. . . did not alter the obligations which contracting parties had accepted under GATT provisions,"(9) and found this to be valid also in the present case. Against this background, the Panel considered Japan's argument that there had been no nullification or impairment of benefits accruing to the United States under the General Agreement because Japan allocated sufficient import quotas to the United States and implemented the system restricting imports of leather in a way that did not hinder United States trade. The Panel found that, although the United States exports of bovine and equine leather to Japan had increased considerably, both in percentage and absolute terms in the period under consideration and that this might, as Japan had claimed, be attributed to the relaxation of Japanese restrictions, it could not avoid the conclusion that the import restrictions were maintained in order to restrict imports, including imports from the United States. Turning to the argument based on the fact that United States had not filled its quotas, the Panel stressed that the presumption was that the existence of a quantitative restriction nullified or impaired benefits not only because of any effect it had had on the volume of trade but also for other reasons, e.g., resulting in increased transaction costs and creating uncertainty which could affect investment plans. The Panel, therefore, found that the arguments advanced by Japan were not sufficient to

(9) Panel report on Quantitative Restrictions against Imports of Certain Products from Hong Kong (BISD 30S/129 (GATT Document L/5511)), paragraph 27.

rebut the presumption that the quantitative restrictions on imports of leather had nullified or impaired benefits accruing to the United States under Article XI of the General Agreement.(10)

The Panel report containing the aforementioned findings was adopted by the Council in May 1984.(11)

(4) Japanese customs duties, taxes and labelling practices on imported wines and alcoholic beverages

This was the first case in which a panel was established following a complaint against Japan by the European Economic Communities. The EEC had in the past initiated Article XXIII, paragraph 1, consultations with Japan, and had, as an interested third party made its views known to panels established following the United States' complaint against Japan. For example, the EEC had initiated Article XXIII, paragraph 1, consultations with Japan in 1983, claiming, in effect, that the Japanese economic system as a whole, because of an inability (alleged by the EEC) to engaging in reciprocal or mutually advantageous trade, had been nullifying or impairing benefits accruing to the EEC under the General Agreement, though these consultations had not led to any conclusive result.

In the alcoholic beverages case, the EEC's complaint against Japan was twofold. The first part of the complaint was that the Japanese system of taxation on alcoholic beverages, characterized, *inter alia,* by the "grading system" and an *ad valorem* tax applicable only to some of the higher grades of alcoholic beverages, was discriminatory with regard to imported alcoholic beverages, in contravention of the provisions of Article III (National Treatment on Internal Taxation and Regulation) of the General

---

(10) Japan's second line of argument raises the legal question whether a contracting party whose trade measures are found to be inconsistent with the provisions of the General Agreement, and, therefore, causing *prima facie* nullification or impairment of benefits accruing to the complaining contracting party under the GATT, can rebut, evidence in hand, the presumption of nullification or impairment. The panel report on the leather case did not give any final and definitive answer to this question. This question became later the focus of contention in the dispute between Canada, EEC and Mexico, on the one hand, and the United States, on the other, concerning the United States tax on imported petroleum and petroleum-related products imposed by virtue of the Superfund Act. The United States argument accepted that there was *prima facie* nullification because of the existence of tax differentiation between domestic products and like imported products, but asserted that the tax differential was so small that its trade effects were minimal or nil. The panel report adopted by the Council in June 1987 (BISD 34S/136 (GATT Document L/6175)) states in this regard that "while the CONTRACTING PARTIES had not explicitly decided whether the presumption that illegal measures cause nullification or impaired could be rebutted, the presumption had in practice operated as an irrefutable presumption."

(11) BISD 31S/94 (GATT Document L/5623).

Agreement. The second part of the complaint was that wines and alcoholic beverages imported into Japan did not enjoy adequate protection as regards origin marking, as required by Article IX, paragraph 6, of the General Agreement.

Since a taxation system was involved, the legal arguments regarding the first part of the EEC's complaint are extremely complex and technical. We will, therefore, have to restrict ourselves here to a very sketchy description thereof because of the limitations of space. Rejecting the contrary view, put forward by Japan, the Panel found, *inter alia,* that:

(a) The object and purpose of Article III, paragraph 2, that of promoting non-discriminatory competition, cannot be attained, if Article III, paragraph 2, were construed in a manner allowing discriminatory and protective internal taxation of imported products in excess of that on "like" or "directly competitive or substitutable" domestic products.

(b) The first sentence of Article III, paragraph 2, prohibited any tax discrimination between imported products and "like" domestic products. In this regard, a *de minimis* argument, relying on allegedly minimal trade effects, is excluded. Certain elements of the Japanese taxation system on alcoholic beverages at issue did not conform with this obligation.

(c) The second sentence of Article III, paragraph 2, prohibits only the imposing of internal taxes on imported products and "directly competitive or substitutable" domestic products in a manner "so as to afford protection to domestic production", whereas under the first sentence, the tax on like domestic product had to be equal. However, certain aspects of the Japanese taxation system at issue, such as the imposition of a high *ad valorem* tax on imported whiskeys, brandies and other spirits and the absence of such a tax on "*shochu*" (a traditional Japanese spirit) are sufficient evidence of fiscal distortion of the competitive relationship between imported distilled liquors and domestic *shochu* affording protection to domestic production.

Whereas the Panel found in favour of the EEC's contention on the first part of the complaint, its finding on the second part of the EEC complaint was basically in favour of Japan's assertion. The Panel found, in effect, that the labels on the bottles of alcoholic beverages manufactured in Japan indicated their Japanese origin, and that Japan was, thus, fulfilling the obligation to "cooperate with each other with a view to preventing the use of trade names in such manner as to misrepresent the true origin of a product, to the detriment of such distinctive regional or geographical names of products of the territory of a contracting party as are protected by its legislation" provided for in Article IX, paragraph 6, of the General Agreement, rejecting the EEC's argument that the use by Japanese manufacturers of labels written partly in English or French, the use of the names of varieties of grapes and the use of foreign terms to describe Japanese spirits or Japanese wines had been to the

detriment of "distinctive regional or geographical names of products" produced and legally protected in the EEC.

The Panel report containing the aforementioned findings was adopted by the Council in November 1987.(12)

(5) Japanese restrictions on imports of certain agricultural products

This case, in which the CONTRACTING PARTIES of GATT found the quantitative restrictions maintained by Japan on imports of certain agricultural products to be inconsistent with the provisions of GATT, was, for a number of reasons, an epochmaking case, not only for Japan but also for the GATT dispute-settlement system as a whole.

Firstly, although this was not the first case in which a panel report finding certain Japanese trade measures to be inconsistent with GATT was adopted by the CONTRACTING PARTIES, it was the first case in which a series of trade measures which had a profound impact in Japan, not only in terms of the aggregate trade value but also in terms of the socio-economic effect involved, were found to be inconsistent with GATT. In the case of Japanese restrictions on imports of leather mentioned above, the trade value involved was far less than in this case, where imports of as many as twelve categories of farm products were at issue. Moreover, as in many other countries in the world, the farming population forms an important and sensitive socio-economic group in Japan, and the matter at issue touched the very core of the extremely controversial issue of protection of agriculture. In the case of restrictions on imports of leather, too, the Government of Japan certainly had to face a thorny problem relating to the protection of a specific section of its population (those working with leather) for socio-economic reasons. However, in that case, the main difficulty stemmed primarily from the special historical and social background of those people in Japanese society, rather than their absolute weight in Japan's overall socio-economic structure.

Secondly, the agricultural products case is a very significant one in the evolution of GATT dispute-settlement as a whole, in that it was the very first of a series of complaints referred to the CONTRACTING PARTIES of GATT following the start of the Uruguay Round negotiations, not only against Japan but also against a number of contracting parties. As mentioned above, the sharp increase in Article XIII complaints observed since the beginning of the Uruguay Round negotiations seems to be no coincidence, but phenomenon closely related to the negotiating strategies of major participants, most notably the United States. In this context, it is significant that the United States, one of whose declared objectives in the Uruguay

(12) BISD 34S/83 (GATT Document L/6216).

Round is fundamental reform of the GATT rules on agriculture (or, as the United States puts it, the full integration of agriculture, an area which has been more or less subject to a modified set of rules, within the framework of GATT) chose this far-reaching case dealing with trade in agricultural products to be the first of its Article XXIII complaints after the start of the Uruguay Round negotiations.

Thirdly, this is a very significant case for the CONTRACTING PARTIES as a whole, in that very extensive and detailed legal arguments were advanced by both parties and analyzed in depth by the Panel in terms of the legality of so-called "residual restrictions". There had been some panel reports dealing with "residual restrictions" before this case of the Japanese restrictioins on twelve categories of agricultural products, for example, the panel report on "French Import Restrictions", adopted in November 1962,(13) that entitled "EEC — Quantitative Restrictions Against Imports of Certain Products from Hong Kong", adopted in July 1983(14) and that on "Japanese Measures on Imports of Leather", adopted in May 1984.(15) However, none of those reports had gone into as detailed a legal analysis as the report entitled "Japan — Restrictions on imports of certain agricultural products", adopted in March 1988.(16)

Because of limitations of space, it is impossible to review in full here all the legal arguments contained in the Panel report. It might, however, be of interest to recapitulate in some detail the arguments of the parties and the findings of the Panel on the main points of legal contention involved in this case in view of their importance as precedents.

Leaving subsidiary arguments aside, the gist of the United States' contention was that Japan maintained quantitative import restrictions, in the form of import quotas on twelve categories of agricultural products, inconsistent with the general prohibition of quantitative restrictions in Article XI, paragraph 1, of the General Agreement. To justify the restrictions on these categories, Japan, in reply, invoked Article XI paragraph 2 (c), which provides for the exception to the general prohibitioin of quantitative restrictioins in respect of import restrictions on agricultural or fisheries products, subject to certain conditions. Japan also invoked, in relation to some of the products at issue, Article XX, which, enumerating a certain number of General Exceptions to the provisions of the General Agreement, stipulates that ". . . nothing in this Agreement shall be construed to prevent the adoption or enforcement by any contracting parties of measures: . . . (d) necessary to secure compliance with

(13) BISD 11S/94 (GATT Document L/1921).

(14) BISD 30S/129 (GATT Document L/5511).

(15) Supra note (10).

(16) BISD 35S/163 (GATT Document L/6253).

laws or regulations which are not inconsistent with the provisions of this Agreement, including those relating to . . . the monopolies operated under paragraph 4 of Article II and Article XVII . . .", and, accordingly, Article XVII, which deals with State Trading Enterprises.

The line of argument of the Panel's findings may be summarized as follows:

First, the Panel concluded, after a close analysis of the text, interpretative notes and drafting history of Article XI, that, for a quantitative restriction to be justified under Article XI paragraph 2(c), each and every one of the following seven conditions had to be satisfied:

(a) The measure must constitute an import restriction (and not an import prohibition);
(b) The import restriction must be on an agricultural or fisheries product;
(c) There must be a governmental measure which operates to restrict the quantities of a product permitted to be marketed or produced;
(d) The import restriction and the domestic supply restriction must in principle apply to "like" products (or directly substitutable products, if there is no substantial production of the like product);
(e) The import restriction must be necessary to the enforcement of the domestic supply restriction;
(f) Public notice must be given of the total quantity or value of the quota for each product;
(g) The restriction on imports must not reduce the total of imports relative to the total of domestic production, as compared with the proportion which might reasonably be expected to rule between the two in the absence of the restrictions.

Subsequently, the Panel rejected Japan's view that Article XI, paragraph 1, did not apply to import restrictions made effective through an import monopoly on the grounds, *inter alia,* that (i) Article XI, paragraph 1, stipulates that the general prohibition of quantitative restrictions covers restrictions on the importation of any product, "whether made effective through quotas, import . . . licenses *or other measures*" (emphasis added), (ii) this is confirmed by the note to Articles XI, XII, XIII, XIV and XVII, according to which the term "import restrictions" throughout those Articles covers restrictions made effective through state-trading operations and (iii) Article XX(d) only exempts from the obligations under the General Agreement measures necessary to secure compliance with those laws and regulations "which are not inconsistent with the provisions of the Agreement," and, therefore, does not permit contracting parties to operate monopolies inconsistently with the other provisions of the General Agreement.

The Panel then proceeded to examine, product by product, whether each and every one of the seven conditions mentioned under (a) through (g) above was satisfied

with respect to the import restrictions on each of the products at issue. The Panel found that none of the import restrictions on the products at issue satisfied each and every one of the seven conditions mentioned above, except those on *dried leguminous vegetables (07.05 ex)* and *groundnuts (12.01 ex)*, concerning which the Panel found that, although the conditions from (a) to (f) seemed to be met the burden of proof whether the last requirement, that is (g), had been satisfied rested with Japan, and that such proof had not been provided by Japan during the panel hearings. The Panel found that with respect to some of the products at issue *(processed cheese (04.04 ex)*, etc.) that the Japanese measures resulted in a *de facto* prohibition of imports, whereas with respect to other products there did not exist any governmental measures which operated to restrict their production in Japan *(meat of bovine animals, prepared or preserved (16.02 ex))*, or there did not exist domestic supply restrictions on "like" products of the products subjected to import restrictions, as the products subjected to import restrictions were processed products, while only fresh products were under domestic supply restriction *(prepared and preserved milk and cream (04.02), starch and inulin (11.08), tomato juice (20.07 ex),* etc.). The Panel also found that import restrictions applied by Japan with respect to some of the products at issue *(certain fruit juices (20.07)*, etc.) exceeded those "necessary" for the domestic governmental measures concerned.

It is interesting to note here that, in relation to the condition mentioned under (c) above, namely the existence of a governmental measure which operates to restrict the quantities of a domestic product permitted to be marketed or produced, the Panel took into account the "special circumstances prevailing in Japan", when it arrived at a finding concerning the effectiveness of the government measures. The United States had argued in this regard that the "governmental measures" maintained by Japan were in many cases non-legally binding administrative guidance, and, in legal terms, were only an appeal for "private" measures to be adopted "voluntarily" by private parties. The Panel found that the practice of "administrative guidance" played an important role in Japan, and that, "considering that this practice is a traditional tool of Japanese Government policy based on consensus and peer pressure" the panel decided to base its judgements on "the effectiveness of the measures in spite of the initial lack of transparency". This part of the Panel's findings was in favour of the Japanese contention in this particular case, but would be invoked against Japan in the case of Japanese measures related to trade in semi-conductors, a panel case brought against Japan by the EEC mentioned below.

The Panel report containing the aforementioned findings was adopted by the Council in March 1988.

(6) Japanese measures related to trade in semi-conductors

This, the second panel case initiated by the EEC against Japan, is also impor-

tant in the history of GATT dispute settlement for a number of reasons. Let us note here a couple of the most significant features. This case is rather unique, in that the GATT consistency of a bilateral arrangement pertaining to trade in a specific product between two major contracting parties (major in terms of trade volume) was questioned by another contracting party in an Article XXIII complaint.

The uniqueness of this case is enhanced by the particular character of the world trade in the product in question (semi-conductors), the combined production of the two parties to the bilateral arrangement complained of (the United States and Japan) accounting for the overwhelming majority of total world production.

Against this background, let us attempt a very brief description of this very complex case within the space available.

The dispute between Japan and the EEC had its origins in the United States, where the semi-conductor industry had in 1985 filed a petition under Section 301 of the Trade Act of 1974 against the Government of Japan, alleging that Japan had been restricting access to its domestic semi-conductor market for United States producers. This industry-wide action had been followed by several complaints brought under U.S. anti-dumping legislation. Protracted negotiations between the Governments of Japan and the United States had led to the conclusion, in September 1986, of a bilateral agreement, the Arrangement concerning Trade in Semi-Conductor Products (hereinafter referred to as "the Arrangement"), of which the GATT had subsequently been notified. The Arrangement, which was linked to suspension of anti-dumping procedures and Section 301 proceedings initiated in the United States, was in three parts. The first section related to market access, and provided for efforts by the Government of Japan to impress upon the Japanese producers and users of semi-conductors the need for increased market access opportunities in Japan for foreign-based firms. The second section dealt with the prevention of dumping, and provided for (i) suspension of the existing anti-dumping proceedings in the United States on two types of semi-conductors, (ii) monitoring to be conducted by the Government of Japan of the cost and prices on a list of semi-conductor products exported to the United States, and (iii) monitoring to be conducted by the Government of Japan, as appropriate, of the cost and export prices of products exported by Japanese semi-conductor firms from Japan to certain third-country markets with a view to preventing dumping. The third section contained general provisions concerning periodic and emergency consultations, etc.

Leaving subsidiary arguments aside, the EEC complaint may be summarized as being that (i) the measures adopted by the Japanese Government pursuant to the first section of the Arrangement (improvement of market access) favoured United States products and contravened Article I (General Most-Favoured-Nation Treatment), (ii) the measures applied by the Japanese Government pursuant to the second section of the Arrangement (third-country market monitoring) restricted exports of semi-con-

ductors and therefore contravened Article VI (Anti-dumping and Countervailing Duties) and Article XI (General Elimination of Quantitative Restrictions).

The Panel, though dismissing the first part of the EEC's complaint regarding market access, noting that the information submitted to it did not demonstrate that the Japanese measures fovoured United States products in a manner inconsistent with Article I, accepted all the essential points of the second part of the EEC's complaint regarding third-country market monitoring in relation to Article XI.

The main points of the argument were as follows:

The main contentions of the parties to the disputes on this particular point were that, whereas the EEC considered that the measures adopted by the Japanese Government pursuant to the Arrangement for third-country market monitoring constituted restrictions on the sale for export of semi-conductors at prices below company-specific costs through measures other than duties, taxes or charges within the meaning of Article XI, paragraph 1, Japan contended that the Japanese Government's measures to avoid sales at dumping prices were not legally binding and, therefore, did not come under that provision.

The Panel noted in this regard that, unlike other provisions of the General Agreement, Article XI, paragraph 1, did not refer to laws or regulations but to measures more generally, and found that this wording clearly indicated that any measure instituted or maintained by a contracting party which restricted the exportation or sale for export of products was covered by this provision, irrespective of the legal status of the measure. On this basis, the Panel found that an administrative structure had been created by the Japanese Government which operated to exert maximum possible pressure on the private sector to cease exporting at prices below company-specific costs, and that such pressure was exercised through a complex of measures, such as (i) repeated direct requests by the Ministry of International Trade and Industry, combined with (ii) the statutory requirement for exporters to submit information on export prices, (iii) the systematic monitoring of company and product-specific costs and export prices and (iv) the institution of the supply-and-demand forecast mechanism and its utilization in a manner to directly influence the behaviour of private companies. The Panel concluded that the complex of measures constituted a coherent system restricting the sale for export of the semi-conductors monitored at prices below company-specific costs to markets other than the United States, inconsistent with Article XI, paragraph 1.

One cannot help noting here the irony of the fact that the Panel invoked the part of the panel report on the Japanese restrictions on imports of certain agricultural products mentioned in (5) above, which, touching upon the question of the effectiveness of "governmental measures" restricting domestic supplies of the agricultural products at issue, stated that "the practice of 'administrative guidance' played an important role" in the enforcement of the Japanese supply restrictions, that this

practice was a "traditional tool of Japanese government policy based on consensus and peer pressure" and that administrative guidance in the special circumstances prevailing in Japan could, therefore, be regarded as a governmental measure enforcing supply restrictions. Here we see a line of defence resulting in a finding in favour of one of a country's industries (agriculture) in one GATT dispute-settlement case can be detrimental to another of its industries (the semi-conductor industry) in another GATT dispute-settlement case.

The EEC had also argued that the wording of Article VI of the General Agreement showed that anti-dumping measures could be adopted only by or with the consent of the importing country, as only the importing country could determine whether injury had been caused by dumped products, and the Japanese Government's measures for third-country market monitoring contravened Article VI. In this regard, the Panel concluded, accepting the substance of the Japanese argument, that Article VI gave importing countries the right to levy anti-dumping duties subject to specific conditions but was silent on action by exporting countries.

The Panel report containing the aforementioned findings was adopted by the Council in June 1989.(17)

(7) Japanese tariff on imports of spruce, pine, fir (SPF) dimension lumber

In this case, the panel established pursuant to the Canadian complaint that the imposition by Japan of a tariff duty of 8 per cent on imports of spruce, pine and fir (SPF) "dimension lumber" was not in conformity with the provisions of Article I, paragraph 1, of the General Agreement (General Most-Favoured-Nation Treatment), SPF dimension lumber being a "like product" as regards other types of dimension lumber entering Japan with zero duty, rejected the Canadian complaint. Although the case was a relatively straightforward one from a legal point of view, it is of significance in the history of Japan's involvement in GATT dispute-settlement procedures, being the first case in which the panel estalished in response to a complaint by another contracting party fully supported Japan's contention that the trade measure at issue was in conformity with the General Agreement.

In substance, Canada complained that Japan had arranged its tariff classification in such a way that Canadian exports of dimension lumber to Japan were discriminated against compared with United States exports of dimension lumber to Japan, because Canadian exports of dimension lumber were mainly SPF, which was subject to duty, while most United States exports were Hem-Fir dimension lumber, which was not subject to duty. The Panel found that adoption of the Harmonized System of Tariff Nomenclature, to which both Canada and Japan had adhered, had brought

---

(17) BISD 35S/116 (GATT Document L/6309).

about a large measure of harmonization in the area of customs classification of goods, but that this system did not entail any obligation as to the detail of a tariff classification, and such being the case, a tariff classification going beyond the Harmonized System's structure is a legitimate means of adapting the tariff scheme to each contracting party's trade policy interests, comprising both its protection needs and its requirements for the purposes of tariff and trade negotiations. The Panel noted in this regard, the Japanese argument that no distinction was to be made between dimension lumber and planed lumber generally, that "dimension lumber" as defined by Canada was a concept extraneous to the Japanese Tariff and, therefore, concluded that reliance by Canada on the concept of dimension lumber was not an appropriate basis for establishing "likeness" of products under Article I, paragraph 1, of the General Agreement. The Panel found that, tariff differentiation being basically a legitimate means of trade policy, a contracting party which claims to be prejudiced by such practice bore the burden of establishing that such tariff arrangement had been diverted from its normal purpose so as to become a means of discrimination in international trade, and Canada had not provided sufficient proof to that effect.

The Panel report containing the aforementioned findings was adopted by the Council in July 1989.(18)

(8) Japanese restrictions on imports of beef and citrus products

The Japanese restrictions on imports of twelve categories of agricultural products having been found inconsistent with the General Agreement by the CONTRACTING PARTIES (see (5) above), the United States subsequently brought to the attention of the CONTRACTING PARTIES in 1988 the issue of beef and citrus, which, apart from the twelve categories of agricultural products, were virtually the only major agricultural products subject to "residual import restrictions" in Japan. Australia and New Zealand, both major beef-exporting countries, immediately followed suit on beef. The GATT Council decided to establish a panel in a meeting in May 1988. This time, Japan, aware of the possible outcome of the panel after having the experience of the case of the twelve categories of agricultural products, decided to introduce gradual market opening measures for the products at issue and notified the CONTRACTING PARTIES. The United States, Australia and New Zealand withdrew their complaints in July 1988.

---

(18) BISD 36S/167 (GATT Document L/6470).

(9) The EEC regulation on imports of parts and components[19]

This case was another epoch-making case in the history of Japan's involvement in GATT dispute-settlement procedures. It was, in fact, the first case in which Japan invoked Article XXIII, paragraph 2. Japan had previously invoked Article XXIII, paragraph 1, against contracting parties allegedly nullifying or impairing benefits accruing to her under the General Agreement and had had consultations with them on a number of occasions, but had never actually invoked Article XXIII, paragraph 2, and asked for a panel. Furthermore, the first panel established at Japan's request since her accession to GATT arrived at a finding almost entirely in Japan's favour. This was an enormous encouragement to those within the Government of Japan who had been advocating more active utilization of multilateral framework for dispute settlement to resolve trade disputes with other countries.

The issue had arisen essentially from the amendment in 1987 of the EEC regulation on anti-dumping measures, consisting of the inclusion of a provision intended to prevent the circumvention of anti-dumping duties on finished products by means of the importation of parts or materials for use in the assembly or production within the EEC of like finished products. The provision stipulated, in effect, that definitive anti-dumping duties might be imposed on products that are introduced into the commerce of the Community after having been assembled or produced in the Community by a party related to or associated with any of the manufacturers whose exports of the like product are subject to a definitive anti-dumping duty, using, in excess of 50%, parts or materials originating in the country of exportation of the product subject to the anti-dumping duty. The EEC stated that this measure was intended to deal with the situation where Japanese producers of certain finished products on which the EEC had imposed anti-dumping duties in the mid-1980s had chosen to export parts of those products to the EEC or to third countries for subsequent assembly, with a view to circumventing the anti-dumping duty imposed on finished products. Japan maintained, *inter alia,* that the provision in question and the measures adopted by the EEC pursuant to the provision (imposition of duties and the decision to suspend anti-dumping proceedings conditional on undertakings by enterprises to limit the use of parts or materials originating in Japan in their assembly or production operations) were inconsistent with Article VI (Anti-dumping and Countervailing Duties) and violated Article I (General Most-Favoured-Nation Treatment), Article II (Schedules of Concessions)

(19) For a more detailed analysis of the case, see M. Toyoda, " 'Parts Dumping' Case at the GATT — The Application of the EC Council Regulation to Japanese Companies —," *The Japanese Annual of International Law,* No. 34 (1991), pp.96-114.

and Article III (National Treatment on International Taxation and Regulation). The EEC contended that the duties applied were not inconsistent with Article III, as such duties were not internal charges but customs duties by nature, and that insofar as the duties imposed might be asserted to be inconsistent with Articles I, II and VI, such inconsistency was justified under Article XX(d), which permits contracting parties to implement measures necessary to secure compliance with laws or regulations which are not inconsistent with the provisions of the General Agreement.

The Panel found that the anti-circumvention duties at issue were not levied "on or in connection with importation" within the meaning of Article II:1(b), and, consequently, did not constitute customs duties within the meaning of that provision. Having found that the anti-circumvention duties on the finished products indirectly subjected imported parts and materials to an internal charge in excess of that applied to like domestic products and were, consequently, inconsistent with the first sentence of Article III, paragraph 2, the Panel then went on to examine the question of whether such inconsistency could be justified under the exception in the General Agreement invoked by the EEC, namely Article XX(d). Noting, *inter alia,* that the provisions of Article XX(d) did not refer to objectives of laws or regulations but only to laws or regulations and that the anti-circumvention duties did not serve to enforce the payment of anti-dumping duties, the Panel found that it could not be established that the anti-circumvention duties "secure[d] compliance with" obligations under the EEC's anti-dumping regulations, and concluded that the duties could not be justified under Article XX(d).

The Panel report containing the aforementioned findings was adopted by the Council in May 1990.(20)

III. Japan and the Negotiations for Improvement of the GATT Dispute-settlement Rules in Uruguay Round

Nowhere in the General Agreement are detailed rules for dispute settlement, including the procedures relating to panel proceedings, expressly stipulated. The pillars on which the GATT dispute-settlement system rests are Article XXII and XXIII, and the detailed procedures have evolved over time, by custom, on the basis of the accumulated practice. As part of the results of the Tokyo Round of multilateral trade negotiations, the practices that had evolved up to that time were integrated and given official standing, in 1979, in what was called the "Understanding Regarding Notifications, Consultation, Dispute Settlement, and Surveillance"(21)(the "Un-

(20) BISD 37S/132 (GATT Document L/6657).

(21) BISD 26S/210 (GATT Document L/4907).

derstanding" for short). Within the framework of the ongoing Uruguay Round of multilateral trade negotiations, which is characterized, as compared with previous Rounds, by its ambitious objective of aiming at fundamental review of existing, and creation of new, international rules regarding trade, reform of the GATT dispute-settlement rules is one of the goals with high agenda priority. The high priority given this negotiating subject is reflected in the fact that it was, with negotiations on tropical products, virtually the only area in which enough progress had been made in the first half of the Uruguay Round negotiations (that is, up to the conclusion of the Mid-Term Review) to be included in the so-called "Early Harvest" at the time of the Mid-Term Review, which took place in Montreal in December 1988. Notwithstanding the fact that what had been achieved in the area of dispute-settlement procedure improvement was inconclusive in a number of respects, the participants in the Uruguay Round reached agreement in Montreal giving substantial improvement of certain facets of the GATT dispute-settlement rules and procedures, which the CONTRACTING PARTIES of GATT subsequently adopted, in the form of a decision of the Council in April 1989 to apply the improvements on a trial basis from 1 May 1989 to the end of the Uruguay Round in respect of complaints brought under Articles XXII or XXIII.(22)

Since the Mid-Term Review, negotiations have been continuing in Geneva to further elaborate the GATT dispute-settlement rules and procedures, particularly with regard to those aspects on which agreement was not reached at the time of the Mid-Term Review. In December 1991, GATT Director-General and Chairman of the Trade Negotiations Committee of the Uruguay Round Arthur Dunkel issued a document covering nearly the full ambit of trade negotiations.(23) While, as of this writing, the Dunkel text has not been fully accepted, major changes to it are not expected in the dispute-settlement area. The Dunkel text, as far as dispute settlement is concerned, reflects the results of the negotiations in this area since the start of the Uruguay Round negotiations, in which Japan has actively participated, making significant contributions, based upon Japan's experiences gained through involvement in the dispute-settlement cases mentioned in II. above.

The main task in the negotiations for the improvement of GATT dispute-settlement rules and procedures in the Uruguay Round has been the quest for dramatic improvement in the effectiveness of the mechanism. From the outset of the negotiations, it was pointed out that the fundamental shortcoming of the rules and procedures for GATT dispute-settlement was that, because of the lack of a firm timetable for the procedures and the established practice of requiring consensus in the Council

(22) BISD 36S/61 (GATT Document L/6489).

(23) The only major subject not covered is market access agreements for products or services.

for key decisions, such as the establishment of a panel and the adoption of the panel report, a contracting party seeking to delay and avoid resolution of a dispute was able to do so with impunity. It would, however, not be correct to think that under the rules and procedures prevailing at the time of the beginning of the Uruguay Round a contracting party could hold up the dispute-settlement procedures indefinitely, even though it might appear that it had the right to do so. In reality, too, even the existence of such a right would not necessarily imply the possibility of a party's exercising that right indefinitely in the face of international condemnation. For example, in the case of Japan, with respect to the GATT Article XXIII complaint on "Japanese import restrictions on thrown silk yarn" and "Japanese restraints on import of manufactured tobacco from the United States" referred to in II. above, the original panel reports were not, in the event, circulated to the contracting parties because the two parties had informed the panel that they had successfully concluded bilateral consultations on the matter. This will have been only possible because the complaining party must have thought that it was more advantageous to come to a bilateral agreement with Japan rather than let the GATT dispute-settlement process take its course right to the end. On the other hand, with respect to other dispute cases referred to in II. above in which Japan was the defendant, Japan eventually had to accept the necessity of allowing the process to run its course, despite the enormous domestic difficulties that would result. As a former member of the GATT Secretariat, with abundant experience of GATT dispute-settlement rightly observes, the rules and procedures of GATT dispute-settlement prevailing at the time of the beginning of the Uruguay Round worked surprisingly well in most places where they wanted it to work — and did not work where they did not want it to.(24) This argument notwithstanding, it is obvious that it is desirable to have some institutional arrangement which will hinder attempts to block or delay the dispute-settlement process. From the outset Japan participated actively in the Uruguay Round negotiations with such an orientation.

In the course of the negotiations in the Negotiating Group on Dispute Settlement before the Mid-Term Review in Montreal, one of the main targets identified by the participants was agreement on measures which would substantially expedite the dispute-settlement process. There was a widely shared recognition, that since dispute settlement under GATT was time-consuming, powerful contracting parties were often tempted to prefer bilateral, or, worse, unilateral resolution of trade disputes to recourse to the multilateral dispute-settlement mechanism, thereby undermining transparency and the safeguarding of the interests of other contracting parties,

---

(24) R. Plank, "An Unofficial Description of How a GATT Panel Works and Does Not," *Journal of International Arbitration* (1987), p.101.

especially smaller ones. On the other hand, smaller contracting parties, which have no means of settling trade disputes with powerful contracting parties other than the multilateral mechanism, do not benefit sufficiently from the mechanism because it does not function effectively. In the light of this thinking, the participants agreed that a deadline was needed for each of the stages in the dispute-settlement process so as to expedite the whole process. In this connection, it was also agreed that the Director-General of the GATT Secretariat or the Chairman of the Council, as the case might be, be given authority to take certain steps essential for progress in the dispute-settlement process. The main points are as follows:

(1) If a request is made under Article XXII, paragraph 1, or Article XXIII, paragraph 1, the contracting party to which the request is made shall, unless otherwise mutually agreed, reply to the request within ten days of its receipt and shall enter into consultations in good faith within a period of no more than thirty days from the date of the request. If the contracting party does not respond within ten days, or does not enter into consultations within a period of no more than thirty days or a period otherwise mutually agreed, from the date of the request, then the contracting party that requested the holding of consultations may proceed directly to request the establishment of a panel or a working party.

(2) If the consultations under (1) above fail to settle a dispute within sixty days of the request for consultations, the complaining party may request the establishment of a panel or a working party under Article XXIII, paragraph 2. The complaining party may request a panel or a working party during the sixty-day period if the parties jointly consider that consultations have failed to settle the dispute.

(3) Panels shall have pre-determined standard terms of reference unless the parties to the dispute agree otherwise within twenty days from the establishment of the panel.(25)

(4) Panels shall be composed of three members unless the parties to the dispute agree, within ten days from the establishment of the panel, to a panel

(25) Even under the rules and procedures prevailing at the time of the beginning of the Uruguay Round the Council usually authorized its Chairman to draw up the terms of reference of the panel following a decision by the Council to establish one, but it was customary that the Chairman await agreement between the parties on the matter. Thus, there had been cases where one of the parties to the dispute insisted that some modification should be made to the standard terms of reference when giving the panel its terms of reference, alleging the existence of special features unique to that particular dispute, with the panel being unable to start its work until long after the Council decision on its establishment because of the lack of the agreement between the parties on the wording of the terms of reference.

composed of five members.[26] If there is no agreement on the members within twenty days from the establishment of a panel, at the request of either party, the Director-General, in consultation with the Chairman of the Council, shall form the panel by appointing the panelists whom he considers most appropriate, after consulting both parties.[27] The Director-General shall inform the contracting parties of the composition of the panel thus formed no later than ten days from the date he receives such a request.

(5) Panels shall follow the Suggested Working Procedures to be found in the July 1985 note of the Office of Legal Affairs of the GATT Secretariat, unless the members of the panel agree otherwise after consulting the parties to the dispute. After consulting the parties, the panel members shall, as soon as practicable and whenever possible within one week of the composition and terms of reference of the panel have been agreed upon, fix the timetable for the panel process at least until its first substantive meeting.

(6) The period in which the panel shall conduct its examination, from the time the composition and terms of reference of the panel have been agreed upon to the time when the final report is made available to the parties to the dispute, shall, as a general rule, not exceed six months.

---

(26) Recently, panels have tended to have three panelists rather than five, although panels composed of five panelists were not uncommon in the early days of GATT dispute-settlement. The question of the number of panelists was a source of serious difference of opinion between the disputing parties in the panel case between the United States and the EEC on the latter's subsidies paid to processors and producers of oil-seeds and related animal-feed proteins (see panel report, BISD 37S/86 (GATT Document L/6627)). In this case, the panel could not start its work until June 1989 after a full year from the date of the Council's decision to establish it in response to a United States compalint. The main reason for this delay was that it took a year for the two parties to agree on the number of the panelists, the EEC maintaining that it should be five, in view of the particular importance and complexity of the matter, and the United States maintaining that it should be the standard three.

(27) Similar procedures had already been provided for in "Action taken on 30 November 1984," that action being a decision taken on dispute-settlement procedures at the Fortieth Session of the CONTRACTING PARTIES (BISD 31S/9 (GATT Document L/5718/Rve.1)). The difference is that, under the agreement reached in Montreal, the Director-General is authorized not only to "complete" the formation of a panel by selecting the panelist or panelists needed to complete the number, where the parties have been unable to agree on panelists giving the required number, but also to select a whole panel where there has been no agreement at all between the parties, with the Director-General also being authorized, if he sees fit, to select all the members of a panel, omitting from it one or all of those agreed on by the parties, and the selection of such panelists is no longer restricted to the roster of non-governmental panelists.

(7) The period from the request under Article XXII, paragraph 1, or Article XXIII, paragraph 1, until the Council adopts a decision on the panel report shall not, unless agreed to by the parties, exceed fifteen months.(28)

The concrete points mentioned above, which were agreed upon in Montreal at the time of the Mid-Term Review, constitute, with other related points contained in that decision, substantial improvements of the GATT rules and procedures for the dispute settlement, which will, by expediting the procedures, contribute to the increased effectiveness of the mechanism based thereon. The positive consequence of the considerable increase in predictability of the overall course of the procedures following from the setting of clearly defined deadlines for the various stages should certainly not be underestimated. There are, however, other important improvements to the rules and procedures of dispute-settlement which had been addressed in the negotiating process before the Mid-Term Review but on which agreement could not be reached in Montreal. One of the most important among them is the question of the "automaticity" of the establishment of panels and the adoption of panel reports. On this controversial point, one side had argued that unless a fundamental change were made to the established procedural practice of requiring consensus with respect to the Council's decision-making on the establishment of panels and the adoption of panel reports, a "recalcitrant" party would theoretically be able to prevent a decision by the Council indefinitely, which would make any improvement contributing to the expediting of procedures meaningless. That school of thought proposed that, in order to avoid such a defect, a reasonable degree of "automaticity" had to be institutionally guaranteed with respect to the establishment of a panel and the adoption of the panel report by the Council, by, for instance, excluding the two disputing parties from the decision-making procedure in the relevant Council meeting. The United States was one of the advocates of such a course. Not a few participants, Japan and the EEC among them, had, however, expressed skepticism regarding such a view. They had asserted that the question of the "automaticity" of the establishment of a panel and the adoption of a panel report should not be dealt with separately from other questions, such as the quality of panel reports or the

(28) Section 304 of the Trade Act of 1974, amended by the Omnibus Trade Act of 1988, stipulates that the USTR shall arrive at "unfairness determination" with respect to an act, policy or practice of a foreign country which allegedly violates or is inconsistent with, the provisions of, or otherwise denies benefits to the United States under any trade agreement, within 18 months from the initiation of investigations. The overall time-limit of 15 months was introduced into the GATT dispute-settlement procedures by agreement reached in Montreal, having been energetically advocated by the United States, which insisted that such a provision was necessary, if the GATT dispute-settlement procedures and her Trade Act were to be compatible.

prohibition of so-called "unilateral measures", or unilateral suspension of the application of concessions or other obligations under GATT without prior authorization by the CONTRACTING PARTIES.(29) It was also argued that there was no point in introducing "automatic" establishment of a panel or "automatic" adoption of panel reports unless the question of the implementation of the rulings or recommendations of adopted panel reports was adequately addressed. In the end, it proved impossible for a package agreement covering all of these related questions to be produced during the Mid-Term Review in Montreal.

In the second phase of the Uruguay Round negotiations following the Mid-Term Review, discussion focused on how to work out an appropriate package which would provide solutions to the issues not resolved in Montreal. Following intensive negotiations, the participants reached substantive agreement on a rough outline of such package reflected in the Dunkel text mentioned above. Japan made a substantial contribution to the formulating of the package. Let us see how.

The salient features composing the package may be summarized as follows:

First, it provides for "automatic" establishment of a panel(30)and "automatic" adoption of a panel report(31)by the Council, unless the Council decides by consensus to the contrary. This is a radical departure from the established practice of requiring "positive consensus" for the establishment of a panel and the adoption of a panel report. Agreement had been possible because of other elements contained in the package mentioned below.

Second (and this was the most novel aspect of the package) is the introduction of appellate review. A seven-member standing appellate body would be established, with three of the seven members to be empaneled to hear a particular case. As a general rule, the appellate review proceedings shall not exceed sixty days from the date a party formally gives notice of its intention to appeal to the date the appellate

---

(29) On the question of the legality of "unilateral measures" under international law, see I. Komatsu, "Dispute-Settlement Procedures of GATT and 'Unilateral Measures' ", *Kokusaiho Gaiko Zassi* (Journal of International Law and Diplomacy), Vol.89, No. 3-4 (1990), pp.37-83. (This article is available only in Japanese.)

(30) The Dunkel text provides that, if the complaining party so requests, a panel shall be established, at the latest, at the meeting of the Dispute Settlement Body (a body to be established within the Multilateral Trade Organization for the administration of dispute settlement, hereinafter referred to as the "DSB") following that at which the request first appears as an item on the DSB's agenda, unless at that meeting the DSB decides by consensus not to establish a panel.

(31) The Dunkel text provides that, within sixty days of the issuance of a panel report, the report shall be adopted at a DSB meeting unless one of the parties to the dispute formally notifies the DSB of its decision to appeal or the DSB decides by consensus not to adopt the report.

body announces its decision. Appeal shall be limited to questions of law covered in the panel report and legal interpretation developed by the panel, and with the appellate report to be "automatically" adopted by the Council and unconditionally accepted by the parties, unless the Council by consensus decides not to adopt it within thirty days following its submission. The idea of such appellate review, conceived of as a necessary safeguard to guarantee panel reports of appropriate quality, a prerequisite for the introduction of "automaticity" in the relevant procedures, had originally been proposed by Japan during the first half of the negotiations, that is, process prior the Mid-Term Review. Although it had not attracted much support at the time the proposal was first made, it later played a major catalytic role in the working out of the package.

Thirdly, the package emphasizes surveillance of implementation of adopted panel reports or appellate reports. It stresses the importance of prompt compliance, and ensures that a period of time for adoption of recommendations or rulings contained in those reports be set. It is also required that the Council review implementation of recommendations or rulings by including them on the agenda of the Council meeting six months following the setting the above period set for compliance, and at each subsequent meeting until compliance, or implementation, is completed.

Fourthly, the package provides for compensation and suspension of concessions as temporary measures available in the event that a contracting party does not come into conformity with its GATT obligations within the period specified. In the absence of such conformity or agreement on compensation, the package provides for the complaining party being authorized to suspend concessions under GATT, unless the Council decides by consensus to reject the request. If there is any disagreement about the level of suspension proposed, the matter is to be referred to arbitration.

Finally, the package explicitly requires contracting parties seeking redress of a violation of any obligations or other nullification or impairment of benefits under GATT to have recourse to, and abide by, the rules and procedures of GATT dispute settlement. As mentioned above, this was an issue which had been the focus of controversy in the course of the negotiations leading to the Mid-Term Review. Here, too, Japan had been one of the most convinced advocates of explicit "spelling-out" of the prohibition of "unilateral measures", as being expected if the credibility of the dispute-settlement mechanism of GATT as a whole was to be preserved. As is widely recognized, what was at issue was the GATT compatibility of section 301 of the Trade Act of 1974 of the United States. In Montreal, the United States was not ready to accept any spelling out of the prohibition of "unilateral measures" without inclusion of the other elements she considered crucial to the effectiveness and credibility of the dispute-settlement mechanism of GATT, such as the introduction of "automaticity" in its procedures. Now that that element is included in the

package, along with other new elements, such as appellate review, the United States seems to find the restrictions on the application of section 301 acceptable. It is expected that the package contained in the Dunkel text, when finalized, will dramatically enhance the effectiveness and credibility of the dispute-settlement mechanism of GATT through these reforms. From a theoretical point of view, certainly, there can be no doubt that, after the reform, the nature of the dispute-settlement mechanism of GATT will have shifted in the spectrum between conciliation and adjudication considerably toward the latter direction. The reform is to be all the more significant because it is envisaged that the rules and procedures governing the settlement of disputes so improved cover not only GATT, which deals with international trade of goods, but also other agreements to be placed under the auspices of the Multilateral Trade Organization (MTO), which it is expected will be established as an outcome of the Uruguay Round negotiations. GATS or the General Agreement on Trade of Services as well as the agreement on TRIPS or Trade-Related Aspects of Intellectual Property Rights, both expected to be among the major achievements of the Uruguay Round, are among such agreements to be covered by this improved and unified rules and procedures of dispute settlement.

The reform of the rules and procedures of dispute settlement emerging from the current Uruguay Round of multilateral trade negotiations is thus expected to be a fundamental and far-reaching one. However the smooth operation of the dispute-settlement process will always depend on such intangibles as the quality, good judgement, hard work, and sincerity of the "judges" and their secretariat assistants and, most important of all, the commitment of the parties concerned to cooperate and respect the spirit and rules of the game.(32)

(32) Plank, op.cit., p.101.